永远记着老师
2015年教师节

教我们的人，永远记在心里，
从××呀××话，到大学讲堂；
教我们的好人，永远听得清我们，
从茹云辅导，到毕业宣言；
教我们的人，永远关注着我们，
从岁月相隔，到如别温柔，永远是我们的长者；
教我们的人，从学生于至，到高眼于学，永远是力量的源泉；
教我们的人，从托狭加肩，到敢放向前，永远是同暖的阳光；
教我们的人，从江河北湖，到日月蓝天……

吴乐 2015.9.10

致母亲

一个协和医生的故事

谭先杰 著

生活·讀書·新知 三联书店

Copyright © 2018 by SDX Joint Publishing Company.
All Rights Reserved.
本作品版权由生活·读书·新知三联书店所有。
未经许可，不得翻印。

图书在版编目（CIP）数据

致母亲：一个协和医生的故事／谭先杰著 . —北京：
生活·读书·新知三联书店，2018.8　（2018.12 重印）
ISBN 978 – 7 – 108 – 06175 – 1

Ⅰ.①致…　Ⅱ.①谭…　Ⅲ.①谭先杰 – 自传
Ⅳ.① K826.2

中国版本图书馆 CIP 数据核字（2018）第 017020 号

特邀编辑	张耀宗
责任编辑	唐明星
装帧设计	刘　洋
责任校对	张　睿
责任印制	董　欢
出版发行	生活·讀書·新知 三联书店
	（北京市东城区美术馆东街 22 号 100010）
网　　址	www.sdxjpc.com
经　　销	新华书店
印　　刷	北京市松源印刷有限公司
版　　次	2018 年 8 月北京第 1 版
	2018 年 12 月北京第 2 次印刷
开　　本	635 毫米 × 965 毫米　1/16　印张 22.75
字　　数	327 千字　图 86 幅
印　　数	10,001 – 15,000 册
定　　价	59.00 元

（印装查询：01064002715；邮购查询：01084010542）

目 录

自 序　我要当医生　　　　　　　　　001

童年记忆

父亲和他的三个女人　　　　　　　　010
没分到口粮的男孩　　　　　　　　　018
父亲用背篼背我去看病　　　　　　　021
一条路，带来电影盛宴　　　　　　　025
家乡的外乡人　　　　　　　　　　　029
邻家姐姐的怀抱　　　　　　　　　　032
山村小学和老师　　　　　　　　　　035

少年往事

县城中学的欢乐时光　　　　　　　　050
那个春天，母亲病了　　　　　　　　055
那个冬天，母亲走了　　　　　　　　059
高原放牛　　　　　　　　　　　　　063
田间除草　　　　　　　　　　　　　066
高考之前的惊恐事件　　　　　　　　069
高考考场，我睡着了　　　　　　　　073
客车起火　　　　　　　　　　　　　076
"非法行动"　　　　　　　　　　　　081
等待大学录取通知书　　　　　　　　084
一场没有新娘的婚宴　　　　　　　　088

华西记忆

睡在我下铺的"香艳"同学	094
点亮我生活的兄弟们	097
堪称典范的室友关系	102
迟迟没有射出的子弹	106
解剖楼里的神秘故事	110
险些暴毙荒野的徒步	114
和父亲一起当泥瓦匠	119
显摆惹出的非法行医	124
听诊器	128
家庭会议	132
支撑我学业的小姑和小姑父	136
老家大哥	141
写春联的少年	145
16岁花季少女走了	150
我让三个女生给"耍"了	154
小南河边的晚霞	156
协和面试	162

协和记事

北京第一天	168
实习中遇到的老大们	174
留在妇产科	179
毕业前的打工	182
也曾疯狂的青春	187
编外医生	191

那些年，那些女孩	196
1994年，北京的第一场雪	200
万里找寻	206
圆梦医学博士	216
第一次在国际大会上发言	221
巴黎第一夜	226
法兰西同事	231
普鲁埃博士	235
与年轻人争食	242
美国医院访问见闻	245
儿童安全座椅	256
一副拐杖	261
来自老区的礼物	267
枫叶女孩	272
一台手术背后的故事	303

行医感悟

妇产科的男神们	318
医生品牌	327
医患接触的第一界面	335
医学科普与隐私保护	340
男医生与他的《子宫情事》	347

后　记	354

自序 我要当医生

我的家乡位于三峡库区的大巴山深处,我很小的时候就听老人们说,山的外边有一条很大很大的河。母亲一共生育了9个孩子,但最后只有我们哥儿仨存活长大。我出生的时候母亲已经40岁,想尽了各种办法也没有乳汁,奶粉更是不可能有,只好吃米粉和糊糊,所以我小时候的体质很弱,三天两头要去赤脚医生那里打针开药。

我的恋母情结很重,整天像影子一样黏着母亲,小学都快毕业了,我还要在母亲的床上才能睡着。从4岁半起,我就和母亲一起为生产队放牛。10岁那年,我向母亲提出我想看看山外边的大河。

终于有一天,母亲和我搭上了一辆到煤场拉煤的拖拉机,沿着曲里拐弯的山间公路,到了每天太阳落下去的大山上。在山顶,我看到了长江,远远地挂在天边。母亲说,河的那边很远的地方就是重庆,那里有很大的医院,什么病都能治好。

1982年,12岁的我到50多公里外的县第一中学寄宿上学。那年8月,母亲从县医院手术后回家休养。放寒假那天,下着大雪,在离家不到1公里的地方,我被一个本家叔叔截住了。他留我在他家吃午饭,说我母亲赶集去了,很快就会回来。

午饭后一大家人围着火塘聊天。从越来越不对的气氛中,我听到了我最不愿意听、最害怕的消息——母亲去世了，两个月前就走了！因为怕影响我学习，更怕在母亲的溺爱下脾气很倔的我干出傻事，母亲请求他们等寒假我回家的时候再告诉我。

据说当时我一声没有哭出来就昏了过去。醒来后我哭喊着"我要妈妈，我要妈妈"……族中的婶婶大妈、姐姐妹妹们没有办法安慰我，只好陪着我一起哭。哭到最后没有力气了，我说："我要当医生！"——那个时候，我的梦想就是到那个什么病都能治好的医院当医生！

那年的冬天特别冷，那年的寒假特别长。无忧无虑的童年戛然而止，我就像一棵在寒风中摇曳的枯草。母亲留给我的，只有一张已经破损的照片……

母亲去世后的第五年，1987年，我作为我们那个土家山寨的第一个大学生，考入了西南地区最好的医学院——华西医科大学。入学教育时，从北京协和医院实习回来的学长给我们讲了在协和实习的见闻。他们说，将来如果成绩好，就有可能被选入协和实习，甚至工作。长期以来，进入北京协和医院学习和工作是很多医学生的光荣与梦想。

母亲去世后，家中无人操持，我们家很快从全村最富裕的家庭之一变为最困难的家庭。家里越来越难保证给我寄生活费了，有时候我每天只能吃两顿甚至一顿饭。强烈的饥饿感和自卑感让我度日如年，于是在中学的某一天，我没有请假就从县城回到了家里，跟父亲和大哥说我不想上学，要外出打工。大哥对我说："家里的情况就这样，你上学家里也穷不到哪里，你打工家里也富不到哪里。你回去读书吧，我们再想办法……"那时候，我的梦想就是能像其他同学一样，按点到食堂，一顿不落地吃饱饭。

然而这一要求在省城比在县城更难实现。大学三年级开学时，由于没有筹集到生活费，我决定辍学。幸而得到了亲戚们的接济，年级主任

母亲留在世上的唯一照片

帮我提高了助学贷款等级。我还替教授誊写稿件，暑假与父亲一起做砖，寒假到集市上写春联……在亲人和老师们的帮助下，我当医生的梦想得以延续。

母亲去世后的第十年，1992年，北京协和医院到华西招实习医生。我作为连续三年医学院全年级第一名，接到了面试通知。但接到面试通知的电报时，我正在离成都80多公里的邛崃县人民医院实习。那天下午，当我在忙乱的长途汽车站犹豫是当天回成都，还是第二天与我一直心仪的女孩子同车回去时，不远处一人高喊："有去成都的吗？最后一班车咯！"我飞奔过去，跳上了车。

回到华西的时候，天已经完全黑了。负责的同学说面试已经结束，协和老师明天去中山医科大学。大老远赶回来却无法参加面试，我很不甘心，于是跟同学说想去老师住的地方碰碰运气。同学带我到旅馆找到了协和老师，我简单说明情况后，两位老师用普通话、我用四川话进行了面试。

第二天下午，我接到被协和录取的消息。年级主任说，在上午的讨论会上，协和老师第一个打钩的就是我……有时我在想，改变我命运轨迹，使我能从华西来到协和的，多少有些运气——如果我第二天才回学校，那么一切都晚了。

轮转实习半年后开始选科。上大学后我才知道母亲是因妇科肿瘤去世，所以我很想报妇产科。到协和后才知道，纪录片《林巧稚》讲的就是妇产科的已故老主任林巧稚院士，还知道攻克"癌症之王"——绒癌的宋鸿钊院士也在妇产科。但是，德高望重的舅公和村里唯一的医生都曾说内科很重要。铁杆室友也提醒我，男的当妇产科大夫不太好，将来说不定连媳妇都找不着。几度犹豫之后，我第一志愿报了内科。

我第一轮实习的就是内科，表现很好，所以信心满满，但没想到第二天总值班告诉我，教育处老师说某科室点名要留你，内科就不选你了。我冲到教育处，那位大半年前将我选入协和的老师被我的愤怒吓红了脸，说她可以再去和内科谈谈。我愤然地说："内科就是留我，我也坚决不去！"当时真是年轻气盛啊。

愤怒之后总得平静。留不到内科，就留不到协和了。按我的成绩，保送华西的研究生没有问题，但我早就决定不读研，想早点参加工作养活自己。华西的同学已经分配完毕，那一年恰好遇上我们学校最后一届六年制的1987级和改成五年制的1988级一起分配，我回去很可能被分到县医院。于是，在回县医院还是再找机会留在协和的挣扎中，我的思路又回到了妇产科——那才是我真正的第一志愿！

虽然教育处老师说妇产科已经录取完毕，但我还是不死心。我用小楷工工整整地写了一份自荐书，找到了妇产科主任郎景和教授的办公室。郎大夫看完了我的自荐书后说："写得不错，字也很好，不过我们的名额都满了呀！"看我急得都要哭出来了，郎大夫似乎想起了什么。他说科里还有1个专科生名额，计划招技术员的，可以想想办法。他让我把自荐书誊写两份，给两位副主任送去。

3天后，教育处老师告诉我，妇产科录取我了。于是，我成为1993年北京协和医院妇产科4名正式编制录取的本科生之外的一名"编外医生"。回头看来，尽管我与博大精深的内科擦肩而过，但离儿时的梦想——帮助像我母亲一样的女人却更近了。于是，向林巧稚、张孝骞、曾宪九等前辈学习，成为一名优秀的协和医生，成为我那时的梦想。

1994年，我写了一篇题为"对生命负责"的文章，入选医院医德医风优秀论文，随后我获得北京协和医院和中国医学科学院院校所属医院病历评比一等奖。更幸运的是，年终我还在北京协和医院"十佳职工"评比中获得"最佳住院医生"称号。在医院举行的春节团拜会上，卫生部部长陈敏章教授亲自颁奖——这是我一生中很珍惜的荣誉之一。

1995年，从老家来京看病的二哥在路上遭遇突发事件，失踪一个月后我才得到消息。当时我唯一的想法就是要找到在我很小的时候把我从死神手中夺回来的二哥。3岁多时有一次我病得很重，医生已经宣告不治，父亲在山上都挖好了小坑。父亲抱着几乎没有气息的我出门时，二哥哭喊着不让抱走，父亲只好将我暂时留下来，结果第二天早上我奇迹般的嚷着要喝水。

我回到重庆，沿着二哥可能停留的地方寻找。苍天不负有心人，历时40多天，行程万里，在几乎完全绝望的时候，竟然在郑州找到了他！科里的领导和同事们先后来看望我们，沈铿教授和向阳教授还倡议同事们为我捐款。每年年终岁首，我都会拿出那张已经发黄的认捐单，从中感受大家庭的温暖。

温饱解决以后，我开始觉得应该继续学习，跟上同事们的步伐，不辱这一优秀的团队。于是，曾经铁下心不读研的想法改变了，攻读博士学位、成为与医生同名的"Doctor"成为我新的梦想。

1996年，我考取了郎景和教授的博士研究生，研究方向是妇科肿瘤。1998年郎大夫承担了国家自然科学基金重点项目"子宫内膜异位症发病机制研究"，于是我也改变研究方向。我在国内首先建立了子宫内膜异位症的体外细胞培养模型，长期被师弟师妹们引用，让我欣慰和得意了很久。

2000年，我获得了医学博士学位，随后担任主治医师轮转产科和妇科。4年后我考取了法国科学院和中国科学院的联合培养项目，赴法国巴黎国立健康与医学研究院进行妇科肿瘤的博士后研究。

2006年，我从法国回来后与郎大夫进行了专业方向选择的深谈，最终我离开了他所在的子宫内膜异位症研究组，进入了妇科肿瘤组。郎大夫说我有一种难以割舍的肿瘤情结，我很认可这一说法。母亲的去世让我难以释怀，我从心底愿意帮助身患妇科肿瘤的女性。2012年，我作为高级访问学者，赴美国斯坦福大学和哈佛大学交流，研修妇科肿瘤。

尽管家人告诉过我母亲死于妇科肿瘤，但具体是什么肿瘤并不清楚。在母亲去世30年之后的一个傍晚，我躺在哈佛大学医学院前的草坪上，以一个妇科肿瘤专家的视角，对母亲的病情进行了回顾分析。我觉得应该是子宫内膜癌，这种病如果发现得早，是不会致命的。这让我的思想发生了一些改变。

我原来总想尽可能多地看病人、做手术、写论文。但我逐渐觉得，如果能让广大女性了解妇科疾病或者肿瘤的征象，早期就诊、早期发现、早期治疗，效果可能比我多看几个病人、多做几台手术或多写几篇论文更好。

于是从2012年下半年开始，我将重心转入了医学科普，先后在江苏卫视《万家灯火》、湖北卫视《饮食养生汇》和北京卫视《养生堂》等栏目录制女性健康节目，在《人民日报》《光明日报》《健康报》《健康时报》等发表科普文章。还和向阳教授一起主编了《协和名医谈妇科肿瘤》，此书很快成为畅销书。

实际上，我更希望女性在没有得病的时候就关注健康，于是我萌发了写一本适合正常女性或只有轻微不适的女性阅读的科普书的想法。我喜欢古体小说，于是我以评书的方式，围绕子宫撰写了一套两册共112回的章回体科普作品《子宫情事》。此套书入选科技部"全国优秀科普作品"和"健康中国十大科普图书"。

坦白地说，作为临床医生，科普工作不但不会给晋级加分，甚至还有不务正业之嫌，而且很费时间和精力，但我愿意！的确，由于母亲的原因，我从心底希望女性不要成为患者。因为，每一张病床上的女性患者，后面可能都是一个家庭，说不定身后就藏着像我当年那样的半大孩子！

从三峡库区的放牛娃到北京协和医院的医生，阶段不同，环境不同，梦想也不同。尽管很多梦想都没有实现，对于这一个个已实现的梦想，最初我觉得主要是个人奋斗的结果，然而随着年龄的增长，我逐渐体会到，梦想的实现，离不开家人、师友、同学、同事、病人……还如郎景和院士所说，离不开所处的环境和时代。

我比大哥和二哥幸运得多。大哥学习成绩很好，但由于姥爷家的成分（破落乡绅），他失去了继续上学的机会。二哥的成绩也很好，但在他10岁那年因偶然看见驻队干部的儿子把主席像章埋到沙里，被恶人先告状，在辩解中说了一句不该说的脏话，结果被打成现行反革命而游街……

诚然，我们所处的时代并不完美，有很多地方需要进步，但是如果没有稳定的环境，没有前人搭建的平台，我们就不可能飞得更高、飞得更远。与前辈大家和成绩卓著的同事相比，我只是一个普通医生，远远谈不上成功，没有励志资本。但是，作为两度濒临失学的放牛娃，能兑现30年前一个少年对母亲的承诺，成为协和妇产科的医生，就是想告诉比我更年轻的人，以及那些还在艰苦环境中奋斗的人，只要不怨天尤人、不放弃希望、不放弃努力，梦想就有可能实现。

这是我整理出版本书的原因，同时也是我对母亲的一个交代。

谭先杰

2017年8月

童年记忆

父亲和他的三个女人

一

父亲的确属于脾气暴躁的人,尽管在我的记忆中,他从来没有打过我,连骂都很少,但我经常看到他打骂二哥,他对母亲说话也很重。然而长大以后我才明白,父亲其实是一个很坚韧和重感情的男人。兄弟三人之中,可能我是最理解父亲的。

父亲是老谭家从长江边搬迁到大山之后的第三代人。清朝末年,曾祖父的父亲从重庆西沱古镇旁边的一个叫协石馆的地方,用两个箩筐挑起了全部的家当,翻越了一座大山和几座小山后,到达了我出生的地方。

到了爷爷当家的民国年代,我们家已经成为比较殷实的佃农了,一大家人30多口共同为一个东家打工,积攒了不少的钱粮。到中华人民共和国成立前夕,爷爷准备买上几亩属于自家的地。所幸没买成,否则我家的阶级成分必是地主无疑。

由于家境比一般的佃农要好很多,新中国成立后划分成分时爷爷家被归为"老上中农"——尽管属于农民阶级,但与20世纪60年代末70年代初,知识青年们到广阔的农村去接受贫下中农再教育中的"贫农"和"下中农"不完全是一个阶层。爷爷这一阶级成分和我姥爷的成分,

父亲留在世上的唯一照片

彻底改变了我大哥一生的命运,这是后话。

前后两个奶奶一共生养了包括父亲在内的兄妹9个。爷爷的威信极高,说话声如洪钟,人称"吼天狮子"。父亲在兄妹中排行老大,被称为"大头和尚"。这是传统的中国舞狮节目中的两大主要角色,而现实生活中爷爷和父亲也是两个分量不轻的厉害人物。

二

父亲出生于1920年。8岁的时候,爷爷就给他说了一门亲事,女方是爷爷老朋友家的女儿,比父亲大3岁。由于家境不太好,定亲后她很快就到爷爷家来了。从她来到爷爷家的那天起,父亲就叫她马姐姐,他们之间的关系也很融洽。等过了几年爷爷正式要为他们举办婚礼时,父亲居然坚决不从，逃跑得无影无踪。

爷爷大发雷霆，打碎了很多农具，表现了"吼天狮子"的上乘功夫。父亲在外潜逃了几年也不见人影，只偶尔托人给奶奶带信说他在外面挺好的。那个年代没有微博、微信，没有人肉搜索，父亲搞的又是单线联系，爷爷对他完全失去掌控。眼看"儿媳妇"一天天长大，爷爷只好托人说媒，将花了聘礼娶进来的儿媳妇，重新置办嫁妆后，再当女儿嫁了出去！

几年后，父亲带着一名身材娇小的女子回到了老家。在几年父子斗争中始终处于下风的爷爷觉得颜面扫地，坚决不允许他们走进家门。那几年父亲在外面学会了泥瓦匠手艺，于是将山边的岩洞稍微收拾后就住了进去。

父亲带回的女人不会干农活，但剪裁、刺绣功夫相当好，很快赢得了大嫂小姑们的喜欢，但爷爷仍然不依不饶。

在岩洞住了一段时间后，父亲和那位女子一起去向爷爷求情，说女的已经怀上了小孩。本来以为爷爷会看在孙子的面上饶过他们，没想到盛怒之中的"吼天狮子"，一扁担将"大头和尚"的头劈破，父亲晕了过去，余怒未消的爷爷将怀孕在身的女子赶出了家门。

三

据说两天后父亲才苏醒过来，奶奶说那女人不会再回来了。父亲当时并不懊恼，过了几天后就跟奶奶说要出门找人！

出门时父亲信心满满，但半年后垂头丧气地回了家。原来，他在外面一边做泥瓦匠，一边去了所有他认为那个女人会停留的地方，但没有丝毫消息。尽管如此，父亲寻找那位女人的努力，一辈子都没有停止过,或者可以说一天也没有停止过!

那时是抗日战争最艰苦的时期,国民政府大量征兵。不知是主动报名还是被抓了壮丁,反正父亲成了国民革命军的光荣一员。他曾经对我讲过,他参加过武汉会战和宜昌会战,说日本鬼子的飞机满天飞,子弹跟下雨似的。部队伤亡惨重,完全溃散,他侥幸活了下来,顺着长江要饭,后来给拉煤的船当纤夫才回到了家。

回家之后父亲曾去给伪区长王家泰当家丁,但没过两年就不辞而别了。所幸他离开了,否则中华人民共和国成立后王区长被人民正法时,估计父亲也难逃干系。倒不是他阶级觉悟有多高,更不是政治嗅觉灵敏,而是因为看家护院这活儿太不自由,到不了外面的世界。而父亲对那女人念念不忘,于是再次借外出做泥瓦匠的机会寻找。

但已过而立之年的父亲,仍然没有找到那个他找了十多年的女人,而小他几岁的二叔和三叔都结婚生子了。于是在媒人的撮合下,父亲勉为其难地娶了镇上一位茶商家的寡居女儿,这女人就是我母亲。

四

姥爷是当地有名的茶商,从云南一带买入茶叶,然后贩卖到湖北等地,人缘极好,曾经多次在镇上充当矛盾调停的角色。后来划分成分时,姥爷家被定为"破落乡绅"——也不属于贫下中农。

母亲生于1930年,是姥爷家两个孩子中的老大,在当地几乎可以算大家闺秀了。姥爷家里请了私塾老师,让母亲和舅舅识字,从《女儿经》《三字经》学到了四书五经。母亲还跟家里的厨子学习烹调技术,她的这手技术曾为我们家带来过一些好处,也为她赢回过尊严,母亲晚年的愿望就是开一家餐饮店。

西南战事紧张后,姥爷家的茶叶生意完全中断,家道迅速败落。母亲 16 岁的时候被姥爷嫁到了镇北面梓桐沟的一户殷实人家。这家人也姓谭,对母亲都很好,但是好景不长,婚后不久母亲所嫁的人就一病不起,很快离开了人世。

父亲年轻时一表人才,有逃婚拒娶童养媳、自由恋爱被打破头、参加过抗日、给伪区长当家丁等"光荣"或"不光荣"的历史,颇有名气。由于母亲不是头婚,按当地风俗不能走大路,只能走小路,还不能在白天。于是,在某个月黑风高的夜晚,在婆家和娘家屈指可数的几个人的陪同下,举着火把绕行北面山沟猎人走的小路,拎着唯一的嫁妆——一口皮箱,母亲来到了老谭家。

也许由于母亲是再婚,也许是嫁妆过于寒碜,更可能是父亲一直在寻找那人,在我的印象中,父亲对母亲很少有好脸色,说话几乎都像吵架。

五

尽管不受父亲待见,母亲却深受爷爷奶奶及妯娌小姑们的喜欢。母亲心地善良,与人无争,虽然比二叔、三叔的媳妇晚几年进门,但很快就有了大嫂的地位。大家都喜欢她还因为她识字,会讲故事,做菜特别好吃。

中华人民共和国成立后,爷爷已经不能维持一家三十几口人同桌吃饭的红火场面,父亲和几个兄弟也早已分家独过。但逢年过节全家团圆时,每家会做几个菜端上桌合在一起吃,每次母亲做的菜很快就被一扫而光。

周围邻居的红白喜事都会请母亲当主厨,这项光荣差事一直延续到

20世纪70年代改革开放后,才被另外一位当地人"夺"走。邻居们台面上的理由是怕母亲被累着了,但更主要的原因是母亲的主厨方式符合现在的"光盘行动"——客人觉得好吃但就是吃不饱!人们富裕之后,如客人还吃不饱,这会让主人的脸面很过不去。

母亲多少有些落寞,跟我都说起过好几次。最让母亲感到落寞的一次发生在大嫂刚过门不久。那年地质勘探队来山里钻探,在我家驻扎了一个多月。当时母亲差不多50岁了,穿的是补了又补、洗得掉了色的旧衣服,而刚结婚的大嫂穿的都是新衣服,地质队自然希望大嫂做饭。但20多天之后,大嫂临时回娘家,地质队员们只好让母亲凑合做一天饭。结果从此之后,剩下的几天地质队员们坚决要求母亲做饭。

母亲做饭时哼着小曲,她那种被重新承认的快乐让我记忆犹新。

六

关于父亲和母亲的故事,大都是我从叔叔婶婶们的口中知道的。在我的记忆中,母亲影子最多的就是和她一起为生产队放牛的那些年,母亲教我背会了《三字经》和《千字文》,还给我讲了很多为人处世的小故事。

有人看莫言的小说《丰乳肥臀》时,认为小说中迷恋乳房的金童过于夸张,在我看来却容易理解。我的恋母情结与金童自然相差很远,我并不是只吃乳汁不吃粮食的主儿,但对母亲的依恋的确严重,几乎是形影不离。即使上了小学,也要先钻进母亲的被窝,睡着之后才被抱开。

七

大约从小学二年级起,父亲就交给我一项重要的任务。任务其实很简单——用作业本的背面抄写一封类似寻人启事的信。父亲不识字,信应该是找镇上的人代写的。当时川汉公路已经通车,但车辆很少,而且票价不菲,往来于四川和湖北之间的匠人和商贩更多的时候还是步行,因此我家开了几十年的客栈一直都有生意。

说是客栈,其实就是多准备了几张床和被子而已。客栈没有为我家带来多少收入,但对父亲而言,却是不可或缺的。

每次有从四川到湖北的客人入住,父亲就向他们提起那位走失了多年的女人,并掏出寻人启事让客人带上帮助寻找。那时没有复印机,于是我被父亲任命为寻人启事的人工复印机,定期或不定期誊写。母亲应该知道我当"叛徒"帮父亲誊信的事,但可能没有放在心上,因为父亲都找了几十年也没有找到。

八

没想到有一天,出人意料的事儿发生了。大概是1978年的冬天,从湖北返回四川的一个客人给父亲带来了一封信。父亲让我念信,原来是那位女士托人写的。信中说她当年逃到了湖北的一个镇上,后来和一个当地人结了婚,有一个20多岁的男孩,在县城上高中。她被赶走的时候怀着的女孩已经嫁到对面大山的一个村落里。她在信的末尾说,她没有想到这些年父亲一直在找她!

第二天父亲就搭车去了湖北利川,过了10多天才回来。我当然不知道其中发生了什么事，也不太懂事，一点都没有放在心上。我相信母亲和父亲之间没有多少感情，但当父亲真正找到了30多年来一直在寻找的恋人并离家而去之后，母亲的心情是可想而知的。

九

我不记得父亲和母亲那段时间吵过架，最终我知道的是，我们承认那位女士是我们的前娘这一事实。

1979年春天大哥结婚，那位女士连同她丈夫和儿子前来参加婚礼。1980年秋天，没见过面而且已经改了姓的姐姐生小孩，母亲组织了包括我在内的10多个"娘家人"，浩浩荡荡地走了10多公里山路去吃喜酒。再之后过春节的时候，那位女士会带着她的儿子到我们家过年。

两家的频繁走动到底纯洁还是不纯洁我自然不懂，但大哥和二哥应该是懂的。大哥还好，但后来二哥和父亲的关系一直不好。

偶尔有好事的老乡问我：你爸爸到底和哪个妈妈睡觉啊？我的回答是不知道！因为我才不关心这个，我最关心的是谁和我睡觉，反正母亲在旁边我就睡得香香的。

老家海拔高，冬天特别寒冷，取暖条件不足，夜里被子冰冷，睡觉的时候母亲总是紧紧地抱着我。现在看来，也许那个时候，她已经预感到时日不多，我是她最难以割舍的人了。

没分到口粮的男孩

我家住在从重庆通往湖北的一条交通要道上,门前是由青石板铺的官路。由于房子的大体走向与道路垂直,所以取名"横店子"。房子四周都是水田,是山区中罕见的宽阔地方,显得安全。于是往返重庆与湖北之间的行脚客官都喜欢在我们家落脚。同样因为交通方便,村里(当时叫大队)会议都是在我们家开。

那年冬天的一天晚上,村里的人照例到我家开会,主要议题是年终决算,根据村民们的工分来分第二年的口粮。除了工分外,另外一个就是统计每家的实际人口。母亲怀着已经足月的我,大着肚子忙着添水加柴,热情地招待开会者。

会议进行中,一个村民领着卫生员来到会场,向村长报告他家那口子已经生了。村里的会计是我的一位远房叔叔,一边哗啦哗啦打算盘,一边高声吆喝:屋头的大嫂,要生娃儿就前半夜生哈,散会之前还生不出来,明年你家娃儿就没得口粮吃了哈……

会议到深夜才结束,母亲开始疼痛了。破晓时分,我顺利出生。但母亲却发生了产后大出血,大哥去10多公里外的乡(当时称公社)卫生院请来医生才止住血。可能是由于失血过多,或者是由于生我的时候母亲已经40岁,无论如何想办法,甚至服用了穿山甲之类的猛药,我也没有奶水可吃。更为糟糕的是，正如会计所说，尽管我们家里添了张嘴，但在我出生的第一年里，却没有宝贵的口粮！

所幸族中一位婶子也刚生小孩，于是时不时接济一些奶水给我。但更多的时候我是吃"小灶"。小的时候，稀饭、米粉、面糊糊。再大些以后，"小灶"就变成一大锅土豆、红薯或玉米中间蒸的很小的一碗米饭。秋收之前大人们实在找不到米了，我也只好一百个不情愿地跟着吃杂粮。于是，现在只要有人在城内聚餐或去农家乐时点窝头、玉米团子、煮红薯，并高度赞扬这些食品如何健康并大力推荐的时候，我都不以为然。你说它们好吃，哼！让你一个季度甚至一年都吃这些，你就会知道还是大米饭和红烧肉好吃了！

这些事情当然都是后来和母亲一起给村里放牛时她讲给我的。我自己记得的最早的一件事是被放在老家背小孩用的背篼里，在一处梯田上大哭。还有一件事就是与小伙伴玩水时掉进水坑里，呛了很多水，等小伙伴跑到几百米外把我父亲叫过来时，我已经自己爬了上来。还有一次，就是我和"分我奶吃"的那位堂兄一起在他们家刚建好的房子里玩火，结果堂兄不小心将堆在墙根的一堆木头烧了起来。幸亏我父亲在不远处干活，拎了几桶水将火扑灭，否则我堂兄非得被叔叔给生煎活剥了。

4岁半开始，我就和母亲一起为村里放耕牛。名义上是母亲放一头，我放另一头，其实是母亲看着两头牛和一个调皮的我。这份活儿可以让我每天挣工分4分，相当不错了。父亲和大哥那时是全劳力，每天也就挣10分而已。老家的耕牛都要被穿鼻子，也就是在两个鼻孔中间的鼻中隔上打一孔，穿上一根绳子，绳子的一头打一个结，另一头就用来牵着牛走。牛怕疼就服从管教了，这就是所谓"牵着牛鼻子走"。

但我负责照看的耕牛属于"牛坚强型"，即使鼻子被人牵着，反抗人类、争取自由的精神依然存在。在与牛进行的"拔河比赛"中，多数时候以我失败告终。据说最夸张的一次，牛的头一挥舞就将紧紧抓着牵牛绳的我抛进了冬水田里。

最深刻的记忆是一个夏天，暴风雨来临之前，我已经回到了位于一大弯梯田最高处的叔叔家中。村民们都在那里避雨，母亲以为我在梯田的底端没有回来，怕我被山洪冲走，冒着大雨在田埂上一遍遍地呼喊我的小名。我听见了，但一个外族叔叔捂上我的嘴，不让我回应母亲的呼唤。我的反抗是坚决的，也是徒劳的。

直到大雨停了母亲也没有找到我。她哭着回来，我见到她放声大哭。母亲哭笑着骂那个叔叔。回家后母亲就发烧了，几天都没有缓过劲儿来。从那以后，我对那个叔叔恨之入骨，直到2009年回老家，也下意识不和他搭话，尽管他已满头白发。原来恨一个人，真的是可以入骨的。

更多的记忆就是不断地生病和看医生。我出生时，父亲50岁，母亲已经40岁。即使按现代人的生活条件和健康状况，也属于高风险生育。女性年龄超过35岁以后，分娩各种畸形的几率成倍上升，尤其是先天愚型。这是一种染色体异常的疾病，又称"唐氏综合征"。现在很多医院有很完善的产前检筛查和诊断系统，能最大限度地防止悲剧的发生。

所幸我没有这种类型的疾病，但由于缺乏乳制品尤其是没有母乳可吃，体质一直不好。我当妇产科医生以后，一直都尽心尽力宣传母乳喂养的好处，尤其是产后的6个月或者1年以内。我总认为，几千年的自然法则一定有它的道理。

父亲用背篼背我去看病

小时候我三天两头总是生病，人们经常看见父亲用老家专门背小孩子的楠竹背篼背着我到村里的赤脚医生那里打针，或者是翻过几座山，到10多公里外的人民公社卫生院看病。

在我的记忆中，我对生病其实是比较向往的，我最希望的就是远足去人民公社卫生院看病。父亲背着我翻山越岭去公社卫生院时，路上怕我睡着再次受凉，就会给我讲故事。

父亲所讲的故事中，有几个我一直记得很清楚。

每次从歇息的地方再度往前赶路的时候，父亲都会说一句：有钱难买回头看。叮嘱我起身的时候，要回头看一下是否有东西忘了。这句被父亲反复强调的话，让我在后来和朋友们出行或参加宴会时，挽救了好几个即将与朋友们"骨肉分离"的手机。每次听到交通广播播报打车时不慎忘记取后备箱行李的寻物启事的时候，我就会感谢父亲的这句话。

还有一句话父亲也会反复说：晴带雨伞，饱带饥粮。当然，更高雅的词是"未雨绸缪"。我喜欢旅游，年过不惑依然如此。从儿子1岁半起，我每年夏天都至少安排一次长途自驾游：1岁半青岛海滩、2岁半张北草原、3岁半美国东西海岸、4岁半胶东半岛、5岁半呼伦贝尔……每次出游，我都有详细的出游计划，我的智商达不到急中生智的程度。

暴风雨来临之前草原上行走的父子，2011年，张北草原

父亲还说：世间百味，不加盐就没得味。我问他这句话是什么意思，他说很多东西可以花里胡哨，但有些东西是最基本的。比如做菜，花椒、辣椒、葱、姜、大料，可以提高菜的品质，但如果没有盐巴，什么菜都出不来味道。每当我在纷繁复杂的选择面前举棋不定的时候，我就会想到这句话。什么都要拥有是不可能的，有最基本的就可以了。

父亲还给我讲过一个扔石子的故事。说有一个小孩子很淘气，以向行人扔石子砸头为乐，父母也不去管教。第一个行人被砸后，看到是个小孩子，就没有理会，继续赶路；第二个行人被砸后，找到小孩，严肃地批评了一通，但父母不以为然；第三个人被砸后，夸小孩子真乖，还掏出糖给小孩；然后，小孩砸到了第四个人，一个骑马的军官，手起刀落……然后，就没有然后了。是啊，世界上，有满脸横肉的善良人，也有口蜜腹剑的不善人。

除了讲故事外，每次到达公社所在地南边的山头时，父亲都要停下来歇一会儿，主要就是为了告诉我人民公社革命委员会所在的位置，说那是当官的人、有钱的人住的地方，说如果好好读书有出息，将来也有可能住进去。

我其实对革命委员会所在地不感兴趣，我更喜欢的是从山头居高临下鸟瞰整个镇子的感觉，听鸡鸣狗吠，听卫生院里药杵在臼里研磨药物时特有的声音。进了卫生院以后，我很喜欢闻那种很多人不喜欢的来苏水味。

还让我向往的是，每次到卫生院看完病后，父亲就会到供销社给我买一小包散装饼干，返回时从山脚爬到我们这边那座山半山腰的一户人家的屋檐下歇息的时候，他就会给我吃上几块。长大以后，很长一段时间，我最馋的零食就是饼干，有一次吃饼干时被噎住口不能言，只能比画，但事后依然痴心不改。

还有一次父亲背我看病的经历很特别。那时我应该5岁多了，本村的赤脚医生没有立竿见影地治好我的咳嗽，父亲只好用背篼背着我去看邻村的老中医。但等我们到了他家之后，才得知医生到山那边的村子出诊去了。于是，我们在他家的楼上烤火等待。一等就是一天，天都黑了，老中医才回来。老中医给我把脉后开了一副药，我服用后很快药到病除。其实，现在看来也许还有其他原因。

老中医的家是一个地主家的宅子的一角，宅子的其他地方被公家没收作为小学校舍。那天我在老中医家楼上的走廊里，趴在窗户前看了一天这个小学的全部活动。一会儿书声琅琅，一会儿小哥哥们打篮球、小姐姐们跳绳，我羡慕极了。这所小学的确比我们村的小学大很多，属于"完全小学"，一年级到五年级各有一个班，而不像我们村的小学，只有一个民办老师、一个年级、一个班。

也许正是因为那次看病，或者按现在的话说是到"名校"参观的经历，10岁那年，上小学五年级前，我果断自行转学，跑到了这所我向往已久的学校。根据我现在的眼光来评判，这所小学差不多是老家的"史家小学"，老家的"实验二小"或"中关村一小"。在我的记忆中，那一天并不漫长，不是等待，而是对小学生活的强烈向往，是喜悦和激动。也许是这种情绪改变引起的免疫功能的改善将我的咳嗽治好，而未必完全是因为那副汤药。

父亲带我看病的这些记忆很多都是模糊的，但我一直认为，4岁以后的记忆应该比较牢固了。这也是为什么2012年我去美国进修的时候，坚持将不到4岁的儿子一起接到美国，在4个月内花掉了够买一辆中档轿车的钱，自驾带小家伙游览美国的东西海岸：从旧金山经过著名的一号公路开到了洛杉矶，又从波士顿一路向南开到了华盛顿，还特别进行了著名的常春藤八大盟校巡游。作为一名普通的父亲或者世俗的父亲，我希望小家伙成人以后，看见当年的照片时，能对这些大学有模糊的记忆，让他产生"没有什么大不了"的豪气。

之所以我认为我4岁以后的记忆很清楚，是因为5岁那年家乡发生了一件惊天动地的大事，可以说是一件改变了一代人人生轨迹的大事。

一条路，带来电影盛宴

1975年至1977年，国家从四川修建了一条通往湖北的公路，公路的全称是"川汉天然气管道公路"，据说是为了将重庆（原来属四川）开县的天然气引入湖北和更远的东部地区而建设的一条用于维护输气管道的公路。如此看来，"霸气侧漏"的西气东输工程早在20世纪70年代已经悄然开始，而主角，即真正的川汉（渝汉）天然气输气管道，是在公路修好30多年后才修建完毕的。

这条川汉管道公路刚好经过我们家门前，从建成之日起就成为四川和湖北两省之间的交通要道，后来称为"302省道"，其繁忙程度一直维持到在几年前稍微远离了老家的沪渝（上海—重庆）高速公路建成通车之前。

这条路修建期间，是给我和小伙伴们的童年带来最多快乐的时光，也是我们大长见识的几年。

筑路的农民工都不是本县人，是从邻近的兄弟县友情支援而来。最为幸运的是，大概为了表示重视，兄弟县的革命委员会居然也搬了一部分过来。由于我家房屋更靠近大路，据说本来革委会准备将驻地设在我家，但由于我家房屋实在老旧，作为县一级领导机关多少有些寒碜，于是就设在了我叔叔刚刚修好的房子里——那栋没有被我和堂兄玩火烧毁的木头房子，成了筑路大队战斗指挥部。

那几年，我见识了推土机、拖拉机、压路机等机械设备；认识了发电机、电线、电灯、电话和高音喇叭（战斗指挥部的必要设备）；摆弄过留声机和圆盘唱片；还看到了"华沙牌"轿车，而很长一段时间里，我们都认为这种轿车两头都可以开。曾经有人问我为什么知识面与大山里的孩子不太匹配，我想最主要的原因就是这条路。

其实，这条路还给我们带来了更大的惊喜和快乐！原先每半年才能看上一次、放映机还要被盖上红布的电影，在那段时间几乎天天可以看了。即使下雨，也会在知青们居住地的屋檐下小规模放映。

风雨无阻的电影放映堂而皇之的理由当然是为了丰富筑路民工兄弟们的精神生活，但我私下不大度地以为，更主要的原因是沾了县临时革委会驻地的光。

那个年代放的电影都很革命，片源很少，每部片子都会放映两遍或者更多遍，只不过有时候是过了一个月后再放一次。现在看来，对于成年人而言，这种简单重复有些乏味，但对小孩子却是很有好处的。因为，不断重复乃加强记忆的不二法宝。

其中有一部动画片叫《渔童》，说的是某渔民捞到一个盘子样的宝贝，但被洋人神父老爷抢去的故事。字幕我自然看不懂，但由于连放了3遍，我很快就把影片中的台词完完整整背了下来，然后就在县临时革委会那位面相和善的主任面前表演。革委会主任夸我说：这娃儿的记忆力不错，将来读书一定呱呱叫。

感谢这位和善的主任在正确的时间给予的到位鼓励，因为，我从此就真的认为我的记忆力很好。以至于后来有一段时间的文艺作品中，把革委会主任都描写成负面人物时，我都有些替他们打抱不平。任何年代任何环境，都有好人和坏人。

还记得放过的片子有《上甘岭》《英雄儿女》《南征北战》《延河战火》《闪闪的红星》和《南海风云》等等。其中，我对《南海风云》记忆颇深。

放映《南海风云》那年我5岁多，当时是冬天。老家虽然属于三峡库区，但实际上是从三峡的游船上看到的那些高山后面更高的山，称为"二高山"，海拔有1500多米，冬天的积雪有时一两个月都融化不完。

那年的冬天我又病了，发着高烧，一直打针吃药。我哭着喊着要去看电影，但父母终于还是坚持没有让我去晒谷场的雪地里看露天电影。

母亲为了平息我的哭闹，就拿了张小板凳（老家不称"马扎"，称"独凳"），让我坐在家的后门里面，只把门开一道小缝，通过小缝从银幕后面反着看电影！

晒谷场距离我们家少说也有200米，但当时我的视力超级好，即使再远些估计也能看得清清楚楚。小时候有农村经历的人都知道，反着看电影其实并不影响观感，只是由于风比较大，挂在两根高木桩上的银幕被吹出一层一层的波浪，人物有时候就会变形。最恼火的是声音有一搭没一搭——当风向东吹往我家的时候，人物的对话非常清楚，而当风向西吹往晒谷场的时候，就一点声音也听不见了。

这场电影对于病中的我是一件很大的礼物，短暂地缓解了一些病情，但没有能改变疾病的总体进程。我每天仍然要到赤脚医生那里打青链霉素，两边屁股都被打烂了，走路都是瘸的，需要用拐杖。父亲从山上给我找了一根很好的硬杂木作为拐杖，我用得很顺手，直到病好了以后我仍然要用拐杖。

母亲为了让我扔掉拐杖，想尽了各种办法，但都没有能够成功。他们认为，我大概从此与拐杖分不开了。后来，一位远房姐夫"解救"了我。

远房姐夫当时刚从唐山某部队复员，经过我们家门口的时候，照例顺路进来拜访我们。他一进门就喊我的小名，并从挎包中掏出了一包糖。据说我当时正坐在火塘边烤火，一听说有糖，忘了拿拐杖就冲姐夫奔去，把糖拿到手以后，就欢快地跑到另外一间屋里开吃了。据说从此以后，我就彻底忘了再去拄拐杖这件事了。这件事被老家的叔叔婶婶们善意取笑了很久，直到不久前我回老家，一位满嘴没有一颗牙齿的婶婶还笑呵呵地提到这事。

其实，抱病坚持看电影的那次生病并非我小时候最严重的一次生病。最严重的一次生病是在我3岁多的时候，也是高烧，几天滴水不进、不省人事。村里唯一的赤脚医生多次被叫到我们家，最后他对我父母摇了摇头。

父亲已经到对面山头挖好了小坑，万事俱备。那天夜里，父亲将我抱起来向门外走去时，8岁多的二哥突然哭了起来，拖着父亲的腿说"我要弟弟，我要弟弟，不要把他埋了"。母亲看着不忍心，就对我父亲说，放回去吧，明天再说。

据说第二天早上，父母被我叫醒，我说要喝水……一场大病，竟这样自然痊愈。后来，老家的人一说起这事儿，就说二哥是我的贵人，以后可要好好待他。

然而几年后，在一次玩耍中，我用柴刀狠狠砍了二哥的脚一刀，鲜血直流，但二哥回家后对父母说是自己砍柴不小心弄伤的。

好在那场几乎让我"挂掉"的大病22年之后，1995年，我的那次被朋友们称为"小花"的行动，部分偿还了二哥对我的救命之恩。

家乡的外乡人

20世纪60年代末至70年代,在"农村是一个广阔的天地,在那里是可以大有作为的"和"知识青年到农村去,接受贫下中农再教育,很有必要"的最高指示下,大量知识青年离开城市前往农村劳动,这就是轰轰烈烈的上山下乡运动。

我们老家接收的是重庆知青,他们的居住点就在离我们家西边100米的地方。知青们都不会做菜,很快就得知了母亲做菜好吃的消息。于是,他们从重庆回来或者赶集回来,会拎着一些吃食(主要是活鸡活鸭)到我家,请母亲帮着料理。父母和大哥他们自然不好意思吃城里学生娃娃的东西,但我比他们还要娃娃,分上几口是天经地义的,所以我很喜欢知青们。

后来看了《蹉跎岁月》我才明白,知青们拿到我们家的吃食,未必真是从集市上买来的,多半是从邻村的鸡笼中偷来的!好在知青们奉行的是兔子不吃窝边草的原则,绝不碰本村财物。

记忆最深的是一位姓穆的知青。他身体单薄,戴着一副近视眼镜,一点农活都不会干,在梯田与梯田之间窄窄的田埂上无法保持平衡,多次掉进水田里被大家耻笑,而老家的人包括我后来都可以背着200多斤的谷物在田埂上稳健行走。

尽管干农活不行，穆知青却是知青中最有文化的，他特别喜欢看书和读报。后来一旦我们的老师有事，或者农忙时节，穆知青就会成为我们的代课老师。我们很喜欢穆老师上课，他讲得生动有趣，我们听得津津有味。

穆老师似乎也喜欢我，经常到我们家串门。只要他到我们家，就会像老师一样过问我的学习。这当然是父母喜闻乐见的，于是他在我们家的待遇比其他的知青要高很多，母亲有时会给他端上一碗没有几根面条却非常可口的热汤面。我后来甚至曾不地道地想，穆老师到底喜欢的是我还是面条？

除了知青外，还有一对老人也是外乡人。男的姓马，据说年轻时在茶馆跑龙套说书。女的姓于，我一直都不知道她是干什么的。中华人民共和国成立后，马爷爷作为城市贫民被发配到我老家接受改造，就住在我家东面100米左右的破房子里。老人没有儿女，是五保户。我能记事的时候，马爷爷的牙就掉光了，脸都瘪了。他们自己不会种地，靠村里年终决算时分的口粮惨淡度日。

其实城市贫民是文雅的叫法，老家的人对他们的私下称呼是"二流子"，因为他们都不会干农活，被当作好吃懒做的典型，大人们尽量不和他们往来。然而，我们小孩子却很喜欢这两位老人，原因是马爷爷特别会讲故事，讲《三国演义》，讲《水浒传》，讲《西游记》，等等。

父亲也不愿意让我去两位老人的家里，因为传说于奶奶得过结核病。母亲倒是不太管我。我可能是马爷爷讲故事时最认真的听众，所以马爷爷也喜欢我。有时候我一个人去，他也会给我讲故事。

马爷爷带来的几本书被当作"毒草"给撕了，所以他讲故事全凭记忆。有时候，马爷爷刚讲完，于奶奶就会纠正。很多三国人物的名字我都是从马爷爷那里知道的，董卓、貂蝉、吕布等等。马爷爷尽管嘴都瘪了，说话漏风，但故事真是讲得绘声绘色，并且总是在大家最想知道结果的时候停住，让我们以后再来。

我印象最深的是《三英战吕布》。马爷爷先把刘、关、张三人的武艺渲染得神乎其技，然后再让他们轮番与吕布打斗，居然就是打不过！这让我觉得，吕布应该是世界上除了毛主席之外最厉害的人！后来发现，马爷爷是挑着讲的，他没有给我们讲吕布之死，让我以为吕布永远不会死。

包产到户后，我们家曾很富裕，有一年萝卜大丰收，喂猪都用不完。过年的时候，母亲让我给两个老人背些萝卜过去，让他们炖着吃。我把萝卜背过去的时候，老人出于礼貌推辞，我着急了就说："收下吧，收下吧，妈妈说了，反正我们也是用来喂猪！"

我小学毕业不久，马爷爷就去世了。他去世的时候，出于好奇，我随大人们上楼去看他的遗体。我看见他的脸上蒙了一张白纸，大人们告诉我，这是风俗，说是明朝灭亡后，后人们死后羞见先人，所以脸上都要蒙纸。

邻家姐姐的怀抱

20世纪70年代出生于农村的人或许知道，那时的农村小学生基本不可能有零花钱，即使要买笔和作业本，都要向家长反复恳求。用圆珠笔时，富裕点的同学是买正规的圆珠笔（其实笔杆多半是竹子），然后不断换芯。不富裕的同学，干脆就是只买笔芯，缠上纸再塞入自己制作的小竹子笔杆中。

后来用钢笔时，墨水也是用几分钱一包的墨水粉自己勾兑。钢笔多半破旧漏水，写作业时手上都会染上墨水。勾兑的墨水很淡，写出的字没有正规的墨水亮。于是，那时我的理想之一，就是有朝一日能使用正规的、有油彩的墨水。

小学四年级的暑假，与很多伙伴们一样，我开始挣我的零花钱或者说"文具行动"。其实就是父母让我们背上四五十斤自家种的土豆，到15公里外的黄水镇的集市去卖，卖后的钱自由支配。

现在的黄水镇已经是国家级森林公园，成为夏天在火炉中受煎熬的重庆市民的度假胜地。那时的集市散得早，如果早上才出发，一路上坡到达之后，集市早散了，土豆卖不出去就得背回来。所以，约定俗成，我们那里到黄水镇赶集通常凌晨一两点出发。

那年夏天的一个后半夜，我与事先约好的小伙伴一起，每人背上40

多斤土豆，打着手电筒出发了。

走到半路就开始下雨。对下雨这件事，大人们是考虑到的。我们那里是山区，夏天和秋天有个奇怪的现象，经常晚上下一场雷阵雨，第二天早上放晴。于是，家长都为自家小孩准备了一块塑料布，不是为了遮人，而是为了遮土豆。因为土豆一旦被淋雨后就不好存放，有经验的食堂大师傅和家庭主妇绝对不会买这种货色。

刚一开始下雨，每人都用塑料布将装有土豆的背篓盖得严严实实，然后有说有笑继续爬山。尽管那时已经通车，早晨有长途客车可坐，可是对于我们这群做小本买卖的伙伴而言，乘车的成本就太大了。而童年时，我们最不缺的，就是时间！

土豆被盖得严严实实，但头部和身体其他部位仍然淋在雨中。随着海拔的升高，停下来歇息的时候，我逐渐感到寒冷，说话的时候上下牙开始打架。同行的人中，除了与我年龄相仿的伙伴外，还有一位姓刘的大姐姐，当时应该20岁左右吧，因为她不久之后就出嫁了。

在公路边一户人家的屋檐下歇息的时候，她对上下牙打架的我说，弟弟你过来。我过去后，她把我紧紧地抱在怀里。

邻家姐姐的家当时比较富裕，她除了也用塑料布盖住土豆外，还带有一把雨伞，所以基本没有淋雨。我最初很不好意思，有些反抗，要是在白天，打死我也不干。但那天晚上很黑，我又实在是太冷，姐姐的怀里实在是太温暖了。

而且，当时我真是闻到了一股说不出的体香，感觉非常舒服，我也就不想反抗了，甚至想要是就这样抱下去，该有多好。后来，只要有人说10岁的屁小孩啥也不懂，我就很不以为然。喊！谁说不懂，那是你没有亲身体会过而已。

再次上路后，邻家大姐姐就让我在她旁边走，和她一起共用那把雨伞。天亮了，天也晴了，我们到达集市的时候，头发、衣服和裤子都已经干了。很快，几个小伙伴都各自卖了自家的土豆。我记得我的土豆是7分钱一斤，44斤，食堂大师傅给了我3.1元钱。

这3.1元巨款对我来说实在太重要了。我与伙伴们一起去下街的餐馆花0.3元钱吃了两大海碗臊子面条，这是那个年代老家小孩赶集时的"必修科目"，吃完后分头去干自己的事。

然后，我去百货商店买了文具，我记得很清楚，我买了一瓶"红岩"牌蓝黑墨水、一副圆规和三角板，还买了4本当时看来很精美的硬皮作业本。

下午伙伴们一起原路返回家中。我看见邻家姐姐时，有点不好意思，有意无意地远离她。其实天亮了以后，她就没有再说过什么，好像昨晚的事情从来没有发生过。

一年之后，她嫁到邻村。此后，每当我赶集经过她家门口的时候，都有一种想见她的感觉。但是，她也许早就忘记了这件事吧。

山村小学和老师

一

1976年,村里见散养在家、搞得鸡飞狗跳的小孩子较多,决定在学校唯一的一个班——四年级班的基础上,新开一个一年级班。考虑到当时我还没满6岁,前几年又总是三天两头生病,父母就想让我缓缓再上学。但村里警告,说如果这次不上,可能得五年之后了,于是父母只好报了名。

开学那天,我像平时一样穿着开裆裤就去了学校,结果被一群四年级班的同学围住取笑,所幸一起放牛的杨同学将我从水深火热中解救了出来。杨同学上学时已经12岁,个子比四年级的同学还高。后来一旦与其他同学的冲突升级,我就以最快速度把杨同学请到,然后,不战而屈人之兵。

开学时没有课本,老师说课本还在省城的印刷厂。第一天,我们认识和书写了"毛主席万岁"五个汉字,还学了 a、o、e 三个韵母。开学没有多久,就传来了伟大领袖毛主席去世的消息,我们全部停止了上学和川汉天然气管道公路筑路大队指挥部的叔叔阿姨们一起参加悼念活动。后来又传来"四人帮"被打倒的消息,教材要重新编写,年底我们才拿到教材。

没有教材的时候，老师就在黑板上板书，让我们学儿歌和认字。我记得最清楚的一首儿歌是关于知识青年上山下乡的："踏上盘山道，云在脚下踩，城里的姐姐下乡来……"还有一首是关于姓氏的："弓长张，立早章，木子李，言午许，要问亲不亲，阶级要分清……"老师还让我们到山上用树枝制成小木棍，上算术课用，我对这些活动很感兴趣。

我的启蒙老师姓刘。刘老师生于 1940 年，1949 年前上过半学期的私塾，后在扫除文盲活动中去了重庆造船厂，半工半读了三个月的初中速成班，回来后就开始担任我们村和山脚下另一个村的小学教师。很长一段时间，他要上午下到山脚下的学校上课，下午再爬山一个多小时回来给我们村的小学上课。

尽管刘老师没有正规上过几天学，但他很善于自学，毛笔字写得很好，每年春节村里很多家庭的对联都是由他书写。他的汉语拼音完全是自学的，而且和大多数四川人一样，刘老师不会说普通话，所以拼出的音是对的，但声调却仍然取的是四川话，而且卷舌音、平舌音不分。这点遗憾让我在后来的语文考试中遇到一些麻烦，辨音辨调题我都是随便选一个答案。

有一天下学后，刘老师路过我家门口，对我父母说，别看你家娃儿小，但很聪明，字写得很工整。我躲在门后面听见了这句表扬，一辈子都记得！就因为这句表扬，我自信大增，以为自己真的聪明。我很感激刘老师的肯定，上大学和工作以后每次回家，都要去看望他。

我们村的小学叫庙坝小学，是一座五层楼的碉楼（川东称为箭楼），大概 10 多米见方，20 多米高，用整齐的条石建成。箭楼坐落在我们村所在的那片台地上最高的山头，能瞭望庙坝梁四周的沟壑。箭楼的窗户不多，但有很多用于攻击敌人的炮眼。

箭楼东面的山下有一个大院子，是箭楼主人（一位杨姓地主）的老

小学毕业集体照，1981年

宅。大院子与箭楼之间有几百级台阶，平时家丁们到箭楼瞭望，土匪进山抢劫时，人们到箭楼躲避和抵抗。遗憾的是，这座箭楼在20世纪80年代中期被村委会拆除，仅留下一截废墟，这让我一直感到痛心。

就在箭楼被拆除前的那学期，在县城上高中的我学习了《内蒙访古》后，按要求仿写了《庙坝访古》。在文中我对老家的地名——庙坝的来历进行了追溯。之所以叫庙坝，是因为以前有座庙，叫福禄寿。庙的前面就是我家，是一片南方山区难得的平地，于是称之为坝。

福禄寿庙在中华人民共和国成立前是方圆几十里内香火最旺盛的大寺庙，据说大住持是一位姓果的禅师，徒弟是了尘小和尚。老人们讲，寺庙建于明末清初，砖木结构，气势恢宏，菩萨庄严肃穆，罗汉惟妙惟肖。后来在破除迷信活动中，农协主席带领儿童团把菩萨和罗汉像尽数推到，并用绳子套住佛塔后拉倒。

不仅如此，一群从城里被遣送到我们村改造和分田地的城市贫民（城市无业者，被老家称为"二流子"）偶然发现被熏上了一层浓浓香油的菩萨像是很好的烤火材料……然后，这座历经300多年风雨不倒的古庙很快被蚕食烧掉。

我在作文中写道："阵阵火光中，我隐约看到了在大太阳底下，修庙的人们头上滴到石头上的汗水，听到了汗水滴在石头上发出的嗞嗞声……"这篇"愤青"作文被老师大加赞扬，用作范文。但没想到放假后回家，才发现陪我度过了四年小学生活的箭楼也被无情地拆除了！

尽管四年级来了一个新老师，但他经常生病，很多时候学校就只有刘老师一个人。四年级班在五楼，我们在一楼。一个班上课时，另外一个班就自习。只要老师一离开，同学们就打打闹闹，一旦听到老师下楼的脚步声，大家就各归各位。刘老师不得已把我们两个班合并在一个教室，高年级上课时，低年级自习，反之亦然。

农忙时节，农村小学开课通常很晚，有时甚至中午才上课。目的是充分利用早上的凉快时间，包括老师在内的大人们先去田间地头干活，小孩子们则去放牛，等天热了，牛不愿吃草了，牵回家系住后再去上学。

冬天有时开课也晚。老家位于三峡库区的高山，海拔有1500多米，冬天很冷，有时积雪一两个月都不化。箭楼是当地的制高点，风很大，炮眼又多，没有暖气，早晨教室特别冷。刘老师每天都要提前到学校，在箭楼四角的筒状平台逐一烧起火堆，让教室暖和一些。

每家还会给自家孩子准备一个土烘炉，其实就是用一个破的搪瓷盆，在里面放上一些炭火，讲究些的家庭会用竹篾织成葫芦状的兜子罩住。由于雪天路滑，小孩子们走路不老实，很多时候还没有到学校一盆炭就撒光了，刘老师就得给他们加上木炭。

我们的汉语拼音很糟糕，发音极其不标准，有些错误听起来甚至儿童不宜。比如，对 zhi、chi、shi、ri 等不是整体拼读，而是像拼读 ba、ma 之类的拼成 b~a、ba、m~a、ma 的拼读。于是，当我们拼读和太阳是同义词的那个字时，发的音就是"日、日、日—日"。所有同学，包括女孩子都会爆笑。农村小孩接受性教育比城里小孩早，在大嫂子与小叔子之间嬉笑怒骂中，包含了很多性的玩笑，当然知道这个音的特殊含义。

我们对 n 和 l 也不能区分。有一次老师让一个口齿清楚的女孩子领读"暖（nuǎn）"，本来老师教的是"暖、暖、温暖的暖"，可女孩领读时，一紧张忘词了，领读成"卵（luǎn）、卵、卵袋的卵"……

箭楼中的记忆大多是快乐的，但后来发生的一件事，却让我蒙受了"奇耻大辱"！

二

小学四年级的"六一"儿童节，石家乡中心小学组织全乡九个村的小学生举行语文、数学综合竞赛，各校按五分之一的比例选拔学生参赛。我们班 14 个学生，分配到两个名额。

当时我们的老师换了，换成了刚刚高中毕业的崔老师。崔老师的预选方式极其简单：在黑板上写了两道比较复杂的应用题，半小时后收卷。

很快公布了选拔结果。我 100 分，一位也姓谭的发小 50 分，其余同学 0 分。于是几天后，我和发小在老师的带领下，前往 10 多公里外的中心小学参加竞赛。

母亲为竞赛进行了精心准备。她知道我爱吃豆芽，就用一小捧黄豆发了豆芽，没想到天气热，豆子提前出芽，她只好不停换水以免豆芽臭掉。比赛那天早上，母亲给我炒了一盘黄豆芽和一碗蛋炒饭，我吃得饱饱的。两年后，母亲因病去世，我再也没有吃过那么香的豆芽。

下午竞赛结果公布，取前五名，在中心小学的篮球场上颁奖。发小得了第四名，我第二名，我比第一名总成绩低 1.5 分，崔老师高兴之余多少有些遗憾。

尽管只是得了一张奖状，竞赛却给我带来了很大影响。不是因为我得了名次，而是我由此知道了第一名所在的学校，不是竞赛的组织者——"赫赫有名"的中心小学，而是邻村那所我幼年生病，父亲带我看病时我参观了一整天的"名校"——黄龙小学。而且，我见到了第一名的指导老师，他穿着白衬衫，一举一动都是那么潇洒，让我崇拜至极。

回家的路上，我下定决心下学期也要转学到这所学校。之所以说"也"，是因为我知道获得第四名的发小下学期会转学去这个学校。除此之外，则与一段我在箭楼中的"不堪"记忆有关。

三年级换成崔老师后，我与老师的关系出现了问题。崔老师和我是表亲，关系一直不错，以前总是和他打打闹闹，但是他突然就成了我们的老师，几个堂兄和我就很不服气，频频搞小动作。崔老师开始总是耐心和我们摆事实、讲道理，很少吼人，于是我们更加放肆。

那年秋天，与往年一样，上级号召学生到秋收后的稻田拾稻穗作为劳动课，说将稻谷卖了做班费。拾稻穗劳动每年都有，并不新鲜，但那年要求每个学生交 8 斤！由于已经包产到了户，每家收割时已经很用心了，要拾到 8 斤稻谷颇为困难。

关键是一个堂兄认为，这些粮食多半被学校贪污了（小孩子的想法而已，都贪污了也没多少），于是他提议抗交，我附和并取名为"抗租行动"，意思是拒绝给"恶霸地主"交租。

我们的"抗租行动"让崔老师很为难,他没法在规定时间完成上级的任务,要挨批评。多次和我们几个讲道理无果后,崔老师只好动用撒手锏。那天,刚一开课他让我们几个靠墙根站立,说如果不答应交稻穗,就不让上厕所。

其他小伙伴没有问题,我就比较悲惨,因为那天早上我放牛回来晚了,我一路跑到学校,进校之前在下面的水缸喝了个饱!第一节课过去后,我就感到有些憋了,但我硬扛着,因为课间我们几个拉了钩,谁先松口就是"甫志高",就是大叛徒!

站到第三节课,我实在是憋不住了,开始轻轻跺脚和扭动身子,已经交了稻谷的同学开始偷笑。度日如年地继续坚持一阵后,我终于缴械投降,撇下同伴,冲出教室,联盟瞬时瓦解。

更糟糕的是,从箭楼五层的教室出来时,我根本无法坚持到楼外的厕所,于是边下楼边开始"行动"。我当时想,楼梯上灰尘那么厚,洒下去一分散,天气又那么热,下课时早干了。可是没想到,行动刚刚结束,万恶的下课铃就响了。那一串曲折的痕迹,在灰尘的映衬下,极其刺眼!

我不但乖乖交足了稻穗,受到伙伴的鄙视,更被女生们耻笑为"流尿狗"!这对当时在学习上一贯受表扬的我而言,真是"奇耻大辱"!

我当时就想转学,离开这个伤心之地,但没有具体去处,而这次竞赛恰恰让我确定了目标。暑假我自己去找了邻村小学的那位老师,由于在前不久的竞赛中,我是第二名,他有印象。又因为他和我大嫂同姓,说起来算亲戚。大嫂托人给他打了招呼后,我就原则上被接收了。

我写了转学申请去找崔老师签字,他正在山脚下放牛。他看了我的申请后有些黯然,说要走就走吧,以后不要跟成绩差的人混在一起。其实崔老师作为我的表哥,对我的学习一直很重视,很长一段时间他都不明白我为何突然转学，直到最近回老家，我才告诉了他这条"见不得人"的导火索。

回头想来，我之所以和崔老师相处别扭，主要就是因为位置没有摆正，我总觉得他就应该是我表兄，而不是老师。而崔老师最初抹不开面子，或者说是舍不得批评成绩比较好的学生，那次罚站也是被逼急了。

我认为，师道尊严的确是需要讲的，尤其是对于什么也不懂的小孩，道理很重要，但老师的权威更重要。"黄金棍下出好人"，未必全属于校园暴力。我的小孩上学后，我请求老师，该出手时就出手。

刚到黄龙小学时我有些失望，因为那里的校舍比我们先前的箭楼要破得多，而且教室很小，却满满当当坐了20个学生。我最初和另外两个同学挤一张桌子，幸运的是不久一个同学转学，我终于和其他同学一样，两人分享一张长条课桌了。

更幸运的是，我遇到了让我敬畏的老师——秦老师。可以说，正是他那次至少可以记入乡志的决定，最终送我们走出了山村。

三

秦老师个子不高，但篮球打得很好，运球娴熟，投篮很准。其实更让我佩服的是他扔粉笔头的水平，如果谁敢在上课时打瞌睡或讲话，粉笔头会又快又准地招呼到头上，即使坐在最后一排，也难以躲过。所谓一物降一物，转到黄龙小学后，我再也不敢像在崔老师面前那样掰扯歪理，上课又一如既往地认真，所以没有挨过粉笔头。

那年国庆节后不久，秦老师到我家做家访，看到了一本被我翻卷了边的《常见成语故事》，就随口考了我几个词条。过了几天，他给了我一本笔记本，让我将三年级以后的语文课本中出现的词语一一抄录到方括号中，然后查阅字典，将释义抄录到后面。这是我的语文水平提高最明显的一段时间，高考时我作为理科生居然摘得全县语文单科第一名多半归功于此。

秦老师家就他和师母两人，暂住在石家街上（很小的乡镇），他每天来学校要走一个多小时的山路。五年级下半学期的时候，师母生孩子了。其实按道理秦老师可以请假，但他不放心别人代课，因为两个月后我们就要参加全县小学毕业统考了。

早就传达过文件，考得好的同学会被一中或二中录取。头年邻村一个学生考上了二中，村里打着"光荣入学"的横幅，敲锣打鼓地将他送到了开往二中所在地西沱镇的客车上。秦老师说，如果有人考入一中，学校不仅敲锣打鼓，还会大放鞭炮。

为了不耽误我们的学习，秦老师做出了一个大胆的决定：全班搬到他家所在的镇上课！乡政府前面有一个废弃了多年的戏台，"文革"时用来演样板戏，虽然有些漏雨，但收拾收拾可以当教室。秦老师的家离戏台很近，他可以继续给我们上课，抽空再去照顾月子里的妻儿！

于是，1981年3月的一天，在重庆（当时是四川）东部、大巴山腹地的石家乡境内的一条崎岖山路上，出现了一支蜿蜒前行的特殊"长征"队伍。不过，按当时老乡的说法却是"迎亲"队伍。

老乡的说法更有道理。因为，秦老师和我们19个学生，要将教室中的黑板、课桌和板凳都搬到镇上的戏台上。老家村民娶媳妇时，婚礼当天由婆家找来壮劳力，吹吹打打将娘家置办的箱子、柜子、被褥等嫁妆抬过来，所以我们的确像迎亲队伍。

个子高、力气大的同学一个人背着课桌，个子小的同学两人将共用的长条桌子翻过来，放上凳子，绑上棍子后抬着走。我们的黑板既简陋又笨重，是用厚木头板拼成的，无法挂在墙上，要用脚架支撑。于是，秦老师的任务最重——把黑板扛到镇里。

从黄龙小学到镇上要翻过大大小小好几个山头,七八公里。其中最折磨人的一段叫"牛尾冲",需要下1000多级台阶,一直到沟底,过一条河之后,再爬到同样的高度!加起来差不多两公里,但如果山顶有桥相连,直线距离不超过400米。赶集时,沟两边的人可以喊话,但路程相差至少半个小时。

俗话说:"路远无轻物。"而且,对于当时我们这群营养不良、平均身高1.2米多的小学生,破旧的实木课桌并非轻物。最初一段大家觉得好玩,说说笑笑,上坡下坎移动得较快。但是,随着时间的推移,尤其是下了1000多级台阶到沟底后,同学们都疲惫了。行走速度越来越慢,原先是五六百米歇息一下,逐渐缩成三四百米,到后来,走200米甚至更短就要停下来歇息,变成一点点往前挪了。

从清晨蜗行到午后,这支停停走走的"迎亲队伍"终于抵达目的地——戏台。戏台有一层楼高,三面封闭,一面开放供观众观看演出。特殊年代,戏台既演出了无数场精彩的样板戏,放映了很多场革命电影,也上演了各种各样的悲喜剧:"地富反坏右"分子,还有我10岁的二哥,都在台上被批斗过。

秦老师指挥我们打扫卫生,摆好课桌,架好黑板,让我们吃各家准备的干粮。然后他一路小跑回家,给坐月子的师母端茶送水,返回后就立即开始了在新教室的第一课!

我们的课引来不少旁观者,人们还以为闲置不用的戏台又演戏了,七嘴八舌地议论。秦老师并不解释,一口气给我们上了三节课后才放学。

戏台上课持续了一个多月,直到师母出了月子,能照顾自己和孩子为止。有一次我们到齐了,秦老师却没有出现,过一会儿后中心小学的老师来给我们代课。后来知道是师母出了点状况，秦老师把她送到卫生院去了。

学校搬到镇里的戏台后，我和发小上学就更远了，每天要比原先多走2/3的路程，大约10公里，天气不好时我们有时会迟到整整一节课！有一天早上雨下得特别大，雷鸣电闪，很是吓人，连父母都默许我们不去上学了，我们自己却坚持要去。

之所以坚持上学，是因为秦老师一再强调，说我们赶上了全县统考、择优录取的好机会，千万要抓住。说他之所以连假都不敢请，就是怕耽误了我们。34年之后，当我自己的小孩幼升小时，我建议同是小学老师、当了十几年班主任的孩子他妈别再当班主任好好陪孩子时，她说的居然是类似的话：我不忍心丢下那些孩子！于是，我只好放弃建议。

那一年我们没有辜负秦老师的期望，全县小学毕业统考成绩公布，全学区六个乡镇40多所学校近千名小学生中，我总成绩第一，发小第三，同时被一中（石柱中学）录取。更令人大跌眼镜的是，我们两人不是来自师资力量较强、教学条件较好的中心学校，而是来自曾经举班"寄居"破戏台的村小！

秦老师说他一直为我们这届毕业生感到自豪。19名学生中，除了我们两个进入了省重点中学外，另外5个人被二中和三中录取，后来都考取了中专或大学，算是跳出了"农门"。

高中以后，每年回去我都会去拜望秦老师，每次都能从他那里得到指点，甚至工作之后，也有如此感觉，似乎无论走得多远，老师永远是老师，阅人阅世仍然高出一筹。

秦老师说，他反感"高分低能""只会考试"等论调。他说考试是相对公平的筛选人才办法。如果有能力，就能搞定考试这种最单纯、最不需要社会关系的事。如果连考试这点事都搞不定，其他复杂的事情未必就能办好。种种原因，我一直认同这种观点。

2013年初冬，秦老师退休后和师母第一次来北京，我陪他们去参观了长城和十三陵，还有我们医院。秦老师说很感谢我的热情接待。我说没有他当年的呵护和坚持，我连在北京接待他的机会都不会有，再热情也没有用。

这就是我的小学老师们，在我的孩子入学和教师节之际，我不禁想起了他们。有人提醒我写这些会被认为显摆或自恋，比如我的一位大学同学就说，中国人的回忆，就是把没味的食材加上无数作料，或博叫彩或显自恋，其实什么营养都没得！

但是我以为，经历不同、视角不同、想法不同，不可能让每个人都喜欢。而且，我又不是马云、刘强东、马化腾、施一公那样的成功人士，能显摆或自恋些啥呢？

或许，每个人会在某个时刻想起老师，可以是春风得意时，可以是触景生情时，也可以是迷茫无助时……无论如何，请让我以我的博士研究生导师、中国工程院院士、北京协和医院妇产科郎景和教授在2015年教师节即兴所作的一首诗作为结尾吧！

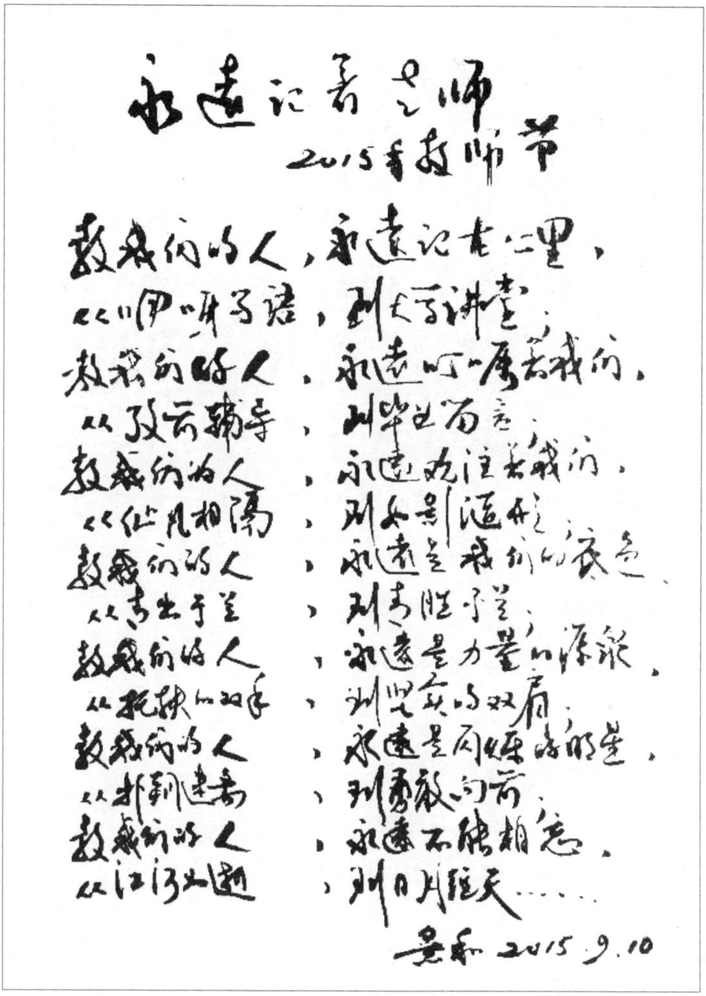

《永远记着老师》，作者的博士研究生导师郎景和院士书写，2015年

永远记着老师

教我们的人,永远在我们心里,
从咿呀学语,到大学讲堂;
教我们的人,永远叮嘱着我们,
从考前辅导,到毕业留言;
教我们的人,永远关注着我们,
从仙凡相隔,到如影随形;
教我们的人,永远是我们的底色,
从青出于蓝,到青胜于蓝;
教我们的人,永远是力量的源泉,
从托扶的双手,到坚实的双肩;
教我们的人,永远是闪烁的明星,
从扑朔迷离,到勇敢向前;
教我们的人,永远不能相忘,
从江河如逝,到日月经天……

少年往事

县城中学的欢乐时光

1981 年 9 月,身高 127 厘米的我和身高 124 厘米的同村伙伴,分别以全县小学毕业统考临溪区总成绩第一名和第三名的成绩,被重庆市石柱土家族自治县第一中学——石柱中学录取。

1997 年重庆改为直辖市之前,石柱县隶属于四川省。在 1984 年之前,县的前面还没有"土家族自治"几个字。县城是一座三面环山的美丽小镇,镇的西面和东北面各有一座山。龙河自东北向西南蜿蜒绕城而行,人工开凿的玉带河笔直穿城而过。

石柱中学坐落在县城的西南角,西边是龙河,对岸是旗山。旗山可以很早地为学校提供阴凉,夏天太阳"下山"后很长一段时间,天才会真正黑下来。学校南面有一座小山,叫太白岩,与"诗仙"李白有无关系不得而知。尽管太白岩只有几十米高,但可以鸟瞰县城全貌,学校更是近在咫尺,从南头的操场到北头的食堂,尽收眼底。

我们班的同学多半来自农村,即使后来我家里出了变故后变穷,班里也还有同学的情况比我还糟糕。我们这群农村同学之间,基本没有相互攀比的情形,也不存在谁瞧不起谁,这与后来上大学时我们宿舍的情况颇为相似。

进入学校后的第二年,石柱中学成为四川省首批重点中学。当时的

初中毕业集体照

老师有的是1957年被划成"右派"的重庆大学生,有的是重庆下来插队后没有返城的知青。我一直认为,石柱中学之所以能被评为省重点中学,很大程度上归功于这些当年的"右派"和知青。是啊,一个特殊的时代耽误了一批人,也惠及了一批人。可以说,我们那一批人的幸运,就是建立在这些"右派"和知青的不幸之上的。

老校长姓滕,从1955年开始就是石柱中学的校长,"文革"中被打倒,1979年恢复工作后继续担任校长,直到我们毕业一年后才离休。有一年滕校长到北京参加会议,回来的时候带了三套风景名胜的幻灯片,包括故宫、十三陵和晋祠。

滕校长给我们逐张播放和讲解幻灯片后,组织力量为幻灯片配音,我是其中的文字工作者之一,一个嗓音甜美、川普正宗的女生担任配音。这些幻灯片让我们这些偏远山区的孩子提前感受到了祖国名胜古迹的魅力。到北京后,我参观过好几次故宫,但记忆最深刻的,仍然是滕校长带回来的幻灯片中的内容。

毕业 30 多年后的 2017 年春天，我回老家办事，在老校区（现在为石柱中学的初中部）门口偶遇滕校长。虽然滕校长已经 90 岁高龄，但仍然精神矍铄，行动自如，后来从同学那里知道，他写了一本书《我在石中工作的一些回忆》。

由于我当年既不够突出也不够调皮，滕校长自然不太记得我了。但我对滕校长却一直印象深刻，不仅仅是因为他帮助我们改变了命运，还因为觉得他和我父亲长得很像，年龄也差不多。

1987 年，胡耀邦总书记派出的中央讲师团来到了我们石柱中学。讲师团的老师都是来自中央国家机关，思想活跃，朝气蓬勃。校长非常信任他们，用与时俱进的话来讲，真是让他们"撸起袖子加油干"。

讲师们带来了微型计算机，我们从那时开始就有了微机教学，我们不但学习 Basic 语言，还有上机实际操作的机会，这在 30 多年前地处偏远地区的县城中学，并不多见，或者应该说叫罕见。

讲师们还教我们跳集体舞《青春圆舞曲》，旋律我记得清清楚楚，歌词我也能一字不落地唱出："蓝色的天空像大海一样，广阔的大路上尘土飞扬，穿森林过海洋来自各方，千万个青年人欢聚一堂。拉起手，唱起歌，跳起舞来，让我们唱一支友谊之歌。"学习集体舞的过程中，大概是包括我在内的很多男孩子，第一次名正言顺地牵了女生的手，虽然时间非常有限。

初中的第一学年，我最无忧无虑。那时农村实行了家庭联产承包责任制，包产到户，人们的劳动积极性很高。我家有父亲、大哥、二哥和大嫂几个壮劳力，加上母亲很会操持，已经连续两年大丰收，过年时杀了三头大肥猪，用盐腌了起来。家里每月按时寄来生活费，当时学校实行包餐制，每月交 8 元钱，每周吃一次肉。

刚入中学时，由于天气热，我嫌穿球鞋臭，喜欢像在老家农村一样打赤脚。上课的时候老师不允许，但放学后或者上晚自习，我就当会儿"赤脚大仙"。一天晚自习后，我从教室经过食堂回宿舍，路灯很暗，突然我踩到了一个软绵绵的东西，还发吱吱儿的声音！

我第一反应就是踩在癞蛤蟆上了！我惊恐万分地逃回宿舍，在水龙头下把脚冲了又冲、洗了又洗。癞蛤蟆和蛇是我放牛割草时最害怕的动物，没有之一！老人们说，如果癞蛤蟆的浆进入人的眼睛，眼睛就会瞎掉！溅到皮肤上，就会长出像癞蛤蟆一样的瘊子，至于真伪，我没有考证。

第二天早上，我再次经过事发地点时才发现，那个惊得我跳起来的"癞蛤蟆"，其实是大半个馒头，对，就是馒头！从此之后，我彻底告别了"赤脚大仙"。

和同学们混熟了以后，我放牛时种种顽皮的本性又露了出来。当时学校就两个厕所，比较大的厕所离我们教室很近，要供几百个学生使用。一天早晨，我突发奇想，偷偷告诉了几个同学，然后就开始了一场可以命名为"损人不利己"的奇葩行动。

那天上午，第二节课课间操刚一结束，我们几个同学就飞速冲进厕所，每人占一个坑位，或真干活或根本不干活，就蹲在那里，等第一遍上课铃响了之后，才匆匆离开！然后，在接下来的一个课间休息的时候，我们再次冲出教室，重演这一节目！当我们在臭气熏天的坑位上，看着急匆匆进来又失望离开的同学甚至老师，心里充满了幸灾乐祸的畸形快感。

学校当时有自己的农场，位于县城东北部一处被称为"大坡"的地方，离学校差不多有两公里，都是坑洼不平的小路。大概是初中一年级下学期，我们班的劳动任务是每人担一桶粪，浇班里管理的菜地。

当时农场周围唯一的单位是气象局，它的厕所早就被其他班的同学捷足先登，舀干了，我们只好从学校的厕所里舀了抬过去。我与一个和我身高差不多的同学好不容易抬完一桶，抬第二桶时，由于很累，快要到目的地的时候不小心磕了一下，一桶粪洒去了一半多！

这肯定过不了关，但我们实在不想再返回学校去抬。正好发现路边有个水坑，于是我们就用瓢舀了几瓢水，把粪桶差不多加满了，虽然颜色是淡了点，但不细看蒙混过关应该没有大问题。

其实我们还是很担心，因为劳动委员是一向很轴很认真的秦同学。我和同伴满头大汗地将那桶粪抬到他的跟前，只希望他一登记打钩，我们三瓢两瓢浇到菜地里，就圆满结束了。

没想到秦同学看了看那桶粪后，说："这桶不能算！你们兑水了！"我和同伴大吃一惊，咋咋呼呼极力否认。同伴甚至赌咒发誓："要是我们没有兑水，你就是狗日的！"

秦同学却并不生气，指着我们那一桶"粪"说："别赌咒了，自己好好看看吧！"原来，几个蝌蚪正在垂死挣扎！傻子都知道，小蝌蚪只可能在水田和沟渠，不可能存活在粪池中！

然而，中学时感受最多的并不是快乐，而是痛苦，是无助，是饥饿，是绝望！那段感受，在很长一段时间，我都回避去整理。

那个春天，母亲病了

1982年春天，一个星期天早晨，正在双层床的上铺睡懒觉的我被人叫醒了，来的是大哥和另外几个老家的人。大哥告诉我，母亲病了，到县医院来了，可能要做手术。

说实话，与电影中看到的小孩听到自己的父母得病后惊慌失措完全不同，我当时一点都不惊慌，而且感到有些高兴。因为我想的是，母亲来住院，我就可以经常见到她了。既然都已经住进了全县最好的医院，医生肯定手到擒来，病很快就会好的，我对此深信不疑！

我跟着大哥他们几个人去了县医院的病房，又闻到了小时候就很喜欢的来苏水味。母亲正在病房旁边的水房里洗衣服，见我来了，放下手中的活儿进了病房。

尽管大哥说母亲生病了，但我看不出来有什么异常。大哥他们随后就出去办事了，我就留下来和母亲不停地说话，说学校里面种种好玩的故事，包括前几天我们抬粪兑水被发现的事情，母亲也跟着我笑。

后来我自己又去过医院的病房几次。我对穿着白大褂戴着白色大口罩的医生和护士崇拜至极，这些医生比我们村的赤脚医生和邻村的老中医可气派多了。我还喜欢去治疗室看护士们配药，她们用镊子敲针药的动作优雅极了，安瓿上端"砰"的一声断了后的声音也很动听。等到我后来当医生的时候，护士都是用砂轮将安瓿先锯一个口子后掰开，已经没有那种将安瓿的上端准确敲入垃圾桶的享受了。

有一天我去医院时发现大嫂也来了，还背着一岁多的侄女。因为母亲很快就要手术，大哥是男的，服侍起来不方便，于是就让大嫂也来了。当然，主事儿的，应该还是大哥。

在我的记忆中，那个春天和夏天，大哥和大嫂一直在县医院照顾母亲。而父亲和二哥则留在家中，他们需要完成家里所有的农活，包括已经分了家的大哥和大嫂的田地，还要照料两头耕牛和养两头猪。他们还要频频去卖粮食，最后还卖掉了那两头还没有完全长大的猪，为住院的母亲筹钱。

父亲和二哥的忙碌可想而知，根本就抽不开身到县城来，只是在母亲手术前二哥才到医院来看过母亲一次，所以他对治疗过程和花费一无所知。这也是几年之后二哥对大哥大嫂不理解和兄弟产生隔阂的原因。直到十年后的1993年，我正式分配到北京协和医院，报到第一天就向妇产科借了900元还了母亲看病期间的贷款后，兄弟隔阂才得以化解。

据说医生早已给母亲安排了手术，但由于找不到足够的血源，一直在等待。那个时候的县医院根本没有血库，需要手术的病人如果要用血，都是从自己的亲属中抽血，或者从卖血的人身上抽。

当时传说，如果与卖血的人搞不好关系，或者卖血的人良心不好，他就可能在抽血前喝下大量的醋，结果会使血的质量下降。当医生以后，我才发现这种观点没有多少依据，尽管在抽血之前大量喝水甚至输液，抽出的血液会稀释一些，但对血液质量应该影响不大。

为了配血成功，老家来了一拨又一拨的亲戚，甚至只是与母亲同姓的一位远房舅舅也来了。

终于有一天，大哥到学校告诉我说，母亲昨天已经动了手术，你去看看吧。我看到大哥满眼通红，好像哭过的样子。但当时我并没有在意，因为我想可能是晚上熬夜照顾的原因吧。或者是大哥看见母亲动手术有些害怕？在一年前的2月4日，大嫂生侄女时，痛苦地叫了一夜，第二天早晨才生出来。我和二哥当时就住在他们楼上，夜里听得清清楚楚。早上大哥洗脸的时候，我看见他笑的同时眼里有泪花。

我跟着大哥一路小跑去了县医院。大哥又瘦又高，喜欢背着双手、披着衣服走路，两条长腿走起路来像一阵风，用现在流行的词语，可以说是飘逸。

进了病房后，我发现母亲闭着眼睛，并且吸着氧，脸色苍白，两个胳膊上都扎了吊瓶，其中一个输的是血液！这个时候，我才被吓到了，小声哭了出来。母亲可能听见了我的哭声，睁开眼睛叫着我的小名，安慰我说没事的，手术都做完了。

医生刚一进来，大哥就拉着他到病房外面去了。一会儿后，医生又进来了，对还趴在床头和母亲说话的我说："小伙子，别害怕了，你妈妈的手术已经做完了，很成功，很快就能出院回家了。"

我高兴极了，连声说谢谢医生叔叔，谢谢医生叔叔。当时，我对医生真的是充满了无限的感激和崇拜。

然而，母亲并没有像医生说的那样很快出院，在县医院还住了很长一段时间，直到那年我们都放暑假了，她还没有出院。我只好先回家了，因为我要回家帮着家里放牛。

大约又过了一个月，母亲才从县医院出院，和大哥一起回到老家。母亲是坐车回来的，她晕车，下车就吐了一大摊。

那段时间母亲仍很虚弱，但她坚持给我们做饭。我和她有时还一起去山里捡柴火，有时和她一起去放牛。有一次我们聊着天的时候，母亲突然问我："如果妈妈死了，你会怎么样？"我当时其实很害怕，但是嘴里却说的是，怎么可能死了，医生叔叔不是都做完了手术，你都出院了呀！我说妈妈你以后就别这样吓我好不好。

　　母亲笑了笑说："逗你玩的，妈妈还要看你娶媳妇呢！"

那个冬天，母亲走了

1982年的秋学期，我离开母亲来到了县城继续读书。我走的那天，母亲把我送到了公路上，问我国庆放不放假。后来，国庆节放假我又回去过一次，之后一个学期也没有回过家了。

放寒假那天，天上下着很大的雪，从县城开往黄水镇的长途客车开到山脚下叫峡口的地方就掉头回县城了，因为越走雪越大，汽车轮胎打滑开不动了。我和同村的伙伴一起下了车，在大雪中步行七公里后到他家的门口，再往上走五六百米就是我家了。

经过伙伴家的时候，同村伙伴的父亲——我的远房叔叔，也就是那位在我出生前的晚上大呼小叫让我快点出来否则就没有口粮的大队会计——非要留我在他家吃饭。

本来我还想推辞，结果看见大哥也在他们家，于是就停下来进了他们家。叔叔家那时刚杀了过年猪，所以一桌子都是肉菜。吃饭的时候，我问大哥母亲应该完全好了吧。大哥说，挺好的，没事了。听大哥这么说，我就一点也不担心，因为我从小都对大哥非常信任。

刚吃完午饭，我就和婶婶说，我要回家去看妈妈了。婶婶说，别着急，先到火塘边烤火，你妈妈去山下赶集了，回来会路过这里，和你一起回去。

于是，一大家人围在叔叔家的火塘边烤火聊天。想到一会儿就可以见到朝思暮想的母亲，我讲话的兴致比同村伙伴要高很多，而平时比我能说会道的同村伙伴似乎反而不怎么说话。

但随着聊天的深入和话题的转移，火塘边的气氛似乎越来越奇怪，因为大家好像都在躲着什么。叔叔绝对是村里的秀才，能说能写能算，平时还会斡旋一些村民之间的矛盾，但那天他似乎也有些说话不顺畅。

聊到后来，他突然问我："你喜不喜欢妈妈？"我说当然喜欢，但心中突然有了一种非常不祥的预感，突然感到非常害怕。

叔叔接着说："既然你很爱你妈妈，那如果我们告诉你，你妈妈要是发生了什么事，你会怎么样？"我当时就愣在那里，没有敢答话，气氛凝固了。我不敢说话，也不想任何人再说任何话，我也不想听到任何话。

但是叔叔还是接着说了："那我就告诉你，你妈妈已经在两个月前去世了……"

据说当时我"啊"了一声没哭出来就向后晕倒了过去，中间醒过来几次，但很快又上不来气晕了过去。最后醒来的时候，我已经躺在自己的家里，小时候我和妈妈一直睡的那张床上。我放声大哭，哭喊："我要妈妈，我要妈妈……"

族中的叔叔伯伯、婶婶大妈、姐姐妹妹们围坐在我的床前，他们没法安慰我，只好陪着我一起哭。哭到最后，我哭到没有力气，哭哑了声音，我说："我要当医生！"那一刻，我对县医院那个骗我说没事儿的医生充满怨恨，他太差了。我要做一个什么病都能治好的医生！

后来婶婶告诉我，之所以两个月前母亲去世时没有告诉我，是为了尊重母亲的遗愿。母亲临终前，把婶婶叫到床边说："婶子，我最放心不下的，就是那个在县城读书的幺儿。小时候你分过他奶吃，我走了之后你就帮我多照顾他吧。我走了之后，你们先不要告诉他，免得影响他

郊游

学习,等放寒假回来再说。"母亲跟婶子说,屋里的米坛中埋有5块钱,那是她最后一次给我零花钱了;她还让婶婶一定告诉我,她走之后我要好好读书,这样才有出息,否则一辈子受苦受穷。最后她央求婶婶,说我还太小,脾气又横,最好找个地方,平静些告诉我,免得我一时接受不了。

母亲的担心是有道理的。我是家中老小,父母亲又是老年得子,加上农村普遍存在的由最小的小孩养老的惯例,所以尽管家庭条件不怎么样,小时候的确有些娇生惯养,窝里横得与现在的独生子没有什么两样。

他们又说我头上有两个旋儿,而大家都认为,有两个旋儿的人脾气都很横,有时候为了达到自己的目的,在父母面前哭起来那真是天昏地暗,而且我与幼年的很多小朋友一样,因当地天气寒冷而患有哮喘,一哭急了就倒不过气来。

后来从大哥的一些叙述中,我才零星了解到母亲的病情。母亲早在生完我之后不久月经就停止了,但在去世前的一年,已经多年没有月经的母亲下身突然出血了,这在民间俗称"倒开花"。于是就去检查,医生发现很瘦弱的母亲肚子里长了一些包块,初步断定是肿瘤。

于是,在大哥的主持下,大姑父、小姑以及族里的人一起吃了一顿饭。一是向亲戚们说明母亲患病的情况和家里打算继续上县医院治疗的决定;二是母亲也和亲戚朋友们进行了话别,因为当地人知道,开刀是闯鬼门关,能不能活着回来谁也没有把握。在当时,做出到县医院治疗的决定是需要勇气和实力的,很多时候有病后都是在家吃些中草药。

好在当时我们家比较殷实,粮食丰收,头年杀的大肥猪的肉经过母亲之手,借给了很多当时不如我们家富裕的邻居。于是,家庭会议决定,让母亲到县城医院接受手术。

由于血源紧张,到县城住了一个多月才做了手术。手术当天,我在上课,母亲让大哥不要告诉我。据说母亲进手术室后很快就被推出来了,医生告诉大哥,母亲的病是妇科肿瘤,已经广泛转移,无法切除,只切除一小部分就关肚子了。大哥听后,在母亲床边坐了一夜,我想肯定是哭了,第二天到学校来找我的时候,满眼血丝。应大哥的要求,医生没有告诉母亲真实病情,对我也谎称手术很成功。

我自己当医生后才知道,这种告诉家属实情而不告诉患者的做法叫作"保护性医疗",目的是让患者怀有生存的希望。现在的法律规定尊重患者知情权,学西方的规矩,医生要在第一时间将病情如实告知患者。但我认为,只要不是恶意,"保护性医疗"也有它的价值。

家里大概只有母亲和我不知道真实病情,但母亲是个很聪明的人,应该逐渐从手术后没有减轻的症状中知道了自己很快会不久于人世,所以才会在暑假和我一起到山上拾柴火的时候,假装不经意地问了一句如果她死了我会怎么样的话。在我看来无头无脑的话,实际上是欲言又止、意味深长地诀别。

高原放牛

1986年的暑假,在小姑父的授意下,我到黄水镇的小姑那里,帮她放了一个暑假的牛。那两年黄连价格高,小姑的大儿子、我的表兄已经成为当地闻名的万元户,还上了电视。小姑父在黄连公司子弟学校当校长,和他的小儿子也就是大我两岁的小表哥一起骑自行车从老家到重庆旅游去了。小姑自己在村里种了些黄连,因此属于比较好过的人家。

小姑心疼失去了母亲的我,三天两头去镇上买肉做来给我吃,那一个假期后,同学们说我气色很好,几乎可以用肥头大耳来形容。小姑家那里地广人稀,种完黄连之后的土地就是用来种土豆,种了几年后就让土地撂荒,让其长草,是牛很好的食物。

那一片片的草场,与我后来在其他地方看到的高山草甸没有区别。因此,说是放牛,其实就是把牛赶到草场后,就彻底自由了。因为很快就是高三了,暑假我带了很多的书和作业,在放牛的过程中进行了全面的复习和预习。

我很喜欢躺在或趴在草地上看书,很多年以后都这样。2012年夏天我在斯坦福大学医学院访问进修的两个月中,一到下午五六点太阳比较柔和之后,我就会去校园中那个著名的椭圆形草地(Big Oval),或趴或躺一会儿,只不过书本变成笔记本电脑。

那年暑假放牛的过程中发生了一件比较惊险的事儿。小姑家地处黄水高原，也就是现在的黄水国家森林公园，海拔1500多米，夏天很凉爽，但高原上天气变化剧烈。一天下午，我在小姑家后面的水库边放牛，天气异常闷热，突然之间，雷鸣电闪，狂风大作，下起了蚕豆大小甚至乒乓球大小的冰雹！

牛被冰雹打了以后，惊慌失措地乱跑。由于不远处有悬崖，我只好用双手护着头、顶着冰雹去追赶，好不容易才把一大一小两头牛赶到可以躲避冰雹的岩洞里。

风很大，我和牛躲在里面没有出去，但我突然听见小姑在不远处的山头焦急地呼喊我的名字，我赶忙跑出去应答。然而有过山区生活经验的人可能知道，在山里，声音传的远近和风向有很大关系。那天我正好处在下风口，我能看见小姑，并清楚地听见她的呼喊，但我回答时声音却顺着风传到了我的下风口，处于上风口的她根本听不见。

看见她在大风和冰雹中跌跌撞撞地找我，我又无法让她知道我很安全，我非常难受。小时候那次下大雨时母亲冒雨在田埂上找我，而叔叔不让我回答的一幕让我难以忘怀，那次母亲着急得直哭，随后又发高烧的事，深深地印在我的脑海中。

于是我不顾风大，再次冒着冰雹沿着小路向小姑找我的山头跑去，终于到了她能听见我声音的地方，扯着嗓子朝她喊："我没事儿，牛也没事儿！"

冰雹说过去就过去了，天气陡然凉快了下来，高原上出现了一道绚丽的彩虹，空气非常清新。但是，那个时候包括现在，在黄水高原，清新的空气并不是奢侈品。

事后小姑对我说，那天她真的吓坏了，说要是我有个三长两短，她怎么向她大哥也就是我父亲交代。小姑的担心是有根据的，头年邻村就有个从外地来帮忙放牛的小孩在树下躲雨,结果被雷劈死了。

小姑说,那天下午一个惊雷之后,她甚至都闻到肉烧焦的气味。我想也许是某只小兔子被雷劈死了吧,或者是当医生后,同事之间常用的词:幻嗅。

小姑除了频繁做肉给我吃,改善我的生活之外,还托人给我提了门亲事。女方是她小叔子家的孩子,家庭条件很好,并且也在石柱中学上学,但我们之前并不认识。

我很有自知之明,我跟小姑说我们家太穷了,估计没戏,要不别提了。小姑笑着说,你怕什么,你也就是这两年穷,等过两年你考上了大学,就能过好日子了,到时候我老了,还指望你接济呢!

那女同学很高挑,长得很漂亮,估计不干农活,皮肤也很好。但尽管有小姑的撮合鼓励,我还是呈极度退缩状。与女同学叙了叙原来还不知道的同窗之情后,就基本没有了下文。女同学家的房屋周围种了很多的桃树,暑假正是桃子成熟的季节。有一次我在她家对面的山坡上放牛的时候,她给我拿来了两个红彤彤的桃子。

暑假结束时,由于吃得很好,我的脸圆嘟嘟的。由于天天在高原上晒太阳,我拥有了健康的古铜色。小姑给了我比我预料的要多很多的钱,加上小姑夫每个月还要给我 7.5 元生活费,足够我高三上学期的开销了。这应该是小姑他们家周围邻居中请的成本最高的临时工了。

田间除草

高一暑假的时候，我深切体会到了母亲所说的不好好学习就只好回家受苦的道理。一整个暑假，我的主要任务就是和父亲一起为自家的水稻田除草。那时家乡的水稻种植绝对绿色，不用化肥和除草剂，唯一的缺点是产量很低，收成差。薅草采用的是原始的机械性原理，就是弯腰将头埋进半米高的稻苗之间，趴在水田里向前推进，一把一把将稻苗以外的杂草连根抓出来，扔到田埂上或者田边的山上，让太阳晒干。

薅草是一种考验体力、耐力、诚实度和良心的农活。弯着腰除了一段时间草之后，腰都直不起来了，需要用手捶几下或者揉几下才能站直。当时我一说腰疼，大人就开玩笑说，小孩子家哪里有腰，但当时我的确就是疼。

薅草时，双手在爬行的过程中要不断地抓周围的杂草，直到手里的杂草握不住的时候，再团成一团扔掉。在水田里来来回回爬上几十趟、手一抓一放成千上万下以后，手指都会累得不会弯曲，吃饭的时候连筷子都拿不稳。

一点点"蚕食"一大块水田也是对人心理的考验。刚进入稻田的时候，的确是有一种何时才能干完的绝望。所以在薅草过程中，我有时故意一直不抬头，一鼓作气，直到从梯田的这一头爬到另外一头才站起来舒一口气，然后原路爬回来。将一块田的草薅完，我会把最后一把草远远地扔出去，能扔多远就扔多远，那时的心中会有一些快感和成就。

之所以说薅草这活儿也考验人的诚实度和良心，是因为这活儿需要体力更需要耐力，非常累。在没有包产到户、吃大锅饭的集体时代，农民们一起齐头并进在水田里薅草的时候，有的人就会偷懒，不认真去抓杂草，只是用手将水搅和浑了以后就往前走，等水变清亮以后，杂草仍然"亭亭玉立"。结果可想而知，正如老农民所说，你欺骗土地，土地自然不会回报你。

对我而言，薅草考验人的另外一个原因就是它会让我伤痕累累。很多植物包括水稻和玉米的叶子的结构很奇特，边缘呈锯齿状，有的很软不会伤人，有的很硬，会伤到人的皮肤。在农村还有一种草叫作"司马草"，牛很爱用舌头去卷着吃而不受伤。但对于给牛割草的放牛娃而言，司马草有些可怕。因为它的叶子很硬，边缘真的跟锯子一样，如果不小心划到手，会立即出现一道很深的血口子。水稻的叶子没有司马草硬，但是由于薅草这活儿是夏天干，大太阳底下人即使手和脚在水里，也是满头大汗，在弯腰除草的过程中，沾满汗的脖子或者脸不可避免地要在叶子上蹭来蹭去，结果满脸和脖子都是一道道浅浅的血口子，汗水一进入，就火辣辣地疼。

但是客观上除草这活儿也给我带来了好处。因为要一把一把连根拔出杂草，就很需要手劲，而将一块田的草薅完，除了弯腰来来回回爬几十趟外，双手要反复紧握和放开成千上万次！这其实是一种很好的握力训练，这使我的手劲和臂力与我的身高完全不成正比。当了外科医生后发现，手的稳定性与手的力量是非常相关的，我的右手很有力，无论是拿手术刀还是悬腕拿毛笔，可以一点都不抖，而左手似乎就差了些。

薅草这项农活也使我的胳膊粗壮有力。尽管在学校吃不饱，经常有饿肚子的时候，但回家总是可以吃饱的。原因在于，学校食堂的早餐需要花钱买，午餐和晚餐代蒸的又只能是白米饭，没有菜很难吃下去，而回家无论是土豆、玉米还是红薯，总有得吃。所以，每到假期，我的体重就会增加，一到学校后就会减下来。那年暑假，我应该是长了不少的肉，因为开学后不久的一次野炊中，我的一张照片一直被认为是健壮的象征。

正是由于体会到了农活的艰难和种庄稼变不出钱的残酷现实，我学习目的很明确：只要一直保持班上前五名，考大学就有希望。于是，只要天气不冷，我都很早起床去太白岩看书，下午放学以后到晚自习之前，也会去那里看书。我喜欢独自一人出去，不喜欢和大家一起去。因为我早就发现，一帮人出去只会聊天，根本没有机会看书。

努力还是有回报的，连续两个学期，我都是班上的第四名，但要再往前推进就困难了。班上的第一名和第二名经常交换位置，而第三名和我这个第四名几乎没有变。第三名是毛同学，考入了四川大学，后来去了美国的普林斯顿大学，然后定居美国。2012年夏天我到纽约时专门去她家造访，毛同学在新泽西拥有一处大房子，周围有花园，应该属于美国的中产阶级了。

高考之前的惊恐事件

1987年春天,高三下学期,同学们进入了考前复习的冲刺阶段。

和往年一样,大约在4月份,各个大学的招生简章就陆续贴在了教学楼的墙上。同学们对北大、清华、复旦、人大、北师大等名字都不陌生,但对其他大学,都是从这些印刷精美的招生简章上了解的。

当时印刷得最不"礼貌"的就是清华和北大,其他学校都是彩色的高级铜版纸,这两个家伙的招生简章居然是跟报纸一样的黑白印刷!从现在倡导节约和环保的观点来看,他们又走在了全国的前面,但是当时老师的说法却是:真正的美,不需要打扮!

与京、沪等大城市每个学生都有参加高考的资格不同,当年四川、湖北等全国很多地区,不是每个毕业生都有机会进入高考考场。正式参加高考之前,要接受同样残酷甚至更为残酷的预选。

老师告诉我们,四川每年有12万高中毕业生,预选后大约有3万人能参加高考,3万考生中只有不足1万人能被大学录取!有些平时成绩不错的同学,真就不能通过预选。

预选考试成绩公布后,小部分上了线的同学继续复习,大部分同学就毕业回家了。这期间,发生了两起令人惊恐的事件。

有一个平时成绩不错的同学没有达到预选线,按道理应该离校回家。但是他可能是无法回去面对父母,于是就留在学校和我们一起学习,准备等高考后再回家,让他父母认为他参加了高考,只是没有考上而已。

有一天晚自习的时候,他突然从座位上出溜到了地上,口吐白沫,意识丧失。同学们七手八脚"抢救",有的掐人中,有的扇耳光,过了一会儿他才恢复过来。他很快被送进县医院,医生怀疑是一种可怕的传染病——流行性脑膜炎!

这一事件在同学中引起极大的恐慌,都害怕被传染而影响高考。老师们通知了那个同学的家长,医院后来排除了脑膜炎的诊断,他的父母黯然将他接走。后来在华西医科大学上精神病学,讨论的时候我向老师报告了这个案例,老师分析说很可能是由于预选落选、从心底又急切希望参加高考的剧烈矛盾冲突,从而引发的一种短暂的精神障碍性疾病——癔症。

另一件令人恐慌的事则发生在我的同班同学也是我最好的朋友陈同学身上。高三下学期刚开学不久,陈同学就病了,主要是发热和咳嗽。预选结束不久,陈同学的症状加重了,不得已住进了县医院。医生们怀疑是肺部感染,甚至是肺结核。抽了很多次血,进行了很多项检查,还留了痰液,送到重庆去做结核菌培养。

陈同学很长一段时间住在医院,等稍微缓过来后,他让我们将复习资料送到医院。尽管也担心被传染,但那段时间我还是经常去看望他,陪他聊聊天,顺便传递些高考信息。

陈同学的诊断结果到最后都没有搞清楚,所幸他的发热和咳嗽在高考之前基本痊愈。然而,在复习迎考的关键时刻住院,陈同学的压力可想而知,高考成绩自然受到了影响。

即使这样,陈同学还是以较高的分数考取了川北医学院,毕业后

野炊

分配回石柱县医院工作,几年后考取了重庆医科大学的研究生,然后作为引进人才进入三峡中心医院,前两年作为"西部之光"学者到北京进修,最近刚刚被评为重庆市万州区学术和技术带头人,可以说功成名就,造福一方了。是金子,总会发光,一点不假!

高考结束后,陈同学在老街的一家餐馆请我吃了一顿丰盛的晚餐,只有我们两人。说起在那段前途未卜的时间里的痛苦和绝望,他几度哽咽,他说不想放弃高考。他还说他很感谢我能在他最艰难、最无助的时候到医院看望他。

其实,更多是我应该感谢他。高中我吃不上饭的时候,陈同学多次接济过我。工作后,无论他是在县医院,还是在三峡中心医院,都是老家亲戚生病时求助的对象,我鞭长莫及。老家的亲戚有时根本不跟我打招呼,直接打着我的旗号去找陈同学,总是会得到他尽心尽力的帮助。

前几年汇钱和转账还不方便的时候,每年春节我都要给陈同学增加一项麻烦。由于种种原因,在春节前往家里汇钱,邮局不能及时让收款人取走，公开的原因是说由于打工的人集中汇钱，老家现款匮乏。于是，我就将钱托人带给陈同学，或者汇给他，然后让他代替我，回老家看望我的两位兄长。

后来才知道，陈同学每次除了帮我带钱给两位兄长以外，自己会搭上很多钱，购买成箱的水果与食品，大哥、二哥他们整个春节都吃不完。好在现在高铁和高速通了，汇款方式也先进了，我才没有再给陈同学添这项麻烦。

高考考场，我睡着了

复习迎考期间，我们要填很多表格。填到家庭成分一栏时，我有些莫名紧张。因为十多年前，隔一天上一次学仍然成绩全班第一、被老师称为天才的大哥就是因为成分问题失去了上高中的机会。十多年过去了，家庭成分问题是否会在录取的时候产生影响呢？没有人能够知道！这种比较敏感的问题还不能随便问人。

后来我发现，我有些多虑了。我发现与爷爷的老上中农和姥爷的破落乡绅相比，有几个同学填的成分居然是地主或者富农！后来上了大学，再填类似表格的时候，我留意其他同学的家庭成分，结果发现地主、富农甚至资本家的比例不小。这让我产生了一种当时不敢说出来的想法：那些地主、富农和资本家，尽管存在压迫和剥削，尽管资本原始积累过程血泪斑斑，但应该都是些脑子灵光、手脚勤快的人吧？

在这些担心和紧张中，1987年的高考在7月7日至9日如期进行了。很多年以来，高考的时间雷打不动，其他工作都围绕这个日子转，现在更是有了高考房、高考专车、高考餐厅……高考日子的固定性，甚至让语文老师在猜测作文题目时，假设的题目之一为《50年前的今天》，提醒我们一定要记住1937年7月7日是卢沟桥事变——中国人民全面抗战爆发的日子，否则作文一定会写飞。

和现在一样,第一场考试是语文。监考老师发卷前的一段时间,我非常紧张,于是我按照平时老师教的方法,双手捂着耳朵,双手叩击后脑勺(称为"鸣天鼓")。这一招对于稳定情绪的确有效,后来的考试中我也多次使用。尽管如此,心还是怦怦乱跳,好在打开卷子后,我就会立即平静下来。

那年的作文题目与卢沟桥事变无关。试卷中提供的资料是某地小学冲破阻力,举办游泳训练班,最后获得全县游泳团体冠军等材料。要求先写一篇200字左右的简讯,然后再写一篇600字左右的关于理论指导实践的自命题作文。

由于生产队订的《参考消息》和《人民日报》都是由作为会计的大哥保管,我很小的时候就有机会接触这些报纸。于是,简讯中我的第一句就是:"新华社北京1987年7月7日电……"后面的自命题作文几乎是一气呵成。高考结束后对答案并且最后知道成绩后,老师根据我其他题目的扣分情况推测,作文应该是满分。那年我语文考了103分(满分120分),与预选的时候一样,单科排名全县第一。

第二天上午考物理。这是一场让我自信心落到冰点、痛苦到极点的考试。八道大题,都是应用题。我没有一道题完全解出最后答案,上交的试卷中写的只是一些演算的步骤。这对于当了两年物理科代表、预选考试物理94分全县第一的我来说,真的是晴天霹雳!

高考成绩公布后我们才知道,那年的物理考试题目太难了。我考了48分,全国的物理平均成绩不足40分,我们那个年级只有一个人及格,就是县高考状元马同学,被清华大学计算机系录取。我一直在想,当年出物理考题的老师,脑子是不是有问题,这种多数人都不会的题目他们是怎么编出来的!当时我和几个同学对物理出题人的恶毒诅咒是:生个儿子没有屁眼儿!

之所以对物理出题老师这么怀恨在心，不仅仅是因为他污辱了我作为物理科代表的荣誉，更是因为他差点彻底毁了我的高考！

抓耳挠腮也解不出答案，挨到铃声响才不得已交了物理考卷后，我难过得连中午饭都不想吃，即使面对的是一辈子也吃不厌的煎鸡蛋面条。我在学校旁边的小饭馆勉强吃了几口面条后，就一个人回到了教学楼的楼梯上呆坐着，直到过路的同学提醒我下午考试开始了。

晕晕乎乎进入化学考试考场，拿到考试卷子一段时间后，我居然趴在桌子上睡着了！幸好被监考老师发现了，他低声但很严厉地告诉我："不管你前一科考得多么糟糕，都要坚持考好后面的科目。你考不好，别人也不会好到哪里去。"

真是如醍醐灌顶！我脑子里的电路重新接通，飞快运转了。化学考试的题目似乎都不难，我顺利地交卷。高考成绩公布，我化学96分，单科第一！上医学院后，我一直认为经老师的拍打教育后我肾上腺素的应急分泌是我化学考得好的原因。监考老师不仅仅是抓作弊的，其实也是帮助同学，甚至是扭转命运的，至少对我而言是这样。

高考结束的那天晚上，吃完晚饭后我很快就上床睡觉了。据我的好朋友陈同学说，我几乎连身都没有翻，就一直睡到了第二天的下午。陈同学看我睡得太香，就没有舍得打扰我。

有些人说起当年的高考时，会说很容易，没啥感觉就过来了。坦白地说，高考对于我而言，实在是太累了，筋疲力尽！因为，对于我们这些来自偏远山区的考生而言，这条路太窄了，太唯一了，压力太大了！

客车起火

1987年，高考结束后，同学们挥手告别，各奔东西。我们黄水镇方向的三个同学，结伴上了一辆破烂不堪、嘎吱作响、窗户玻璃几乎都没有的客车。

上车的三位同学除了我，一位姓陈，另一位姓崔。

陈同学和我属于同一个乡镇——石家乡，但是我们村在公路边上，他们村离公路很远，下车后需要步行半天。

陈同学的成绩很好，长期占据隔壁班第一名的位置，尤其是数学，堪称天才。其实我知道，"天才"的背后是比别人刻苦。因为，我和他曾经同住过一个宿舍，晚上熄灯以后，他会在被子下面用手电筒看书——这是在除了石柱中学之外的很多学校流行的办法。而我和宿舍的另外几个同学更喜欢熄灯以后到外面的路灯下看书。一是我们觉得电池太贵，二是觉得被窝里太憋。

崔同学论起来和我有亲戚关系，但当时交往比较少，只知道他父亲是公安系统的。崔同学一表人才，有时会穿着没有徽章的白色公安制服，用现在的词儿——酷毙了，帅呆了。

我坐在客车倒数第二排，陈同学在我前面一排，崔同学则在离我们有一段距离的前面位置。崔同学的旁边是一个打扮时髦的年轻姑娘，开车后不久，崔同学就和姑娘聊得很愉快了。

陈同学应该像我一样，共同对前面的崔同学充满了羡慕，至少我是这样。

从县城到老家的公路级别特别低，都是单车道。两辆车会车的时候，其中一辆需要找稍微宽点的地方停下来，另一辆车才能勉强挤过去。这样走走停停，50公里的路通常要3个小时以上才能走完。

客车磕磕撞撞、喘气如牛地翻过几座山后，在即将到达悦来镇的一个急弯处，吱吱呀呀响了几声之后，彻底停住了。

为了不堵塞交通，司机让我们全部下车，一起将车推到路的一边。那天开车的不是平时的李师傅，而是他刚刚出师的徒弟。徒弟指挥大家把车推过急弯，在桥另一头的路边停靠。真的是靠边停靠，一部分车身几乎悬在了路外，下面是一条小河沟。

徒弟钻到车底下念念有词地鼓捣了很长一段时间，最后宣告失败。于是，他步行到两公里外的悦来镇邮电所，给30多公里外的住在县城的师傅打电话求援。徒弟回来告诉大家，他师傅马上赶来。

说是马上，其实天完全黑下来以后，他师傅才搭乘一辆与我们那辆客车差不多破的货车来到了我们的车旁。

他师傅让货车稍微等一下。大概按李师傅的想法，修好车以后让徒弟接着开，自己回县城。

山区的夏夜很快就冷了起来，于是大部分人都回到车里休息。

师傅一边骂徒弟，一边躺到汽车底下，拿着手电检查汽车仪表。来回几次后，他从客车的前部打开机器盖，开始检查。

徒弟一手端着个小盆，一手打着手电在一旁帮忙。

能像看剥螃蟹一样把客车的机器盖打开，观察里面的机器结构，自然让人很好奇。很多人站起来伸长了脖子看热闹，包括前排的陈同学和他弟弟。

我也想看,但被挡住了看不见,于是只好坐下。

过了一阵,李师傅说车已经修好了,调试一下就可以开动了。

他接着骂他徒弟笨蛋。

机器轰的一声发动了,人们情不自禁地欢呼起来。

然而,很快又是轰的一声,伴随着徒弟的惊叫,只见一团火球从车的前部升起,迅速通过车顶向后滚了过来!

"着火了!"人们惊呼着向车门涌去!

大概是小时候放牛在草地上疯玩的缘故,我反应一直比较敏捷,腾地起身就翻到车窗外面。但是,当我准备松开手往下跳的时候,才想起车旁是很深的河沟,根本没有落脚的地方!

我只好双手抓着窗户,向后游走,结果发现后边过不去。我只好又向前门游走,走过那一段紧贴悬崖的车身,找了落脚点,跳了下来。

我和大家一起,飞快地跑到对面的山坡上,因为我们怕客车爆炸。

所幸车内的火苗很快被经验丰富的李师傅扑灭了,具体是怎么扑灭的,不得而知。但是他徒弟就惨了,衣服已经燃了起来,形成一团火球,惊慌失措地狂叫。

后来才知道,徒弟端的小盆里装有汽油,不小心洒了些在发动机上。汽车一发动引发了火苗。受惊吓后,又将汽油洒在了自己身上。

终于有人反应过来,呼叫徒弟在地上打滚。于是他就在地上打滚,不幸的是,没滚几下,他掉到桥下面去了!

徒弟身上的火灭了,在桥下痛苦地哀号。

李师傅哭喊着徒弟的名字,跟跟跄跄地从桥对面稍微缓点的地方跑到了桥下。

几个乘客下去帮着李师傅把徒弟抬了上来,其中好像就有身强力壮的崔同学。

李师傅让那个送他来的司机赶紧将徒弟送到县医院，自己则开车把我们送到目的地，然后再返回县城。

夜已经很深了，山区的路上，发动机的声音格外响亮。

一路上，除了李师傅的抽噎和自责外，谁也不敢多说一句话。

这个时候，我赫然看见，崔同学身边的姑娘已经靠在崔同学的肩上，睡着了！

那一刻，我纯洁得连羡慕嫉妒恨都没有，因为，我惊魂未定，抽不出心思。

车继续开10多公里后，就到了我家。我邀请陈同学和他的弟弟在我家下车，因为他家位于山的那边，都是山间小路，晚上无法行走，我让他们和我挤一晚上，天亮再走。

崔同学和那位美女继续前行，他家在黄水镇上，我不知道后来他和那姑娘有没有故事发生。30多年后的2016年夏天，已经成为公司老总的崔同学专程从重庆主城回来参加我大哥的农家乐开业添人气活动后，在载着我回重庆的路上，我问起来，他说客车起火这件事记得，但其他的就记不太清楚了，说好像旁边是个女的……

是啊，有些时候，当事人觉得平平常常，旁观者反而大惊小怪。

第二天早上我发现，陈同学额头的头发和眉毛被那团顺着车顶蔓延过来的火苗烧焦了。

陈同学大学毕业后比我先分到北京。我毕业时，从他手里借了200元钱，回成都参加毕业典礼，他是我大学期间的最后一个债主。

1995年的夏天，我和他搭乘一辆公交车从东单到和平里他的家里。我们俩坐在后排，居然遇上了后置的发动机着火，火从我们屁股下烧了起来！一车的乘客仓皇下车，再次感受火中逃生的惊险。

由此我和陈同学达成共识,我们可以同乡,可以同窗,可以同乐但不适合一同乘车!

再后来,陈同学从国营单位辞职当了老板。当他驾着新入手的奥迪参加同学聚会时,我们相视一笑,他没有邀请我上车,即使他邀请我,我也不能上。

后来知道,徒弟的烧伤并不重,因为汽油是洒在裤子上,但是跌落桥下后腰椎断了,终身残疾。李师傅本人也受了处分,不能再开车了。

6年的中学生活,竟然以这样戏剧的一幕结束。

然后就是等待高考成绩公布。在痛苦的等待煎熬中,我决定去干一件违法的事,作案工具也都准备好了。

"非法行动"

接下来的暑假,是最难熬的一个假期。从回家开始,就一直在猜测高考成绩。一会儿觉得,虽然物理考砸了,但总成绩应该还可以;一会儿又觉得,恐怕总成绩也很糟糕;如果没有上录取线,是回家务农,还是复读再考?如果复读,生活费从哪里来?诸多问题,让我辗转反侧,难以入眠。

于是我跟父亲抢着干家里的农活,我想通过拼命干活把自己搞得精疲力竭,晚上就不会再想这些没有答案的问题了。除此之外,当时还想干的一件大事就是和大人们一起,背木材到长江边的集镇贩卖,挣辛苦钱。

川汉管道公路修通之前,老家的山林非常茂密,到处都是参天大树。当时人们盖房子用的都是很好的木料,甚至用来取暖和做饭的柴火,现在看来也差不多可以做家具。

川汉管道公路通车之后,老家的交通大为改善,于是一些人就申请批木材盖房子,拿到审批手续砍完树,加工成木方或木板后,作为人情送给或者卖给当时重庆下来的知青。老乡们为了结交知青,还要帮他们装车运到长江边的船上。当大家知道木材可以变成钱了以后,光明正大或偷偷摸摸的砍树行动迅速蔓延开来。

差不多两三年工夫，老家的山林中可加工成木材的大树被盗伐殆尽，有些人还因此发家致富，盖起了漂亮的砖石房子。这个时候有关部门才注意到这一问题，于是开展专项行动，遏制这些乱砍滥伐的行为。

有关部门在公路上设立了木材检查站，检查过往的车辆是否载有非法采伐的木材。如此一来，从正式渠道买卖木材就变得非常困难，相应地，地下木材交易则如火如荼地开展起来。

木材检查站通常设立在运输木材的车辆必经之处，于是聪明的木材商就想出了一个办法，让人们在黑夜里背着圆木或者方木走山路绕过检查站，然后再装上等待在那里的汽车。

这场猫捉老鼠的游戏愈演愈烈，通常以检查站的完胜告终。因为检查站很快就知道了背木材的苦力们的行动路线，然后守候在要害地方，等那些背了上百斤的木头、精疲力竭地走了十几公里山路的老乡们自以为松了一口气时，一举拿下，让老乡们乖乖地把木材放进已经准备好的、用于没收木材的卡车里。

通常不会有罚款，因为苦力们除了肩上背的木头之外，几乎一无所有。通常也不会扣留苦力，因为得让他们有再犯的机会。检查站的人并不天天出击，而是有时出动，有一段时间则完全不管，这样就激发了人们的侥幸心理。一旦没有被抓，这十几公里的苦力换来的收入在当时看来还是不菲的。

我阴暗地猜测，检查站的临时工们未必懂得森林被毁后水土流失、生态恶化等大道理，更关心的是可以没收多少木材。可以说，正是苦力们的非法行动，他们才有收入来源，所以不会也不想一棍子完全消灭这种非法行动。

检查站没收苦力们非法木材的行动很少招致反抗，几乎没有危险。

但对苦力们而言，却隐藏着很大的危险。为了避开检查站，苦力们专挑险峻的道路，即使很黑，不到万不得已也不打开手电。结果，一些苦力不仅没有从背木头的苦活中挣到钱，还在黑夜中摔到山崖下，丧失了健康甚至生命。

群众的智慧是无穷的。老乡们发明了一种特殊的、有两个叉子的背木头工具。用绳子在一定高度横着捆一圈木头或木材后，将叉子叉在绳子中就可以将木头背走。如果不小心摔跤或遭遇检查站人员堵截，这一结构很容易使人和背着的木头分离。

在那个焦急等待高考成绩公布的暑假，为了准备可能复读或者上大学的生活费，我对这一挣钱的苦活充满了渴望。我向一个正在进行这项非法活动的小学同学虚心求教，认真学习，还备齐了手电筒、绳子和背具等全套工具。

万事俱备，只欠本钱。我决定向本家的一位叔叔借钱，作为购买木料的本金。结果完全出乎我意料，叔叔直截了当地拒绝了我！

他说我去干这种危险的活儿，不值得！说我好不容易上了高中，还参加了正式高考，即使考不上，复习再考也还是有希望的。他说我一直在县城读书，眼睛也近视了，而且根本没有走夜路的经验。背着上百斤的木头在黑灯瞎火的悬崖绝壁边行走，万一有个闪失，小命都会搭上！

叔叔坚决不借钱给我，而且也不让别人借给我。于是，背木材贩卖的行动被迫取消，我只好继续在煎熬中等待高考成绩的公布。

等待大学录取通知书

1987年8月初,根据对完答案后老师们提供的公布高考成绩的日子,我坐车返回学校。在路上,我心里一直想的是到底考了多少分。人在无助、无奈的时候,占卜或其他想法会乘虚而入,我也不能幸免。

高考结束后我将机械手表还给了大哥,一个堂兄给了我一块很破但能显示数字的电子表。于是我决定到了县城之后,每次看表时的分钟数,就是我考试成绩的十位数和个位数。

根据以前的经验,上600分是极其困难的,如果超过600分,上清华、北大、复旦等高校的可能性就很大。头一年的重点线是510分,根据我自己的估分,我应该是520~550分。于是,每次看表,如果是超过了半点,我就非常高兴,如果没有超过半点,甚至是几点几分,我就有些沮丧。过一会儿,再掏出表来看。甚至将几次看的表的数字进行平均处理。

在反反复复看表的过程中,我到达了学校,居然没有碰见任何认识的同学,于是我直接向班主任胡老师的家里走去。我手里拎着一麻袋早上刚掰下来的新玉米,还有刚从新华书店买的一本《正宗川菜菜谱》。

我们家的人觉得很愧对胡老师,因为我们上学期间从来没有送过他任何东西,而胡老师在我高中期间甚至上大学以后,曾给了我很多的帮助。

　　胡老师是在高二文理科分班后成为我们班主任的，负责我们的英语课。我家里的困难情况他很快就知道了，因为每年都要填写一些表格。他帮我向学校申请了助学金，尽管很少，但也够几天的伙食了。

　　有一次宿舍的陈同学失窃，饭菜票被人偷了，他告诉胡老师说他的饭菜票上有记号，于是宿舍管理老师和胡老师就一起来宿舍查。在逐个询问和检查箱子的时候，我非常紧张。因为当时我最穷，自己认为当然是别人眼中最大的怀疑对象。而且，我不想被人搜箱子还有其他的原因。

　　一天后，胡老师把我叫到办公室，说这个月还没有过一半，你的饭菜票就没几张了，后半个月吃什么？我只好如实交代了早上我不吃饭，中午和晚上自己拿米代蒸、吃咸菜的事儿。他没有再问什么，从裤兜里拿出10元钱塞到了我的手里。

　　当时我没有过多的感激，而是感到窘迫，因为我并不想让班主任知道得太多。在这之后，班里组织集体活动，胡老师都会私下鼓励我参加，只要我稍有犹豫，他就会说费用我给你先垫上。胡老师让我不要有自卑感，不要在意别人的看法。他说学生嘛，以学为主，成绩好才是最重要的，只要成绩好又不骄傲，别人就会尊重你，包括那些家庭条件好的同学。他还对我说，他也是苦孩子出身，我的一些心理他都理解。

　　后来我才知道，胡老师家当时真不富裕，他在石柱中学当老师，师母在很远的一个镇医院工作，两地分居。后来还知道，胡老师当时还由于超生二胎被罚了款。当时大孩子由胡老师带，刚上小学。每天放学后，胡老师都要自己动手给孩子做饭，可能是食堂的饭不可口，更可能是太贵。于是，看高考成绩那天，我除了给胡老师拎了一包没有剥壳的玉米外，还给他买了那本《正宗川菜菜谱》，也不知道胡老师是否用上了那本书。

到胡老师家之后，还没等我开口，他就说："恭喜你，527分，全县排名第六，如果不出意外，上华西医科大学没有问题！"我不记得我当时说了什么话，也不记得是如何将玉米和书交给他的。我唯一记得的是，离开学校后，我去了那家当时叫工农兵旅馆的地方，登记了一个四人合住的床位，吃了三大碗面条，一觉睡到了第二天早上，然后坐长途客车回了家。

然后就是等录取通知书。最初几天没有特别的感觉，过了8月15日以后还没有接到通知书，我心里就开始打鼓了。每天早上9点钟左右，我就到门口的公路边上，翘首期盼乡村邮递员的到来，但总是失望而归。

时间一天天过去，我越来越焦急。虽然胡老师说过我的分数上华西医科大学应该没有问题，但他同时也说过"如果不出意外"这句话。或许，真的出了意外？档案调丢了？报华西医科大学的同学们成绩太高？或者，令我一直担心的家庭成分问题挡住了我？

8月22日，大哥赶集后回来告诉我，邻村的一个同学已经拿到录取通知书，家里人正在忙着做上学前的准备，卖粮食、换粮票、迁移户口等等。

我再也等不下去了，坐车到了县城。兜里揣的还是那块破电子表，一路上又开始占卜，这次的规则为：如果分钟数大于30，就被录取了，越接近60，几率越大。于是，和上次一样，我过一会儿又拿出表看一次，如果一看是20多，就开始憋着一会儿，希望下一次看的时候，是50多。但是，有时候憋得太过了，一看就是几点几分了，陡然沮丧。

一进学校大门见到了一位姓岑的同学，他说他拿到录取通知书了，是师范学院。我不敢直接问他是否知道我的录取通知书到了没有，就在恭喜他的时候说了句:"唉,也不知道有没有我的录取通知。"

他听了以后大叫起来,说:"你还不知道吗?你是华西医科大学,是今年第四份寄来的录取通知书,已经有100多名同学被录取了……"

还没等他说完后面的话,我就抛下他冲进学校,站在每年那个时候写着被录取名单的黑板前。果然,我的名字是排在第四个。第一个是清华大学的马同学,第二个是浙江大学的陈同学,第三个是四川大学的毛同学!

我跑到教务处老师那里取录取通知书。老师说:"你终于来了,给你们乡政府打过好几次电话,都接不通,明天都要去邮局发电报了,你要再不来取,就来不及了!"

我接过了老师给我的特大挂号信,里面是录取通知书和入学注意事项。我反复看了几遍录取通知书,再去看入学注意事项,狂喜的心突然冷了起来。

一场没有新娘的婚宴

入学注意事项中除了让同学们转移户口、去当地粮站上交当年的口粮、准备军训等事项，那关于学杂费、住宿费和每月生活费的一项让我焦虑了。具体数字我记不起来，但与我在县城上学的花费相比，绝对是天文数字！

以前的大学不都是连生活费都包了吗？怎么说变就变了呢？

在回家的客车上，我一直思考的问题是，家里怎么才能够凑出那么一大笔开学需要的经费？而且在省城每月的花销会很大！我能想到的唯一的途径就是去信用社贷款。

回到家时，父亲告诉我大哥去邻村给人打灶了。当年老家的主要燃料是柴火，有人发明了能省柴火的灶。大哥自学后，很快成为方圆几十里灶打得最好的人。

我揣着录取通知书和入学须知，步行五六公里后，到达了金竹村大哥干活的人家。天已经差不多黑了，那个村当时还没有电灯，大哥正在收拾工具，满手都是泥巴，女主人正在用石头搭起来的临时灶上做晚饭。

我向大哥报告了喜讯，还拿出了录取通知书，大哥连手都没有来得及擦干，就接过录取通知书看了起来。我清楚地记得，他反反复复看了录取通知书好几遍，口里一直喃喃地说："好啊，好，好啊，真好啊！"

但是大哥很快就皱起了眉头，估计他的想法和我一样，以前上大学费用不都是国家包吗，怎么现在连生活还要自理！钱从何来？

我看出了大哥的疑问，我说明天去信用社贷款吧，毕业后再还。大哥说，也只有这样了！

主人家也跟着我们高兴，执意留我们吃饭，还要留我过夜。大哥对主人说，明天我们得去粮站交口粮、转粮食关系、办理贷款，他让主人给找几个煤油灯，说晚上接着干活。

吃完饭后，我当下手，和大哥一起干到了12点多，完工后一起走路回家。

那天晚上没有月亮，满天都是星星。小时候在老家，可以看见"银河"的星夜很常见。长大了以后，就很少看见了。在邛崃实习的时候，看到过一次，到北京以后，除了一次在天文馆看过模拟星空，几乎再也没有看见过。

正在上小学的儿子读到这段文稿后说："不对呀，爸爸，你带我在美国看到过呀。"我想起来了，2012年夏天，我和家人一起从斯坦福大学出发，自驾去了加州优胜美地国家公园，在那个几乎没有灯光的异国小镇，的确看见了满天的星星，而那一天，北京发生了"7·21"特大暴雨。

第二天早上，大哥、二哥和我一起从一个朋友家借了700斤稻谷，用平板车推着去了15公里外的镇上。老家属于高寒地区，每年只能种一季水稻，生长期长，当年的稻谷要在国庆节以后才能收获，家里当时没有那么多稻谷。在镇上的粮站将稻谷上交，然后开了口粮证明。

回来就是去村里开证明，上乡里盖章，办理户口迁出手续。也就在那个时候，我才知道我已经失去了在老家贷款的资格，即使要贷款，也要到学校以后才能申请。这让我和大哥彻底懵了,再过几天,8月29日就要报到了。

我和大哥只好向"黄连老板"小姑借钱。不幸的是,那年黄连的价格暴跌,小姑的个人资产大为缩水,她连给带借给了我一些钱,但离入学通知中的要求还差不少。

正在犯难的时候,在我幼年时曾经分给我奶吃的幺婶向我父亲建议说:"先杰已经成为公家的人了,娶媳妇的时候也不会回来请客,你们提前办一次结婚酒席,通知亲戚朋友参加还礼,只是告诉他们不要像以前办喜事那样送鸡蛋、送面条,能送多少钱就送多少钱。"

父亲同意了幺婶的提议,定好8月26日办喜事,然后就让几个堂弟到周围乡村的亲戚家报信,并说明了送礼的规则。

几个婶婶和嫂子按习俗自发地到我们家准备宴会的食物。但是她们没有想到,我们家当时竟然一块腊肉也找不出来了。当地人知道,喜事是绝对不能送肉的,这是不吉利的行为,是诅咒。于是她们决定:办一次全素席!

现在看来,这应该是一桌很有营养、很保健、很天然、品质很高的宴席,但当时对于父亲来说,就很没有面子。他几次和来帮忙的亲戚说,活到这个份儿上,实在是太丢人了!亲戚们安慰说:你都出了个大学生,还不光彩?!

夜幕降临的时候,胆大的堂兄们开始了明目张胆的偷电工程——将从门口电线杆上过路的电引到了堂屋和院坝,再装上了几个100瓦的灯泡,屋里屋外瞬间亮了起来。

在修筑川汉管道公路的1975年至1977年,由于参加"筑路会战"的南川县的县革委驻在我们那里,所以搞了个小型火力发电站,供指挥部的广播和周围几户关键人家使用。路修好以后电站就撤了,老家又进入煤油灯时代，有时甚至用松油灯（松树中出油的那部分木材疙瘩）来照明。

高中二年级的时候，镇上建成了黄水河水电站，将电送到了我们村和更远的村。尽管电线从家门口经过，但是要将电接入家里需要缴纳数目不菲的初装建设费。由于我在县城读书，大哥、二哥家也很困难，拿不出这笔钱，于是全村大概就只有大哥、二哥和我们家没有用电了。

吃完全素席，就是亲戚们送礼的时候了。由于我不好意思，亲戚给我十块八块或者三块五块后，我小声说句谢谢后就迅速放进裤兜里，不去数，也不去记录。事后大哥说应该记下来，这样以后才知道如何还礼，但已经没有办法补救。这对我的影响还是很大的，1995年，因家庭发生突故，北京协和医院妇产科的同事为我捐款后，认捐单我就一直保留着。

已经70多岁，早年行走江湖、见多识广的舅公在给我钱的时候对我说：到学校后要好好学习内科，内科是基础，最好将来也搞内科。邻村来参加宴席的老中医也和我说了类似的话。于是，五年后我在北京协和医院实习结束选科时，最初选的就是内科。

华西记忆

睡在我下铺的"香艳"同学

带着从那场"没有新娘的婚宴"中筹到的一笔钱,我和大哥乘轮船从老家到了重庆。为了省钱,他排了一整夜队给我抢到了一张无座的火车票后就返回了老家,后面一段我独自前行。

开学前的火车只能用爆挤来形容,过道、厕所、座位下都是人。整个旅途中,除了让人下车或让人上厕所外,两腿几乎没有挪过窝。由于之前没有坐过火车,缺乏出门经验,我没有带水杯,当时火车上没有瓶装水卖,于是我的大部分时间都在与烦躁、干渴做艰苦卓绝的斗争。

火车在成渝铁路蜿蜒爬行12个小时后,黎明时分到达了成都的火车北站。我出站后第一件事就是冲到洗漱区对着水龙头喝了个饱,然后按入学通知找到了"华西医科大学新生接待站"。

接待站聚集了十多名等候校车的同学,多半都有父亲或母亲陪着。这时我才发现,在那一片形状各异的旅行箱中,我的红色木头箱子非常显眼。箱子是大嫂结婚时的嫁妆,中学时我一直在用,那时大家都用木头箱子,没觉得不对劲,到了省城之后才发现它是如此的"卓尔不群"!

"卓尔不群"的箱子当时带给我的是沮丧。1993年大学毕业的时候,我看着与我相伴六年但一直没有建立起感情的箱子发呆。我不想把它带到北京再次显示与众不同，于是去门卫处借了榔头准备砸了它。旁边宿舍的谢姓同学得到消息后直呼锤下留情，原来他对我的箱子垂涎已久……

学长们帮着把行李拎到客车上，当然主要是帮女生。后来知道，接站的学长们在学雷锋的同时，其实是有些福利的，因为那是接触情窦初开、啥都不懂的学妹们的最佳时机，辛勤耕耘总有收获。我自然不懂这些"规则"，只是坚持自己拎着箱子上车。

上校车后很快就睡着了，车到底是怎么从北站开到华西坝的，我几乎没有印象。我迷迷糊糊地被领到法医楼（后称"男三舍"）的304房间。当我看到门上贴着的室友名单后，陡然兴奋起来。因为，六个室友之中，有一个叫"游香燕"！

我绝对没有想到，大学居然开放得男女生同宿舍！一夜的暴渴和木头箱子引发的沮丧顿时烟消云散。我渴望见到这位室友，越早越好！

我的愿望很快就实现了。我按中学形成的习惯选择了一个上铺，刚安顿了下来，就有一位同学来到宿舍，床位就在我的下铺。互通姓名之后才知道，他就是那位香燕同学！并非娉娉婷婷，也不婀娜多姿，而是和我一样：按细胞生物学的说法，46XY；按北京人的叫法，爷们儿。在随后的四年中，他一直都是睡在我下铺的兄弟，直到大学五年级搬到校西楼为止。

香燕同学应该是同班同学中最冰雪聪明的，或许没有之一。感谢他不够勤奋，否则大学中我连续几年第一的名号定然不保！他从不熬夜复习，但从来没有挂科补考。他多才多艺，自学蝶泳无师自通，瞬间成为学校游泳冠军；钢笔字写得飘逸潇洒，打台球也是顶尖高手。

在日渐兴盛的"麻坛"，他也是一枝怒放的小花。输了钱后自己掏，赢钱后就请我们到大学路吃刀削面，或者去红星中路看些当时认为儿童不宜、现在看来极其稀松平常的录像；他是我们班唯一拿得出手的校园歌手，模仿童安格和齐秦能达到以假乱真的程度。有次年级晚会主持人报幕：即将演唱的歌曲是《明天你是否依然爱我》，演唱者游香燕小姐。

更令人羡慕得直咽唾沫的是，他是同宿舍室友中唯一一个被多名女孩追得人仰马翻的男生！主动和被动披露的几段恋爱经历，唯美单纯得让人难以置信，简直难以置信。其实，除了香燕兄弟，其他室友也可圈可点。而且，更幸运的是，我们宿舍的同学关系，绝对堪称华西典范！

点亮我生活的兄弟们

除了香燕同学外,还有其他四位同学和我一起住了四年的304宿舍。有一个同学调到对门宿舍,另一个同学调了进来。调出去的同学姓韩,人称"老六",最初是我们班的第二海拔,第一海拔因身体原因休学后自动升级。老六老家山东,国防三线建设时父母到了贵州。入学时他由父母一起送来,但刚到宿舍收拾东西就把录音机摔在了地上,让我都跟着心痛了半天。老六属于闷骚型实力派,能凭借先天优势吸引女孩于无言之中。而且,这家伙学习习惯非常好,功夫都在平时,期末和我一起熬夜时,总是早早败下阵。他的成绩一路跃升,到大学最后一学期有次成绩超过了我。刚工作的时候,他和妻子到北京度蜜月,我很大方地把宿舍让给他们凑合了一晚上。20年后我们一家三口到贵州,他让我们住的是凯宾斯基大酒店!

调进来的同学姓胡,大学的后几年一直是我们的班长。老家四川江油,父亲从公安系统转粮食系统。他的身材非常标准,而且一直维持到现在,穿军装特别精神。胡班长性格坚毅、行事果断、魅力四射,我要是女生一定毫不犹豫地爱上这个家伙。他是我们宿舍衣食无忧的同学之一,拥有宿舍唯一的录音机。我一直视胡同学为兄长,尤其是他那次居安思危又高瞻远瞩的行动让我佩服至极,容我后面徐徐道来。胡班长常常对我说的一句名言就是"君子坦荡荡，小人长戚戚"。但令人不解的是，这位谦谦君子却和毕业后漂泊到大洋彼岸的一位女士有难解的心结。20年后同学聚会时，我曾经试图去劝解，但直到我把自己灌得烂醉如泥，也没能完成任务，实为人生一大憾事！

另一个同学姓谢，是班上海拔最低，但智商最高的家伙。我的海拔在班上15个男生中排行第四或者第五，都是倒数！物以类聚，人以群分，我与谢同学天然亲近。他的字写得非常好，颇具"二王"风范，编故事一套一套的，是宿舍卧谈会的领衔主演之一。他是班里乒乓球第一高手，尽管在邛崃实习期间我有一段时间胜过他，但终归技不如人。谢同学、香燕同学和我曾经多次在男一舍前面的乒乓球场拼到深夜。由于我们是逐渐适应，所以能看清球，路人却表示不解。

大四的一个夏夜，我和谢同学一起逛人民南路，一整宿天南地北地聊，更分享了两个热气腾腾的馒头。还有一个周末，谢同学、韩同学和我曾经从锦江宾馆跟随一位姑娘到蜀都大厦，行程至少三公里，目的单纯得可笑——陪我欣赏那大辫子姑娘美丽的背影！

还有一个同学姓黄。和我同称川东老乡，一条长江相隔，君住北岸妾南岸。黄同学精瘦精瘦，大学期间就留起了八字胡，说话口音很重，语速比我还快！一次在老图书馆开晚会，他表演的节目是我讲过的一个笑话，大意是：小明的爸爸教育小明，今天能完成的事不要等到明天。小明说，那好，把饼干拿来！他迅速讲完下台，连我都没有听懂。

黄同学行动的节奏和我们其他人不太相似，执着而蔫坏，男生称他"黄老邪"，女生则按当时对男生的流行称呼，不是亲切地叫后两个字，而是更亲切地只叫前两个字：黄兴——一位辛亥革命家的名字。不幸的是，"革命家黄兴"同学入学不久就成为班里第一个挨刀的人，命都差点被"革"掉！

大学入学集体照

开学不久的一节体育课，黄老邪觉得胸闷疼痛，向老师请假但未获批准，坚持跑步后呼吸困难，被紧急送到附一院，也就是现在的西南医疗航母——华西医院。检查确诊为血气胸！就是肺的某处破裂，气体和血液流到本来是负压的胸膜腔中，把肺给压瘪了！如果不及时处置，随时都可能死亡。那个时候，微创的内窥镜手术还没有开展，于是老邪挨了传统的大刀，清理了积血，放置了引流，伤口长达26厘米！

最后一个同学姓张。家住著名的都江堰市，但他总是谦虚地称为"灌县"。他是我大学后几年中关系最近的同学，知道我所有的秘密和行动，却守口如瓶，我有限而可怜的情感经历他几乎全部知道。与他一起逛街打望成都美女，我学会了倒小碎步和拖着脚走路，后者让我在最近20年中备受批评。大二的时候，他教我学会了骑自行车，陪着兴致极高的我半夜围着没有路灯的一环路骑了一圈又一圈，多次有惊无险！有一次我在九教学楼上晚自习,准备回宿舍时遭遇大雨,他从宿舍给我送来了雨伞!要知道,那时没有手机、没有短信、没有微信,唯一有的就是心有灵犀。

在此不能不提及一位唐姓同学,尽管他住对门宿舍,却喜欢和我们打成一片,比如吹牛,比如猜拳,比如赌酒。在我看来,当时唐同学的成绩仅仅中等,最多偏上,甚至都有些不务正业,但毕业分配到我曾梦寐以求的西南医院之后,非常刻苦,发展顺利,又赴德国师从名师大家,著书立说。我基本认为,班里如果未来有人冲击两院院士,他是不二人选。

唐同学时任学生会保卫部长,是小有实权的强势人物,比如负责管理食堂楼上的华西舞场!华西舞场在成都高校中名气颇大,不二的原因当然是女生多。工科院校愁云惨淡,僧多粥少,要请个女伴跳舞需要实力也需要运气。我常常为华西的女生们叫屈,工科院校的女生再平凡,也会挽着一个未必富有,但多半高帅的男友,而华西的女孩,有的真的貌若天仙,但一看其男朋友,居然平凡得和我一个水平!唐同学知道我的困难后,让我去舞场收门票,挣点小钱补贴生活。

唐同学练搏击散打,至少刻苦的叫喊声是让人震撼的。但一位后来成为我们班长的浦同学却不以为然,他练太极推手。于是,在我们的鼓噪下,两人约定以三年为期,以武会友,一决雌雄。当时我们都盼着那场大戏,然而三年之后早已云淡风轻,无人提及。

唐同学到西南医院后成为我在老家的"替身"。家人生病,尤其是有大麻烦后无一例外都会请他帮忙。2008年叔叔家的儿子因操作农机不当绞坏右下肢,从县医院转到西南医院,被诊断为"气性坏疽"进行了高位截肢。气性坏疽的元凶是产气荚膜杆菌,非常凶险,唐同学所管的病房为此整整关闭了三天!

之所以浓墨重彩、饶有兴致地介绍这些室友,是因为他们点亮了我的华西生活,是一起陪我笑过、哭过、醉过的兄弟,更是帮我渡过了一次又一次的难关。他们中有的家境也不好,但几乎都借过我菜票和钱,而且从来没有人催过款。

然而,最初的同学关系似乎并不融洽,至少在我看来是如此。

堪称典范的室友关系

从川北的广元军训回来后,不知道是谁提出来集资买一个高级足球来玩。我当时实在拿不出钱,于是就说不喜欢踢足球,不参加集资了。这当然不是事实!高中时我是颇有朝气的足球小前锋,下雨天都在操场的泥水里踢。因为我早就知道篮球和排球是"巨人运动",而足球对身高的要求要亲民得多。而且,1986年刚刚看完墨西哥世界杯,那个矮个子的马拉多纳简直是"浓缩的都是精华"的最佳代言人。

在华西医科大学的五年中,我一次也没有和同学踢过足球,甚至可以说从来没有碰过那只我没有"股份"的足球!开学后的很长一段时间,下课后我都试图远离室友,一人去四教学楼的体育器材室借篮球玩。幸运的是华西只有一块足球场,而篮球场和乒乓球台却很多。于是在天时地利以及我的蛊惑下,同学们逐渐玩篮球和乒乓球,那只足球不经意间被打入了冷宫。

接触多了以后逐渐知道了相互的家境。原来,除了胡班长外,宿舍其他五人都是来自农村,不存在歧视不歧视之类的说法,农村孩子朴实直接和善于妥协的特点使我们沟通非常容易。在后来的多个时间点和多个场合,胡班长都与我英雄所见略同,一致认为这是同学关系融洽无间的主要原因。当然,我们同时承认,这也是大学期间我们宿舍没有一人

入学30年后,室友再合影

拥有成功恋爱结果的部分原因。

班里的男女同学之间拉拉手、看看电影的曾经有过几对,是否有更高级别的交流,存在争议,也不得而知,但毕业后班里一对都未修成正果的事实不容置疑。阔别20年后同学聚会时,一男同学犀利地说出了个中原委:班里女生法眼太高,近水楼台先得月的道理不管用。在场的女生表示深度委屈,但我公开点了32个赞!

胡班长自己衣食无忧,但心很细,他居安思危的一个行动,让室友们成为了利益共同体。那时候他还不是班长,他说大家的经济都比较困难,毕业需要花钱的时候会更困难。他提议每人每月拿出2.5元,开一个零存整取的户头,毕业时取出来一起用。与购买足球不同,该项动议我双手赞成,因为这也是我所担心的。于是,在以后的岁月中,即使我向同学借钱,也尽量按时交上自己的一份。

宿舍同学关系堪称典范的第二个原因是我们有相似的学习习惯。和我差不多,宿舍同学都是平时穷玩疯跑,考前一个月才突击复习的主儿。期末考试前的主要项目就是比赛谁从通宵教室回来得晚。我是几个同学中的"佼佼者",即使凌晨3点回来,早上6点我还会起来跑步,吃完早饭后继续看书。对面宿舍的同学比我们要规律很多,期末熬夜的人不多。而女生中更有过了期中考试就准备期末考试的人，比如那位毕业后幸运地留在华西，后来"叛逃"到"美帝"为美利坚人民服务的女孩。

女孩的名字与电影《庐山恋》中的一个演员完全一样，学习特别认真，做事极有条理，实验记录和笔记一板一眼。一次我好不容易在图书馆的楼梯下抢占了一个位置，那女孩就走到我跟前，昂首挺胸、双手叉腰、居高临下地对我说："谭先，你别得意，这次考试我一定超过你！你信不信？"我诚惶诚恐连声答应，其实心里在说：要是有你那么好的条件，我才未必热爱学习。我刻苦的唯一目的就是拿到奖学金填饱肚子，维持呼吸，非常单纯，仅此而已！

我曾经为临渴掘井式的突击学习习惯自豪过，但工作后越来越感觉到这种做法的弊端，据说是拖延症的表现之一，什么事情不到最后一分钟就不动手！但是，从对付考试而言，似乎非常有效。因为有一年的年级前五名中，我第一、胡班长第三、谢同学第五——一个因为善于熬夜而学霸云集的辉煌宿舍！

同学关系堪称典范的第三个原因是"臭味相投"。宿舍的同学都喜欢说话，都有很多故事可讲，天南海北、历史地理、风土人情……当时看过一篇文章，说男生宿舍的卧谈会，无论最初的话题多么高尚多么纯洁，最后总会以不太纯洁的男女之事结尾。我将这一旷世理论与宿舍的实际情况进行比较，结论是基本属实。

有时卧谈会的一项特别内容就是聊到最后，突然有人提出为什么会聊到当前这一话题，之前的话题是什么，什么时候拐的弯，最初的话题是什么。如此这般追根溯源，天就亮了。有一次卧谈会我们聊得很欢，但黄老邪始终一言不发，我们轮番叫他都不搭理。等又聊了一段时间后，老邪终于阴沉沉地开口，说本来他想等我们都睡着了再一一叫醒我们进行报复,没想到我们没完没了!

在华西坝的五年中,宿舍唯一一次不和谐的争端竟然发生在我与黄老邪之间!老邪的二哥是高级建筑工程师,彼时远赴肯尼亚致力于国际友谊,留下年轻貌美的妻子和两岁女儿空守成都。老邪的嫂子年龄和我们其实差不多,我们毕业时她拿着高级相机追着我们照相,一张我们裸着上身的"艳照",也是她的作品之一。

老邪周末会去他嫂子家蹭饭和帮着照看侄女,当然偶尔会留宿,于是我们经常羡慕地拿这说事儿。在农村的习俗观念和过火玩笑中,小叔子和嫂子之间发生点故事似乎天经地义。按前一段时间的流行说法,"不是兄弟不是人,而是嫂子太迷人"。有一次,以我为首,几人又拿这事儿开涮。当一阵又一阵邪恶的笑声响起时,一向波澜不惊的老邪终于狂怒地拍碎了桌子。从此,这事儿再也没有成为调侃理由。

除此之外,实在想不起来同学之间的实质争端了。能想到的,似乎就是关于军训和人体解剖的点点滴滴了。

迟迟没有射出的子弹

这群后来在华西坝上一起生活的兄弟,入学时还没有完全熟悉就很快被分开,因为新生入学后就分赴几个地方去接受为期一个月的军训。那年的军训,有的去阆中,有的去都江堰,我和一些同学去了广元。

广元位于四川北部,秦岭脚下。后来同学之间聊天,一人说阆中是名将张飞战斗过的地方,另一人说都江堰是李冰父子创造水利杰作的地方。问广元有什么值得骄傲的?其实,他们有所不知,之前我也不知,广元是中国唯一的正统女皇帝——武则天降生之地,相传嘉陵江边的皇泽寺就是媚娘改朝之后,由川主庙扩建而成。

从成都坐了一晚上火车,再转乘敞篷军车颠簸近一个小时之后,我们到达了广元市西北面一个叫上西坝的地方。那里驻扎了一支历史似乎乏善可陈实际辉煌无比的部队——一支解放战争后期弃暗投明的部队、一支抗战时期血战到底的川军!也是到了上西坝之后才知道,中国居然还有比我老家还穷的地方,即使那里被称为川北大门,即使著名的宝成铁路从此处蜿蜒而过。

放下背包之后,教官给我们指明了厕所的所在,让大家解决内急。然后第一件事居然是称体重,之后是首长训话和吃早饭。当时我不明白到达后立即过磅的原因,到军训结束之前终于明白。军训的最后一餐,连队让同学们放开肚皮大吃特吃，然后立即称重！于是军训成果汇报中就有了这样一条：本次军训的成果很大，同学们的身体素质增强，体重都明显增加，平均五公斤。而我本人，在那一个月长了22斤！

对军训的很多记忆都比较模糊，但对排长的记忆却一直深刻。排长也是四川人，不太爱说话。队列训练时，排长对我印象应该不好。练习正步的时候，排在前头的高个子走起来雄壮整齐，一传递到队尾就稀松扭曲。但是，到练习匍匐前进和枪支拆装科目时，排长对我的印象改变了。我匍匐前进非常利索，能把那些正步走得好的大个儿甩得老远，这可能与我的身材特点和小时候总玩打仗游戏有关。更让排长惊奇的是，我拆装枪械比其他人快很多，这大概与小时候我总是拆装大哥的闹钟和用木头制作玩具枪支有关吧。

拆装枪支比赛那天，排长钦点我上场。他偷偷跟我说，一定给他争口气长个脸。我们其实早已看出他和另一个排长明里暗里较劲。为了确保万无一失，我临上场前又拆装练习了一遍，啪的一声装上弹匣，熟练得无与伦比。

但没想到一开始就出现了意外——弹匣怎么也拆不下来，而这是拆卸枪支的第一步！等我左摇又晃好几次才取下弹匣后，其他选手已经遥遥领先，于是更加慌乱，最后以倒数第一的成绩灰头土脸下台。排长的脸拉得比马脸还长，骂我关键时候拉稀！

我红着脸分辩，说枪有问题。排长叹了一口气说：即使是枪有问题，也是最后一次你自己没装好！我自知理亏，以后开始躲着他，几乎不和他搭话，因为我觉得他肯定烦透我了，这种状态一直维持到实弹射击之前。

实弹射击是军训中最激动人心的事，每人配了五发子弹。可惜天公并不作美，早上就下起了毛毛细雨，我们本以为会延后，但营里说靶场早已排满，下刀子也不能变。我们踩着泥泞的乡间小路，翻过了两个小山头后到了靶场，然后逐一趴在已经被浇湿的泥地里实弹射击。轮到我的时候，雨突然下得更大了。

我趴在地上眯着瞄准的时候，发梢上的水流进了眼睛，让我根本看不清远处的靶心。我不停用手擦眼睛和重新瞄准，于是第一发子弹迟迟没有能够射出。不知道什么时候，排长举着伞蹲在我旁边。他说："谭你别着急，把眼睛擦干了，慢慢来！"在排长雨伞的呵护下，我一发一发扣响了扳机。靶前壕沟中负责看成绩的战士打出的旗语显示，每一发子弹都中靶，成绩不错。

军训结束前我去和排长道别，他说："我看得出来其实你挺灵光，也挺努力的，但你有个坏毛病，啥事都讲个完美！比如拆装枪械比赛那天，你要是按平时节奏上场，而不是慌里慌张再练一遍，冠军肯定是你的。"

排长的话语重心长，但后来我做到的时候依然不多。比如写篇稿子，不到最后上交之前，总是不停修改，尽管未必比前一稿好多少。一些事情别人能轻松自如，我做起来却比较累。同事们井然有序安排自己，我却常常感叹：总在窘迫中，何时能从容？

另一件让人记忆深刻的事是拉歌。连队拉歌，甭管跑调不跑调，音量大就是王道！我在枪支拆卸比赛中让排长丢尽了脸，在拉歌这种几乎没有技术含量的角力中，我用尽了最大的力气，嗓子也就在那一段时间彻底拉破，成为很有磁性的男低音，尤其是讲四川普通话的时候。

还有一件让人记忆颇深的事是连队伙食差。我们组的男同学吃不饱，开始的几天邻组女生还有剩菜让给我们，但很快"地主家也没有余粮了"。那时的广元物产很不丰富，很少能吃到肉。有一次又是几天没有吃肉，同学们牢骚满腹，连长安抚说一定会尽快改善伙食。改善的结果是每人发一个煮鸡蛋。

军训时连队还发生过一起重大事故。9月份的川北还比较暖和,男生们清洁身子都是晚上去食堂旁边的蓄水池里舀水冲两把,但女生的洗澡问题显然无法这样低端解决,于是她们就去战士们用的澡堂。女生独享"高大上"澡堂的政策曾让我们羡慕不已,但有一天,澡堂的水温控制系统出现故障,淋浴喷头出来的水突然变得滚烫!据说有几个女生被烫伤,还据说慌乱中女生们光着身子冲到了澡堂外面。当时男女同学之间不太熟悉,没有具体的对象去怜香惜玉,谈论得更多的是后一句。哎,当真人心不古!

几年之后才知道,事故中被烫伤的女生之一,竟是那位后来我一直"单边心仪"的美丽女孩。关于浴室事故的种种细节,也是从她口中得知。但是,向老同学们和女孩的相关人士保证,即使在邛崃小南河边的夏夜,在那个不知名的牧童画了很美的双心相连的河滩上,女孩讲述灾难细节和痛苦感受的时候,我也没有以关心为由,提出查看烫伤后遗症的要求。尽管从医学和关心同学角度,这一要求有其合理性,不是吗?

解剖楼里的神秘故事

1988年大二开学后，我们开始学习人体解剖学。解剖老师反复强调人体解剖学的重要性，说它是最重要的基础医学课程，尤其是对于准备干外科的同学；说如果解剖结构不清楚，手术不可能做好。老师还说，观察解剖结构并训练画图非常重要，著名画家达·芬奇可以说是人体解剖学的先驱，他甚至去盗墓来练习作画。

当时我认为老师多少有些王婆卖瓜，生理老师还说生理重要，生化老师还说生化重要呢。但当了妇科肿瘤医生，在手术台上才真正体会到解剖学的重要性。可以说，手术过程其实就是将人麻醉后进行活体解剖的过程，解剖无血，手术有血而已。机器人辅助的腹腔镜技术出现以后，对手术技巧的要求降低了，比的几乎就是谁的解剖层次清楚。

即使对于医学生，解剖楼也是神秘甚至多少有些恐怖的地方，或许每个医学院都有一段解剖楼故事流传于看得见或看不见的江湖。华西的解剖楼位于第一教学楼，成都风景标志之一华西钟楼东南边。与其他教学楼一样，解剖楼也有阶梯教室，白天上大课晚上上自习。期末考试前的晚自习时间，其他教学楼人满为患，唯有解剖楼的教室仍有座位。因为，进入阶梯教室要经过一段黑暗的走廊，而走廊两头是一些盛满了福尔马林的长方形木质器皿，名字众所周知，和升官发财有些谐音。其中存放的就是用于解剖的医学材料，名字同样众所周知。

都说医生或医学生胆子大，但这应该不是天生的，而是逐渐锻炼出来的。医学院中女生比例较大，说对解剖楼不害怕应该不属实。女同学们去解剖楼听课或复习的时候，最初多结伴而行，当然，据说后来也有女生独自晚上去复习的。生理课中老师讲到应急反应时，举了两个例子：一个是说新娘新郎洞房花烛时，搂抱过紧而压迫到脖子上的颈动脉窦，导致心跳停止；另一件就是某医学院解剖楼发生的事，说人真的可以被吓死。

据说有一个组的学生晚上要去复习解剖，先到的几个人搞恶作剧。几个人关了灯藏在了门背后，想吓唬后面来的人。没想到本来要被吓的正主儿注意到灯曾经开关过这一细节，知道有人搞鬼。于是谎称忘了拿东西，让后面一个胆子特别大的同学先去。当那个胆大的同学哼着小曲打开门，一开灯，埋伏的几个同学大吼一声。可怜那胆大的同学当场倒下，不知同学们是否进行了心肺复苏，反正那同学再也没有活过来。老师给我们讲这一故事的目的是说明应急反应和交感神经系统的重要性，说吓死人并不只是传说。

学习一段时间的解剖结构理论知识后，就进行实际的人体解剖操作了。开始解剖前，老师给我们强调了解剖材料的重要性。告诉我们要尊重解剖材料，要把解剖材料当活人。老师告诉我们解剖材料来之不易，来源最多的时候是三年困难时期，到处都是饿毙的人，教研室展示的很多解剖标本就是那个时候存下来的，后来捐献的人越来越少。

为了保护和反复利用解剖材料，使用完毕后要放回装满福尔马林的器皿中，下次使用的时候，再由每个组的同学捞出来抬到解剖台上面。解剖其中一个部位时，要用浸有福尔马林的毛毯将其他部位盖住。

我们每4~6人为一组，从器皿中打捞解剖材料的工作自然由男生来干。我们戴着口罩，戴上长手套，穿着油光锃亮的皮围腰，将解剖材料从那个特殊器皿中抬起，等福尔马林沥干以后，再抬到解剖台上。每间解剖室有五六组学生，可想而知室内的甲醛浓度有多高，即使现在一间用最劣质的装修材料装修的房子，其甲醛浓度和解剖室一比都弱爆了，而且医学生们要频频出现在那里一年。所以，医生接触有害物质自学生时代已然开始。

我们组的解剖材料是女性，最开始解剖的部位是股三角，也就是腹股沟下方的一小片区域，更通俗地说就是大腿根部。解剖材料会阴部留存下来的体毛，解答了高中时关于女性下面是否长毛的疑问。在高中时那场著名的宿舍争论中，我坚持认为女性的下面不会长毛，理由是女性不长胡子，以此类推！当时我以压倒性多数获得那场辩论的胜利，而那个唯一在谈恋爱的家伙居然没有发表意见。

医生的有些功夫是练出来的。刚上解剖课操作之后，我中午吃不下饭。一是解剖室那刺鼻的气味挥之不去，二是解剖人体后那种不舒服的印象。我很长一段时间都不吃四川腊肉，因为它和被福尔马林固定后的人体肌肉实在太像了。到后来，我不仅能吃下饭，期末甚至还和同学端着饭碗到解剖室吃！

从 2010 年起，协和医院举办全国妇科腹腔镜高级研习班，每次我要负责解说一场手术，到饭点的时候，学员们都是一边吃饭，一边津津有味地学习血肉模糊的手术实况。可怜那位从酒店请来负责茶歇做咖啡的美女，看到那些"生动活泼"的画面后，当场吐得死去活来。

为了加深同学们对人体 206 块骨骼的印象，学校给每个宿舍配发了一套拆开了的骨架，用木箱子装着，我们宿舍的箱子就放在我的床下。老师说，要好好学习骨头的形状和标志，反复看、反复摸、反复记忆。

传说以前华西的解剖考试形式之一就是把眼睛蒙上，让学生从箱子中摸索出一块骨头，然后说出名字，桡骨、尺骨、髌骨、腕骨、第一腰椎、第二腰椎……还有更神奇的考试传说，那就是考试时老师扔一块骨头过来，学生接住后，立即报出骨头的名字！

对于后面这一种考试传说，我一直有些怀疑，这不像考试，更像拍武侠片。但对第一种考试传说，我是相信的，因为我亲自试过，反复摸过一段时间骨头后，闭着眼睛说出骨头名称没有大问题。这和那些麻将高手一样，功夫到了，摸出麻将牌后面的点数其实很容易。于是，我盼望这种传说中的考试的到来。

可惜，那年我们的解剖考试不是这种形式。当时华西的教学条件已大为改善，通过录像进行考试，就是用录像放出一张解剖图片，同学们在试卷上写出解剖部位名称。很长一段时间我都认为这种考试存在问题，因为解剖结构是三维立体的，但录像照片是二维平面，不真实。然而，当后来天天做腹腔镜微创手术的时候，我们才发现必须学会从二维的图像中去还原三维立体结构，并据此开展精细的手术操作。于是有一段时间我认为，当年的华西解剖课真是有先见之明。

用录像考解剖的另外一个问题就是稍不留意就会答错题目。录像通常是先出示某一区域的全貌，然后镜头逐渐推进放大，最后停留时用箭头闪示需要给出答案的解剖部位。如果没有看清全貌，肯定答错。当时有一道试题的正确答案是乳腺导管，但由于我没看清全貌，当镜头逐渐推进时，我将放大了的乳头当成皱缩了的阴茎，于是答案就写成输精管了。

每个宿舍的那一木头箱子骨头并不是塑料制品，而是货真价实的人体骨骼。搞清这个问题之后，在接下来的那个寒假，由于没有路费，我一如既往一个人在宿舍过春节时，床底下那箱骨头令我很不舒服，我总觉得骨头的主人就在床边晃荡。终于有一天，我忍无可忍，将箱子塞到离我的床最远的黄老邪床下，之后才睡得平稳很多。

险些暴毙荒野的徒步

1989年的春夏之交,我们是大二,已经褪去了新生的青涩。当6月5日成都人民商场被一把大火烧了以后,学校领导感到了形势的严峻,让同学们暂时都先回家。

我向西南民族学院的老乡借了一笔钱,仓皇踏上了计划之外的回家之旅。当时长江涨水,间断性封航,我只好坐一段船后,在一个码头停留一两天再往前赶,前后用了七天才回到家中。而且,在到家之前的六七个小时,我几乎迷失在离家十多公里的长江南岸的那座大山之中。

本来准备从忠县县城下船,但忠县在长江北岸,而我家在南岸,需要坐过江轮渡。由于风浪大,大型客轮可以勉强开行,但过江渡船禁止营运。于是我继续坐了一段大船下行至西沱镇,西沱位于长江南岸,不用坐渡船,可以直接坐长途汽车回去。

轮船很早就到达了西沱镇,下船的人很少,确切地说只有我和一个挑着大包的小贩。我翻了翻身上的钱,还行,够买一张车票。我和商贩一起沿着几百年来被人们踩得光滑如洗的台阶,从码头前往汽车坝。那个时候著名的三峡工程还没有开工,西沱古镇的千级天街名副其实。

我到达古镇上边的汽车坝后,发现没有客车,只有稀稀落落等车的人。那个时候从西沱古镇到老家黄水每天只有一班车。后来老家变成了国家级森林公园，成为重庆人的避暑胜地，交通方便了，宁静却不在了。

等待了很长时间，仍然没有客车的影子。有人去旁边的小卖部问了之后我们才知道由于山上一个路段塌方，客车昨天就没有下来。

得知这一消息后我非常着急。这几天我都是在候船室里过的夜，意外增加的旅程令我额外花了不少钱。难道又得去候船室过夜？再耗两天，连买车票的钱都不够了。

懊恼之际，我突然有了一个大胆的想法——步行翻过这座海拔1680米的方斗山，走回家去！我当时想，公路修通之前，人们不都是这样走吗！不也就40多公里吗！中学时我多次从县城走回家里，距离也有50多公里！我甚至想起了红军翻越雪山的油画，有一种莫名的兴奋和豪气。

由于两年前在大学入学的火车上吃过没有水喝的大亏，我用瓶子从镇上饭馆的水缸里装上足够的水。停车坝旁边的饭馆的面条太贵，我决定走一段路程后到老乡家吃饭，然后付上一些钱，就像小时候那些过路客官在我家吃饭之后多少付些钱一样，比镇上肯定便宜不少。就这样，我离开了长江边的西沱古镇，独自一路向东，向方斗山进发。

让我有些意外的是，从长江边看着并不很远的方斗山，我费了一上午的时间才到达山脚，中间还翻过几座小山，真是望山跑死马！也是在到达了方斗山山脚的时候，我才真正感受到了大山的巍峨。由于是步行登山，不能沿着盘山公路走，我走的是几百年来行人走的老路，有些路段已经荒废，铺路的石头被人搬走修房子了。

我毫不费力就爬了一大段。我自小在山区，小学五年级的时候每天要一下一上爬过两座山，所以对爬山很在行，善于调节呼吸。但我到北京之后从来没有参加过爬八大处或香山等活动，因为我觉得那不是登山而是跑山！只要请教黄山或峨眉山那些负责往山上运东西的挑夫就知道，气喘吁吁到达顶部不是本事，本事在于上去了还要下来跑第二趟、第三趟……

尽管我不太觉得累，却逐渐感觉饿了。这时候我才发现原来认为沿途都有人家，随便找户人家吃饭的想法完全错误。后来才知道，由于生活条件恶劣，大山上本来就人烟稀少，仅有的几户人家在公路修通之后也搬走了，于是步行上山的老路上几乎没有了人家。

我以水当粮，不断给自己鼓劲，奋力爬山，终于在体力耐受的极限之前，到达了山顶。站在高处，我又看见了远处已经成为一条飘带的长江，与小时候母亲带我看的时候几乎一样。

我两次到大山都很幸运地看见了长江，而2016年年初北京电视台拍摄微纪录片《致母亲》时需要远看长江的镜头，与当地电视台联系后，当地的人三次上山，都因为雾气太大，没有拍摄到长江。然而那个时候我没有觉得看见长江如何幸运，那一刻，我更多的是一种征服者的快感，这是登山者最在乎的感觉，尽管腹中早已风云雷动、饥肠辘辘。

当时是下午2点多，太阳最毒的时候。我用小时候从战争片中学到的技术，用树枝和杂草编了一个花环戴在头上，继续前行。在我的想象中，大山应该就是一个三角形，登上顶点之后，马上就应该看到山那边了。

在方斗山的山顶走了很长一段时间，西边的长江早已看不见了，但怎么也看不到预想中的山那边。我完全没有想到，大山不一定就是三角形，也可以是底大顶小的梯形。顶边可以很长，绵延数公里甚至数十公里！

饥饿的感觉越来越强烈，越是喝水越感觉饿，而且瓶中的水即将喝完。住家、泉水、野果……预想中的事物都没有出现，能见到的就是一块块突兀于草地之上的石头。似乎整个大山除了我之外，没有第二

方斗山

个人。

　　这时候我才感到了问题的严重性！能否看到山的那边已经不重要，重要的是找到住家。我逐渐头晕耳鸣、手脚发软、一阵阵冒冷汗，往前移动每一段路都很困难。后来有一段记忆完全空白，我唯一能想起的词就是：饭！

　　恍恍惚惚中终于看到一户人家。不知道当时我是以怎样的步伐走到主人的屋檐下，又是以怎样的眼神和主人交涉的，只模糊记得当时只有一个女人和一个五六岁的小孩。女主人一定被我这个步履蹒跚和奄奄一息的人吓坏了，让我先吃锅里的饭，这是她留给到林子里干活的丈夫和大儿子的。

　　我不知道平时就吃饭很快的我那时是如何狼吞虎咽的，但之后的记忆逐渐清楚。这家人居然是我邻居的亲戚，十几年来都在山顶的林场护林。我经过的那一段草甸，现在已成了著名的旅游景点——千野草场。女主人说，往前走一会儿就可以看到山下的镇子了。她说天气太热，最好歇一会儿再走。

我很快就躺在他们家屋檐下那又细又长的板凳上睡着了。被男主人叫醒的时候，已是傍晚，山风一吹，很凉快。男主人说："到底是年轻，你饭量真不小，把我和儿子两个人的饭都吃完了！"

我感到很窘，想多少付些饭费，男主人拒绝了，说都是邻居，哪能收钱！

告别守林人后，我神清气爽地下了山，后面的十多公里路不在话下。经过山下鱼池镇的时候，我用余下的钱在小卖部买了散装的水果糖，因为大哥和二哥家都有小孩，农村小孩对糖果的喜爱超乎想象。

到家的时候天已经完全黑了，家人看见我后大吃一惊，问了很多省城发生的事。我大概告诉了他们，但我一直没有告诉他们，几个小时之前，我差点倒毙在西边的大山上！

十多天后学校来电报，让回校参加期末考试。4月下旬以后的课程几乎都被落下。考试如期进行，只是考前辅导时老师画的重点更明确了些。

那年真正的暑假来临后，我再次回到老家，与69岁的父亲一起打工，为窑厂做砖制瓦，挣我下一个学期的生活费。

和父亲一起当泥瓦匠

看到一些建筑的时候,我们有时用青砖碧瓦来形容。然而知道砖瓦制作过程的人不会很多,我就是这不多的人之一。因为,大学二年级的暑假,我跟着父亲当了一个假期的快乐泥瓦匠,挣出了我下一学年的生活费。

父亲是远近闻名的泥瓦匠。小时候我特别喜欢到父亲干活的砖瓦厂去玩,因为那里有制备成熟的泥膏,我可以用来捏各种玩具,比如解放牌卡车。父亲自然乐于"假公济私",将我的作品拿到他掌管的砖窑里烧制出来。

这是儿时玩耍中对砖瓦厂的记忆,而1989年的暑假,我回老家真正当了一回泥瓦匠。当时父亲已经69岁,自从一年之前他找寻了几十年、终于找到并最后结婚的那位女士意外去世后,他身体骤然变坏,经常咳嗽。但父亲还是揽下了这份来之不易的活儿。其实,老板是看在我念大学的份儿上,才把活儿给我们的。

我至今都清楚记得制砖做瓦的全过程,于是以20多年来写手术记录的套路把过程写了出来。不谦虚地说,查遍网络,不会有比这篇文章更详细描述制砖做瓦过程的了。您不妨把它当成《屋顶上的中国》中的一集,走进神奇的砖瓦世界。

无论是做砖还是做瓦，原材料都是泥土。但这种泥土不是从地上随便抓一把就可以的，而是需要含沙量少、经过制备的泥土，通常是黄泥或者白泥。在老家，用来做瓦的上好材料是一种称为"白散泥"（正式名称可能叫观音土）的泥土，据说灾荒年份有人用来充饥，足以证明其含沙量很少。

将原始的泥土制备成可以用来制砖做瓦的泥膏的过程，与用面粉加水揉成面团其实差不多。而且，与揉面类似，泥膏被翻踩折腾的遍数越多，就越瓷实，可塑性就越好。

选定好采挖泥土的地方后，用锄头或铁锹将泥土挖起来，将大块泥土打碎，将小石子和杂物拣出；然后在泥塘中放上一些水，将泥土搅拌成泥膏。如果需要的泥土不多，用人的两只脚踩就可以。如果需要准备的泥土多，则要借助牛的体重和四只脚，将泥膏踩踏搅拌均匀。

泥塘的直径通常为四五米，耕牛要转着圈才能踩全面，通常要用一块布将牛的眼睛蒙上，否则牛很快会被转晕。泥膏被牛踩上数遍后，就有一些黏度了。然后，用铁锹像切蛋糕一样，将泥膏一片一片切下翻转，然后再让牛转圈踩。如此反复四五遍，泥膏就制备好了。

父亲告诉我，制作砖瓦的过程中，泥膏的准备最为关键。他说制备泥膏跟种庄稼差不多，可以偷奸耍滑，但老天爷会回敬你。比方说，如果不把泥土中的石子剔干净，做出的瓦会有窟窿。再比方说，如果翻踩泥膏的遍数不够，泥膏的黏性就差。

泥膏制备好之后，需要用特殊的模具将其制成砖或瓦的形状。制砖的工序和技术相对简单。先将泥膏切割成一块块比砖头略大的小方块备用。为了防止泥膏粘在模具上，要在模具内撒上干燥的细沙。然后将准备好的泥膏块用力砸向模具。之后用绷紧的钢丝在模具的上下表面划过，切去多余泥膏。最后将模具搬到存放地点，松开模具后，一块整齐的砖坯就形成了。

撒沙、砸泥、切割、移动、松开,一整套连贯的动作,效率取决于动作的熟练程度。我很快就超过了父亲,毕竟他的年龄不饶人。这个过程让我很高兴,因为完成一块砖坯,就意味着有了两分钱的收入!

做瓦的工序和技术比制砖复杂得多。首先,对泥膏的要求比较高。如果用于制砖的泥膏需要翻踩三遍,那么用于做瓦的泥膏就需要翻踩五遍以上。其次,对泥膏的再加工要求也高。制砖时将泥膏切割成长方块即可,而做瓦时需要先将泥膏切下来,一块块砸实成大约1米宽、4~5米长、1.5~1.8米或更高的大泥垛,然后用钢丝从泥垛中切割出长条形的泥墙,最后再用钢丝从泥墙中像切土豆片一样将泥膏切割成长约80厘米、宽约20厘米、厚1~1.5厘米的泥膏片,这就是做瓦的最后材料。

将两手伸入泥膏片下托起来,围到转盘上的圆桶形制瓦模具(瓦筒子)上。然后用钢制的弯板,蘸着水,一弯板一弯板转着圈从下往上拍打,将泥片挤压均匀。最后用顶端镶有钉子的筷子样工具转上一圈,将多余泥膏切割下。

将泥膏片围到瓦筒子上需要技巧,掌握不好泥膏片就会断裂。父亲是绝顶高手,他不像其他人那样两手同时去托泥片,而是一手伸入一端,另一手迅速捋过去托着另一端,干净利落地将泥片转移围到瓦筒子上,这被称为"耍飞皮"。在浪费掉很多泥土之后,我终于在假期的后半程学会了这一潇洒无比的动作。

被称为"瓦筒子"的制瓦模具呈圆桶形,由多根小木条串联而成,与古代书写用的竹简颇为类似。瓦筒子的外面要覆盖一层布,以免瓦坯粘到模具上。瓦坯做成后,拎着瓦筒子到存放的地方。"瓦筒子"合拢缩小取走后,圆筒形瓦坯就立在了地上。等稍微收干一些后,将衬在瓦坯内的布取走,套在瓦筒子上。

瓦筒子的外表面被分为四等份，每一等份处钉有一条比周围略高半厘米的竖条，这样瓦坯相应的这个部位就比其他地方薄。等瓦坯稍微干燥后，用力往中间一挤（称"撇瓦"），圆筒状的瓦坯瞬间被平均分为四瓣，成为房顶上看见的瓦的形状。

制砖和做瓦让我很高兴。因为，能通过诚实劳动换钱，是一件很惬意的事儿。有人看见街上擦鞋的小孩，不好意思让人擦，怕被说高人一等。其实完全多虑，小孩需要的是有人给他挣钱的机会，而不是清高地走开。足疗城的姑娘、大妈，也是一个道理，不再类推。

整个假期，我都和父亲一起奋斗在砖瓦场。每天收工的时候，我都会计算一下白天的工作量，那是我一天中最快乐的时候。父亲在失去了心爱的女人后苍老不少，我抢着干活，尽量表现出快乐，好让他高兴一些。然而有两次，还是让他反过来安慰我。

有一天我们做瓦的效率特别高，一排排圆筒瓦坯立在院坝等待收获。但山区的天，娃娃的脸，说变就变，转眼之间就下起雷阵雨。突如其来的大雨让我们措手不及，大片瓦坯在雨中一一软掉。

看着我们费了一下午时间做出来的一坝子废瓦坯，我有些沮丧，脸上有些挂不住。父亲让我不要难过，说明天快些做就行了。他说泥瓦匠就是与泥巴和水打交道的人，日晒雨淋是常有的事儿。

还有一次让我特别难受。砖瓦厂西边的一家人给他们的父亲过70大寿，老人和父亲同一年生，比父亲还小几天，有五个儿子和一个女儿。老人的生日操办得很隆重，请来了吹鼓手和戏班子，还有专人在公路上洒水，以减少汽车经过后扬起的灰尘。

那天我与父亲像往常一样在砖瓦厂做瓦。看着人家的父亲安享天伦之乐，而为了我能念大学，父亲还在烈日下和我一起做苦力，我情绪很低落。父亲大概看出了我的心思，就和我说，生日这东西，过不过没有分别，他们家还没有大学生呢！

　　父亲的确以家里出了全村第一个大学生为荣。当泥瓦匠之后的下一个暑假，看到我带回听诊器后，父亲基本认定我是一个颇有些本事的"医生"了，邻居们先后赶来让我前胸后背听上一番。每当这个时候，父亲就坐在旁边的石头凳子上，用那根一米多长的烟斗，眯着眼睛吸土烟，一脸的满足和享受。

　　其实，听诊器除了给父亲带来荣誉外，还给我带来了成就感。因为下一个暑假，我用听诊器成功诊断出一个病人的病因，他之前看了半年多的病，都没有查出病因。

显摆惹出的非法行医

大三开始上诊断学课程,除了学习理论知识外,更重要的是跟带教老师学习视、触、叩、听等基本诊断技巧。那个时候医学院还没有开展模拟各种疾病状态的"标准病人"教学,需要同学之间互相借用身体进行练习。当然,几乎无一例外都是男生充当病人,或者是自告奋勇,或者是被逼上梁山。

练习腹部扪诊检查肝脾的时候,我就多次充当过病人,躺在诊断台上让同学们体会。好几个女生温暖的小手都曾经在我肝脾表面的区域温柔划过,能享受女同学"免费按摩服务"且不被抓,是何等的前卫和幸运。

有一个男性荷尔蒙浓度比较高的同学比较悲惨。那位兄台的肚脐周围有几根长长的体毛。一位细心的女同学给他做腹部触诊检查的时候,以为是掉下去的头发,顺手揪了下来,引来了一声惨叫和一阵笑声。

为了练习听诊,学校给每位同学配发了一副货真价实的听诊器。刚拿到听诊器时,同学们很兴奋,至少我是如此。我迫不及待地把听诊器挂在脖子上,似乎要向世人宣布:从现在开始,我,就是真正的医生了!可惜那个时候没有微博、微信,否则一定会大大显摆一把,留图留真相。

从中学开始接受体检后,我脑海中的医生形象就是前胸后背叩叩听听、腹部揉揉按按等。我学习诊断学特别认真,尤其是心脏听诊很下功夫,在自己的心前区域听了个够。在带教老师指导下,我真的能听出一些明显的心脏异常杂音。从一位心脏周围的包膜腔有异常液体(心包积液)的患者身上听到的那种被老师称为"鸥鸣"样的特殊杂音令我记忆犹新,让我后来成功地诊断出我小学同学的心脏病,这是后话。

那年暑假,我带着宝贝般的听诊器,更是带着迷茫和惆怅踏上了返家的列车。上个暑假曾经和父亲一起打工做砖制瓦的窑厂已经倒闭,我曾计划暑期去成都周边打工,一直在犹豫是否回家。期末考试前的两个周末,我骑车去了成都郊区的工厂和农村,无功而返,于是决定还是回家想办法。最终做出回家的决定时,已经无法买到有座的车票,我只好买了站票。

从成都到重庆的火车要开整整一晚上。尽管有过两次站了一路的经历,但由于试图勤工俭学的折腾和令人失望的结果,上火车后我觉得很累,想找个地方坐一会儿,即使挂上半边屁股也行!

我在过道里倒腾包里的东西,将听诊器有意无意地露了出来。一半是真的喜欢这件宝贝,一半是借此引起周围人的注意。万一旁边有座的乘客对医生这个行当感兴趣,凑巧又想起"尊重知识、尊重人才"的教导,匀给我四分之一个座位呢?

不出所料,看见了我的听诊器之后,邻近的一位乘客就问我是不是医生。我说目前不是,是华西医大的学生。这已经激起他们的强烈兴趣,于是我和他们侃解剖、聊生理、说诊断等诸多趣事。不幸的是,几位客官除了洗耳恭听之间饶有兴趣地发问之外,屁股并没有做出我希望看到的关键动作。

正在懊恼和兴味索然之际,广播里突然响起播音员的声音,说9号车厢有位旅客晕倒,由于列车没有随车医生,如果哪位旅客是医生,尽快前往抢救。

刹那之间,几双眼睛齐刷刷地投向了我!当时我的肠子都悔青了,真想抢自己一个大大的嘴巴。座位没有捞着,却招来了真正的大活儿。尽管诊断学的课上我们曾经像一群兴奋的小鸭子一样跟随老师去华西附一院看了几次病人,但自己并没有正面应对过病人,更不用说抢救一个已经晕倒的人!

但是,那些目光让我没有退路!我抄起唯一的武器——听诊器往9号车厢挤过去。一名热心乘客在前面吆喝开道,他的吆喝比警报还管用。我一边走一边想:会是什么病?我该怎么办?需不需要口对口人工呼吸,或者心脏按压……

挤过几节车厢后我来到了病人面前。她是一位中年妇女,半躺在厕所边的过道上。替我开道的人大喊医生来了,都快让开。她其实已经醒了过来,面色苍白,目光散漫,额头上有些冷汗,气息较弱,讲话比较困难。我迅速蹲了下来,用手摸了摸颈动脉,发现脉搏又快又弱,手心湿冷。我立即有了初步诊断。

我附在她耳边,低声问她是不是没有吃饭,她微微点了点头。我转身大叫:"谁有白糖,赶快冲杯糖水。"

很快有人送来了糖水和勺子。我扶起那位妇女的头,舀着糖水吹凉后喂她。过一会儿后,她说好多了,自己喝吧。围观的人群鼓起掌来,一位旅客给中年妇女拿来了饼干,还有一位旅客给她让了座。

赶过来的列车长问我的名字。由于从小就被教育过雷锋同志做好事不留名的道理,我执意没说名字,只说我是华西医大的学生。然后,我拿着没有派上用场的听诊器凯旋而归。

刚走到我站的那节车厢,就听广播中说刚才的旅客已经脱离危险,感谢华西医大那位不留名字的同学。然后,我半推更是半就地得到了半个座位。再然后,几位乘客还请我分享了他们的水果罐头。

火车到达重庆前,我又去看望了那位妇女。她有些不好意思地说,由于钱不够,她白天一天都没有吃饭,刚才上火车又挤,饿得没有撑住。

我之所以如此快速地诊断出那位妇女是低血糖,实际上就是因为一年之前我那次差点倒毙旷野的类似经历。

听诊器

与父亲一起制砖做瓦之后的下一个暑假,我带着火车上救人的"英雄事迹"和宝贝般的听诊器回到村里。为了提高查体水平,我逮着个邻居就给听听心肺、摸摸肝脾、叩叩肚子。当然,那个阶段愿意给我当"小白鼠"的都是男性,多半是儿时的伙伴。

很多时候我照猫画虎"查体"以后,并不能对他们的"不舒服"说出个子丑寅卯,所以生意并不兴隆。而且,那个暑假的多数时候我都是在20多公里外的小姑家,与她一起挖土豆和为黄连除草。小姑"雇"我干活儿的代价极其高昂——提供我下一个学期的生活费,这个费用足可雇用两个真正的壮劳力!

再一个学年后,我们学完了内科学。知识更丰富了些,底气更足了,暑假我一如既往地把听诊器带回了老家。

一天上午,一个远房亲戚请我去给他儿子检查检查。他儿子是我小学同学,初中毕业后在家务农,一身的好劳力,挑200多斤的农家肥上坡下坎如履平地,但半年前开始出现下肢浮肿,从公路边爬十几米高的小山坡回家都心慌。当地的几个医生看过后诊断"水急黄肿",说是肝脏的毛病,一直吃中药,但情况没有好转。

我拿着听诊器到了两公里外他的家。刚进院子,同学的妈妈给我端上来一碗荷包蛋（老家称为茶水，用于款待贵客），让我先喝茶再上楼看她儿子。她说她儿子上下楼梯困难，几天都没有下楼了。

我婉言拒绝了同学妈妈的荷包蛋，说刚吃饭，一点不饿，看完同学再说。

同学妈妈哪里知道我的小心思。尽管荷包蛋是我的最爱，但我听说同学是肝脏病。我是医学生，知道某些类型的肝炎是可以通过消化道传染的，比如三年之前（1988年）那场让30多万人倒下去的上海甲肝大流行，所以，我不敢吃他们家的东西。

上楼后我发现同学果然浮肿得很严重，甚至说话都有些累。令我意外的是，他的皮肤和眼睛并不很黄，至少不是教科书上说的金黄或者暗黄，要白得多。

我开始仔细查体。叩诊心脏时，发现他的心脏边界增大了很多。用听诊器听诊时，听到了诊断老师给我们示教过的鸥鸣音。老师说，如果听到这种像海鸥鸣叫的声音，就多半是某种类型的心脏病。我又检查了腹部，发现他的肝脏稍微增大，摸起来不坚韧发硬。

我基本肯定我同学不是肝脏病，而是心脏方面的问题，具体我说不上来。

同学妈妈将荷包蛋重新加热后端上楼来，坚持让我吃下去。这回我没有推辞，毫不犹疑开吃了。我一边吃着甜润可口的荷包蛋，一边告诉同学父母，说他不是肝脏病，而是心脏问题，最好到县医院去检查。

第二天，同学的父母全权委托我将他们的儿子带到县医院检查。同学走路很艰难，需要我扶着才能上下车。

到县医院后进行了心电图和胸片检查，还抽血送了化验。很快诊断就出来了——扩张型心肌病。学习内科学的时候我们学过这种病，知道治疗的结果如果很不好，患者随时可能因心力衰竭或心律失常死亡。

我不忍心将真相告诉同学，就谎称问题不大，很快就会治好。

当天病房没有床位，医生让我们第二天再去。为了给同学节省些钱，我和他到一个在县委供职的同学的集体宿舍里凑合了一晚上。那天下午特别闷热，晚上下起了大雨，整整下了一晚上，据说是1982年县城发洪水以来最大的一次雨。我也感冒了，咽喉疼痛，可能还发烧。我和同学有一搭没一搭地聊天。他说算命先生给他算过，说他活不过农历的七月半。

虽然我知道他的病几乎没有治愈的可能，但我想也不至于这么短。因为掐指一算，离算命先生所说的大限还不到一个月了啊！我让他放宽心，别去相信算命先生的鬼话。

第二天同学住进了医院，用药后病情明显好转，但医生说还要继续治疗一段时间。于是，我待了两天后，从县城回到村里。

想到同学随时可能离开人世，我不忍心再去他家享用他妈做的荷包蛋了。在同学家门口的公路上，我向他的父亲说明了真实的病情和可怕的结局。老人听了之后，一屁股蹲坐在地上。我安慰老人，说这病要完全治好很困难，但如果控制得好，有的人也可以活很久。

大约一周之后，同学从县医院自己出院回家了。据邻居说，他下了长途客车后，大步流星走向家中，和没病之前一模一样。我也没有想到他能恢复得这么快这么好，看来奇迹已经发生，那个长山羊胡子的算命先生彻底输了！

当地医生半年都没有诊断出来的病，居然被我这个医学生一下就诊断出来，这无异于在老家放了一颗卫星，我的光芒很快盖住了远近的几个医生。与前一个暑假找我做检查的人寥寥无几截然不同，那个暑假我用听诊器听遍了远近几里那些自认为感觉不太舒服的村民，包括大嫂子、小媳妇，甚至大闺女。封建思想在"科学仪器"面前低下了高昂的头，也让我的父亲大大地虚荣和满足了一把。

暑假即将结束的一个下午，乌云密布，雷鸣电闪，下了很大的雨。我们在屋檐下吃饭，模模糊糊看见对面几十米外的公路上一群人推着运货的两轮木头架子车在雨中飞奔。第二天早上，一个邻居告诉我，昨天下午我同学突然发病，在被架子车推往医院的路上人就没了。

后来听人说起同学去世前的情况。大山那边他未婚妻的家里不知从什么渠道得知了他的病情，派人过来将订婚的聘礼退还给他。据说他一句话也不说，只是埋头吃饭，然后就倒了下去。

那一天是1991年8月14日，农历七月初五，离算命先生所说的七月半，仅差十天！在那之后，每个月的14号，我就会莫名其妙感到心慌难受，这种情况过了很多年才逐渐缓解。

好事者说，医生终究没有斗过算命先生！甚至有人说，如果我不去给他看病，不把他带到县医院，说不定还会活得长一些。还有人说，我不应该把真实病情告诉他的家人。

最初我会无辜地辩解，后来就不再辩解了，再后来，就没有心思辩解了。因为，几天之后就要开学，而我的生活费却一点着落也没有！上一个暑假以超高价"雇"我干活的小姑，由于黄连价格从每斤100多元跌到不足十元，也没有能力"雇"我了。

于是，像八年前一样，我再次面临辍学的危险。

家庭会议

从记事开始,我就对大哥充满了无限崇拜。他个子高,力气大,很聪明,老师都管他叫"谭天才",原因是他每周三天背煤三天上课还一直保持班上第一名。初中毕业时老师推荐他入县城高中,但因姥爷家的成分不好,政审的时候被无情拿下。他是老家最好的裁缝、最好的瓦工和技术不错的木工,他字写得特别工整,担任过村委会的会计。

我一直认为,即使我在外面捅下了天大的娄子,大哥都可以帮我轻松摆平,甚至我一个人被困在冰天雪地的南极,他也会想出办法,乘风破浪把我给救回来!这种近乎狂热的崇拜,一直维持到那个暑假开学前的一天下午。

在那个漫长的暑假,我感伤小学同学的突然离开,也窃喜听诊器给我带来的实践机会,还欣慰老父亲能分享一份自豪。然而,更现实的情况是:与前几个暑假"累并快乐着"的疯狂打工不同,那个暑假我想尽了一切办法也没有能找到打工机会。开学的日子一天天临近,我越来越焦急,尽管表面上不动声色,但父亲真是急了,满嘴起了水泡。

我故作轻松地安慰父亲,说大学和中学不一样,平时听不听课都没有关系,考前突击复习两周就行,不行我就在家自学。然而一想到从此与华西坝的兄弟们渐行渐远,还是非常难受。好几次我一个人跑到小山那边母亲的坟前，一边流泪一边在心里和她说话。我总认为，像母亲这样善良的人，肯定是在天堂。儿子遇到了难处，需要母亲排解。

那天下午，父亲召集族里的几个长辈开家庭会议，主题是讨论我如何继续上学的问题。那年父亲已经71岁了，一生好强、几乎从不认输的父亲颓然地说，他实在没有能力供我上学了。是继续上学还是回家自学，希望大家给拿个主意。

其实，这已经是我第二次徘徊在辍学的边缘。

第一次濒临辍学发生在母亲去世后的第二年，我上初中三年级的时候。母亲在县城医院治疗期间花了不少钱，家里还从信用社贷了一笔款。母亲去世时，大哥自家的房子刚刚开建，侄女不到两岁。那年二哥17岁，母亲的去世让10岁因为一句话被打成"现行反革命"游街批斗、此后就言语不多的他消沉了半年，脾气也更加暴躁，天天和父亲干仗。他认为是父亲的行为气死了母亲，这辈子都不会原谅他。

母亲去世后家中无人操持，父兄之间的隔阂更是雪上加霜，于是我们家陡然从农村联产承包责任制后当地最殷实的家庭沦落到最贫困的家庭。母亲去世之前，我每月都会固定到邮局取家里寄来的生活费。母亲去世之后，收到汇款的时间越来越不固定，不断往后拖。

于是有一段时间，我就没有菜金进学生食堂了。甚至有一小段时间我一天只能吃一顿饭！饥饿对一个13岁的少年肉体上的打击是显而易见的，因为那半年，伴随着同学们身高的迅速增长，我几乎一厘米都没有增加。体育课站队的时候一再后挪，从队伍中间掉到了队尾。同样难受的是到了饭点却不能进食堂的痛苦，因为待在宿舍毫无说辞，那个时候并不流行减肥之说，何况我根本就不肥！好在学校旁边有一座小山，下学之后晚饭之前，我就离开学校到山上看书，很晚才回宿舍。

这样熬了一段时间后，终于在一个周末，我没有向班主任老师请假就回到了家里。我跟父亲说，我坚决不上学了，在学校太饿了，我要出去打工。

63岁的老父亲看着面黄肌瘦的我，心疼得连声叹气，说这饭都吃不上也不是办法，还是身体要紧，书读不读都没有关系。回家不管是土豆、红薯还是玉米，总能吃饱肚子吧。他让我先跟他学泥瓦匠，然后再外出打工。

然而，大哥却坚决不同意。他说他是因为"文革"、因为姥爷的成分不好才没有机会继续上学，说我现在机会好了，好不容易考上了省重点中学，不继续读太可惜了。我至今记得他说的话。他说："弟弟，你也清楚家里的情况。你继续上学，家里也穷不到哪里去；你不上学，家里也富不到哪里去。你不是说你想当医生吗？回县城读书去吧，房子我先不建了，保证按时给你寄生活费。"

于是，神不知鬼不觉，我返回到县城中学，似乎一切都没有发生。

但是，这次家庭会议的情况不太一样。会议中说话的人很少，几乎都是父亲反复在说，大哥好像一句话都没有。会议进行当中，包括我自己在内的人都倾向于不去学校而回家自学，原因仍然是在家能填饱肚子。1989年前后，全国物价飞涨，助学贷款根本不够生活，我基本成为"半月光族"，经常向室友们借钱借菜金。而且与中学时可以躲到学校旁边的山里不一样，华西坝的周围没有山，开饭的时候我无处可去。这样的次数其实不多，但两三次就足以让人崩溃。

其实我对这次辍学早有准备。会议的前一天，我到十多公里外的镇上给同学发了电报，让他们向年级老师说明我不去报到的原因，并让他们把下学期的教材寄给我，我准备自学后再去参加期末考试和下学期的实习。但是，当听到会议结果真的是让我不再继续上学时，我还是忍不住低声抽噎起来。

抽噎声让会场气氛骤然紧张，几乎凝固。大哥终于忍不住，双手抱头痛哭起来。他伤心、自责，涕不成声地说他作为大哥，按道理是应该支持我上学的，但这两年房子贷了款，嫂子又有病，两个孩子都小，实在是没有能力支持了。他说他对不起我，对不起死去的母亲。

这是我有记忆以来第一次看到大哥痛哭失声，这和我长期以来的印象相差太远太远，也彻底摧毁了我对他一直以来的崇拜。我突然意识到，如果我真的捅了娄子，真的落单到南极，他不可能像我想象的那样有能力来救我。于是那天之后，我们的地位平等了很多。

幸运的是，我们弟兄的抽噎和大哭，再次扭转了我失学在家的命运。而这一切，都是因为一名会议的旁听者——小姑。

支撑我学业的小姑和小姑父

小姑是在父亲的邀请下参加会议的。也许在父亲看来,要做出让我不再上大学的决定,责任太大,需要有同辈帮他分担。

小姑着急地问我开学到底需要多少钱。我说了书费、杂费和生活费,一笔不小的数额,远远高于前一个暑假我到她家"打工"后她给我的"劳动报酬"。小姑说,家里好不容易出个大学生,哪能说不读就不读!将来怎么去见地下的老辈子!

小姑说她马上回家再给我准备费用,还让我路过重庆时找她丈夫再想想办法。

小姑生于1932年,奶奶生下她不久就得病走了。后来爷爷又娶了一房,并生了一儿一女。小姑刚成年就被嫁了出去,生育了一儿三女。不幸的是,那个姑父也因病走了,之后她遇上了现在的小姑父。

小姑父是重庆师范专科学校(重庆师范大学的前身)的高才生,1957年被打成"右派",发配到小姑的村里"改造",1968年和小姑结了婚。"文革"结束平反后,他在老家镇上的中学当教师,随后担任校长,再后来调回重庆当普通教师。

每年春节,小姑父都会来给我们拜年。小姑父是最受小孩子们欢迎的人,他会带来一些书籍,给我们十几个围坐在火塘边的堂兄妹们讲故事,还会出智力题考我们。

有一道题我至今记得。一座桥需要十分钟才能走完,卫兵每次换岗需要五分钟,这五分钟是唯一机会。问题是:如何才能过到河对岸?答案是:用五分钟走到桥中间,然后突然转身。卫兵出来后,会"无情地"命令向后转!

1982年母亲去世后,大哥虽然阻止了我的第一次辍学,答应每月给我准备生活费,但由于缺乏经济来源,很多时候不能按时寄来。有时候我不得不回家取大米和咸菜。为了节约车费,我要步行50多公里,翻过几座大山。

有一次我回家时遇上了小姑父。问明情况后他当即决定每月资助我7.5元生活费(当年他的月工资70元左右),此后发工资那天他就会去邮局给我汇钱。他还鼓励我去找小姑想想办法,他当时称小姑为"黄连老板"。

小姑家位于黄水高原,海拔1500多米。2005年,小姑家及周围的山林被批为黄水国家森林公园,成为避暑休闲胜地,有"重庆最美森林"之誉。

由于海拔高,小姑所在的地方粮食产量很低,但后来发现它是全国唯一适合中药材黄连自然生长的地方。黄连的价格一度很高,100多元钱一斤,被称为"软黄金",一些有劳力的家庭通过种植黄连成了"万元户"。

小姑当时已经和儿女们分家,也种了黄连,但面积不多,然而在小姑父口中,也可称"黄连老板"了。

高二暑假我曾去给小姑家放牛,其实也就一大一小两头牛。我和伙伴们把牛赶到"最美森林"之后,就狂摘野果和尽情疯玩。开学前,小姑会给我准备一些上学费用,数额远远大于真正请零工的费用。

之前大三的暑假我也去了小姑家，不过不是放牛，而是为黄连除草和刨土豆，后者是一件我想起来就害怕的农活！现在的城里人喜欢体验农事，包括各种采摘，我则是能躲就躲，因为农活之苦之累，曾经让我彻底投降过。

高原的夏天太阳很毒。我和小姑一起，在烈日下弓着腰用锄头将土豆一个个翻出来，装进大背篓。小姑的地离家很远，至少有四公里。我们一上午能挖几大背篓土豆，又累又饿的时候再背着两三百斤土豆回家，吃完午饭再去地里。

小姑当时都58岁了，但力气仍然很大。我当时也逞能，总背得比她多，直到有一天我发生尿血情况，小姑知道后赶紧让我休息，并到街上买了大肥肉炒来给我改善生活。工作之后周围人都不相信我能背200多斤，直到去年我在京郊的一个农事博物馆里轻松挑起了200多斤的担子后，才证明并非吹牛。

尽管这个暑假我没有去小姑家里"打工"，但在开会之前，小姑其实已经给了我一些钱，尽管数额不如预料的多。一是当时市场上物价飞涨，钱不值钱；二是黄连价格暴跌，从一斤100多元跌到不足十元，小姑的"资产"严重缩水。

但在这次家庭会议上，小姑毅然决定动用老本再为我准备些开学费用！这对于已经失去主要经济来源的近60岁老人而言，需要多大的勇气！

而且历史总是惊人的相似，与几年前小姑父资助我时建议我去找小姑一样，小姑也让我去找小姑父想办法。

那个时候小姑父已经放弃了老家中学校长的职位，调回了离开了30多年的重庆，落脚到离主城区30多公里的一个远郊单位，在子弟学校当普通教师。

从左至右：作者与小姑父及小姑，2013年

小姑很长时间都不愿意离开老家，所以有一段时间和小姑父的婚姻名存实亡（所幸后来弥合）。但如小姑预料的一样，小姑父还是热情接待了我，邀我一起到长江捕捞黄腊丁。小姑父自己不会喝酒，但特别为我准备了一瓶啤酒。

小姑父答应每月资助我15元，一直到大学毕业。在长江边的小山上，小姑父向我讲了他这辈子的坎坷经历，包括大学时代的爱情。他娓娓道来，很平和，就像是在讲别人的故事一样。

2000年我博士毕业回老家时路过重庆看望了小姑父。当时小姑父已经退休，自己摆了个眼镜摊，他说他喜欢琢磨和打磨东西。我猜想，他是想传承些什么吧，因为他父亲在新中国成立前曾经开过眼镜店。

2009年夏天，我到重庆参加学术会议时去郊区看望了他们。那个时候小姑已经搬来和小姑父一起住,但因腰椎间盘突出行走困难,视力也因高血压急剧下降。

2015年春天西南医院举办学术会议,我主动申请任务,目的之一是借开会之机看望两位老人。他们已经搬到重庆主城,住在江北区一个环境不错的小区里。

2016年春天,我再次去看望他们。两位老人都80多岁了,行动不太方便,但精神还好。看到两位老人家相互搀扶,欢喜说笑,我感到欣慰。

不料小姑却闪着泪花抱怨,说她在电视里看到了我,不停喊我乳名,我却一点都不搭理她。

小姑性格开朗,平时很爱说笑,但一说照相立刻紧张,眉头紧锁。

小姑说我的命不错,赶上了好时候,说我的两个哥哥就可惜了,尤其是我的那个大哥!

我将此篇文章通过电话念给小姑父听,征求他的意见是否可以发表时,他说写出来未尝不可,能记得这些事儿也很难得,但没有必要强调什么,这是亲情,很自然的事情。他最后还告诫说,生活有它自然的轨迹,不要去刻意强求。他说他这一辈子都很乐观,即使在最艰难的岁月,也觉得腰杆一挺就会过来,从来没有失过眠!

老家大哥

在那次决定我是否继续上大学的家庭会议上，在大哥忍不住痛哭之前的那段令人窒息的时间里，我不知道他心里起伏着怎样的波澜。但我相信，他的伤心程度不会亚于我。大哥是我最崇拜的人，没有之一。

大哥是母亲和父亲结婚之后所生的第五个孩子，前四个孩子都不明不白地夭折了。无奈之下，在老人的劝说下，从不信神信鬼，更不信邪的父亲找算命先生算了一卦。算命先生念念有词，说父亲命犯克子之灾。于是从大哥开始，我们改称父亲为"伯父"，意思是对鬼神谎称不是自家小孩，请高抬贵手，放人一马。每人还给取了一个很贱的小名，大哥的小名是一种任劳任怨的家畜——牛。我的小名更奇葩，难以为外人道。

迷信或封建也好，违心或虚无也好，反正1955年出生的大哥，先后经历了1957年的大炼钢铁、人民公社大食堂、1959—1961年的三年"自然灾害"，居然就健健康康长大了，而且在同伴中个子最高、力气最大。要知道，三年"自然灾害"时期，老家几乎每家都有人饿毙，有几家人甚至一个都不剩！

大哥的学习成绩很好，顺利上了初中。在由四川到湖北的川汉天然气管道公路建成之前，镇上人家所烧的煤都是从长江边的方斗山中由苦力一背篓一背篓、走几十里山路背过去的。背煤炭可以为家里挣工分，年终结算时能多分点粮食。少年时大哥也加入了这一行列，隔天去背一次煤炭，另外三天上学。

即便如此，大哥的成绩一直名列前茅，尤其是数理化。班主任直接称大哥为"天才"，几十年以后见面仍这样称呼！初中毕业时大哥被班主任推荐到县城继续上高中，但因家庭成分问题没有通过政治审查，只好回家。因为上过学，就担任了生产队的会计。

当时是"文化大革命"、知识青年上山下乡的年代。因为是同龄人，大哥与知青们关系很好，很快受到拥戴，甚至充当矛盾调停角色。我还记得有一个特别漂亮的女知青有事没事总来我家找大哥，但母亲说我们家成分不好，不能害了城里女孩子，终究没有答应。

大哥的字写得很好，我刚学写字的时候，他让我写字不要着急，要一笔一画，不能写连笔，他当会计的账本成为我临摹的材料。1993年，在北京协和医院举行的纪念毛泽东同志诞辰100周年书法比赛中，经过群众评选，我获得硬笔书法一等奖和毛笔书法二等奖。当然后来高人辈出，加上我开始用电脑，字每况愈下。别人问是不是小时候练过字，我说其实是大哥教的。

由于年龄相差15岁，我和大哥完全属于两代人，我惧怕他的程度甚于惧怕父亲。最怕的就是他用手指头敲脑袋（弹脑蹦儿），尽管次数极少，但他手劲大，实在是疼。有一次大哥眼睛发炎到县城看病，"小鬼当家"的我把生产队用来决定出工收工时间的闹钟给拆了，进行了"科学研究"，但装回去后两个零件归不了位！大哥回来后，敲了我两下，我就势大哭，想以此惊动父母博得同情。大哥塞给我一小包饼干，我哭声立止。

农村小孩没有什么玩具，就是喜欢玩土。看我特别喜欢看人犁田翻土，大哥就给我做了一把玩具小犁头，和真的一模一样，只是型号小了很多。我扛着这把小犁头，和小伙伴一起犁遍了周围的沟沟坎坎，把

大哥（右一）和我

田地翻得比猪拱了还要糟糕。由于我是犁头的主人，我通常是犁田的"人"，小伙伴们则心甘情愿当拉犁的"牛"。

小时候我就知道大哥插秧插得又快又直，插秧时常常作为排头兵，其他人向他瞄准参照。后来才知道，大哥"磨田"的水平也很高，插秧之前有一道重要工序就是在牛的牵引下，用"磨耙"将浸在水下面的泥土找平。这是一项考验人的农活儿，搞不好就会一部分土露出为旱田，另一部分水太深无法插秧。叔叔说，尽管当时大哥很年轻，磨田技术已经相当于老农民了。

1978年，村里来了一个姓梁的裁缝，驻扎我家给人做衣服。大哥先是偷学，后来正式拜师，很快成为老家一带有名的裁缝。1994年大哥到北京来看病（当地诊断喉癌，后来证明是咽炎），我试图去服装公司给他找份临时工，但他说要回家照顾大嫂和小侄子，拒绝了。

大哥还跟父亲学会了泥瓦匠手艺，做砖、做瓦、砌墙、打灶和烧窑技术都很精通。将土坯砖和瓦烧制成坚硬的成品砖和瓦的过程，称为烧窑，需要用煤炭烧五到六天，然后闭窑冷却，最后出窑。关键就在掌握火候，何时用小火，何时用大火，何时停火。火候不足，砖瓦颜色不一，强度不够；火候过了，砖瓦会烧变形，无法使用。由于烧窑需要连续熬夜，大哥很快取代了父亲的位置，成了掌火师傅。老家山林茂密，主要能源是柴火，灶的好坏非常关键。在我上大学的那一段时间，老家方圆几十里的灶都是我大哥的产品。遗憾的是手艺没给他带来财富，很多时候都是帮忙。大哥手艺好，但出活慢。也许，他更享受的是"过程精品"吧。

如今大哥已年过花甲，前几天我到重庆讲课，借机回了趟老家，正赶上他家收割稻谷。之前老家连续下了半个月的雨，没法收割，我回去的那天天气很好，是难得的抢收时机。尽管我花了三个多小时才从重庆回到老家，但他们吃完午饭后就一直在田里劳动。我当然理解，农民看天吃饭，天时不等人。于是我在田埂边，伴随着轰鸣的脱粒机，和他们说了半小时的话，就返回重庆了。

大哥说，今年的年份不错，收成很好。但是，看着他们穿着长筒靴，浑身泥水，费力地在田里辛苦地劳作，我突然感到一阵心酸。临走之前，我用手机照了几张照片。当晚和中学同学喝酒聊天，我翻出照片，忍不住发了朋友圈。

尽管有勤能补拙之说，但我认为人的悟性和能力是有差别的。大哥属于脑子好且手很巧的人，干哪行精哪行。二哥童年受批斗后不爱读书，但手也特别巧，尤其擅长制作木匠用的工具，比如刨子。我脑子不如大哥，手巧不及二哥，唯有我走出了三峡，是因为我赶上了好的时代。

写春联的少年

1991年,医大五年级上学期。期中考试之后,我开始练习毛笔字,因为我有了一个新的假期打工计划。之前的几个假期,我都是放牛或者与年迈的老父亲一起做砖做瓦挣生活费,也有技术含量,但没有知识含量。

计划源于一段宣传中国传统文化的电视节目:贴春联。大意是说春联最初称为桃符,起源于周代,主要是为了辟邪,宋代以后才用纸写,还讲了春联的格式和贴春联的讲究,等等。我从节目中看到了商机。

我的老家虽然偏僻,但春节时年味很浓,人们即使一年到头苦哈哈的,过年的几天都是喜洋洋的。村里多数人家会张贴春联,通常由小学的刘老师所写。

我决定那个寒假回老家,在集市上书写春联卖给邻村的人。前四个寒假,我都因为路费问题滞留在成都,一个人过年。

我的钢笔字不错,这是我成为医学院宣传干事的主要原因。

上高中时,我无意中从同学那里借到一本钢笔行书字帖。临摹一段时间后,我用普通白纸写了一页字,投给了"首届中国硬笔书法大赛"组委会。两个月后组委会回信,称作品获优秀奖。我当时以为优秀奖是大奖,后来才知道,其实是阳光普照而已。但这段经历对我钢笔字的提高还是很有帮助的。

但毛笔字就完全没有基础。我去春熙路市场买了毛笔、墨汁和一本柳公权的字帖,在废报纸上练习毛笔字。经过两个月的操练,毛笔字基本能写出钢笔字的间架结构了。

除了练毛笔字之外,我还去买了一本《古今春联集锦》,将中意的对联背了下来。其实我自己也能编对联,编顺口溜是我们土家族的传统。每逢红白喜事敲锣打鼓,如果有人振臂一呼,锣鼓声会戛然而止,然后大家都等着那人一句一句地编,编出一句,锣鼓声鼓励一阵。平仄是否正确,对仗是否工整并不讲究,押韵是基本要求。如果卡壳,自然会受嘲笑。我小时候很喜欢这个游戏,经常参与其中。

临放寒假前,我去买了一沓红纸,裁成长条幅卷成卷。宣传部长是同班同学,给我报销了购买毛笔和红纸的费用,大概有20多元。后来只要说起"贪污公款"的话题,我从来就不拍胸脯。

万事俱备!

期末考试结束后,我带着一瓶墨汁、几支毛笔和几卷红纸回到了老家。

老家周围的几个集市是轮号赶集,每三天轮一次。1992年2月4日是正月初一,之前的30日和31日为转角,各个集市都不开。太早去卖春联没有气氛,没有人会买。所以,留给我写售春联的机会不多,三四次而已。

1992年1月26日,我将写春联的第一站选择在八公里外的鱼池镇。镇子在方斗山山脚下,方斗山主峰海拔有1700多米,山那边就是长江三峡。几天前老家下了一场大雪,赶集那天已经放晴。下雪不冷化雪冷,尤其是有风的时候,冷得刺骨。

我用红纸写了一张海报——"大学生勤工俭学:书写春联",用小字简单写了原因。

然而,到了集市之后我发现了新问题:没有桌子,怎么写春联呢?

在集市转了几圈后,我发现远离集市中心一段距离的信用社门口的空地上有两块长条石,上面的积雪已经被人扫了下去,比较干爽。

我试了试将纸铺开,弓着腰写完全没有问题。

我将海报挂在条石后面的树上,将红纸铺开,忐忑地迎候第一位顾客。

事前我已经考察清楚,供销合作社有印刷的对联卖,字当然好,书法家写的。镇上还有一位书写对联的退休教师,据说已经写了好几年了。

我曾观察过老先生写对联,一笔一画,清清楚楚,写得慢,不悬腕。我的毛笔字有待提高,但我会悬腕,不挑地儿,速度快。老先生是老面孔,别人看惯了。年轻人会写毛笔字的不多,我又打着勤工俭学的旗号,或许会吸引一些人。

果然,铺开笔墨纸张不久,一些老乡就围过来,边看海报边指指点点。

我有些紧张,但表面却装作很轻松的样子。

终于人群中有位大叔问我真的是大学生吗。我回答是,还掏出学生证给他"验明正身"。

他问春联多少钱一副,我回答说八毛。

我知道供销社的春联是一元钱一副,老先生的春联是九毛一副。我高中学过政治经济学,知道拼价格是最基本的商业手段。

大叔让我先写一副看看。我于是写了:天增岁月人增寿,春满乾坤福满门。

大叔说要了!他接着说,他年前盖好了新楼,儿子夏天要考高中,希望我能给他家大门写副长点的春联。

我用编顺口溜的功底想了想,写出了这样一副春联:羊年盖小楼,三阳开泰紫气自来;猴年赶大考,封侯挂印必定高中。横批:心想事成。

春联写好后引来了一片叫好。老乡们的欣赏水平其实有限,见到吉利的话就心满意足了。

大叔给了我两块钱,说不用找零了。感谢不知名的大叔免费给我做了"托儿"。之后其他人争着让我写,很快对联就将条石周围铺满,用石头块压着等着墨干。

我逐渐放松,甚至有些得意。

突然信用社里面出来一人,告诉我不能在这里摆摊设点,说人太多威胁信用社安全。我争辩说空地离信用社有一段距离,没有影响。他说如果不走,会让市场管理员来办理。

很快就有一个戴着红袖箍的壮年人过来了,人高马大,看起来样子很凶。他一边看我的海报,一边轰周围的人赶快离开。围观的人说,对联都买了,就等墨干了拿走。

市场管理员对我说,不要在这里写了,把东西都收起来。

眼看辛辛苦苦准备了大半个学期的打工计划瞬间落空,我心里透凉!但是,我胆子再大,也不敢和市场管理员对抗,只好懊恼地收拾东西。

市场管理员低声对我说:娃儿你莫急,跟我来,我给你找个地方。

我转悲为喜,跟着他向集市中心走去。

他走进一家裁缝铺,和里面的人说了一会儿,出来说他和老板说了,我在这里写,外面太冷,这里地方大。

那时我真的是感动得想哭了。后来,他还给我拎来了个小的土火炉。

20年之后的2012年，看到网上一些人对城管大肆攻伐，说城管里没有一个好人的时候，我有感而发，写了一条"也说城管"的微博。

是啊，无论哪个行业，都有好人坏人，但肯定是好人居多，不能因为个别人就否定一个行业，包括行医这个行当。每个人都有被误解的时候，比如我写这些陈年旧事，同样有人认为目的不纯。

之后的几天，我继续往返于邻近集市，继续写售春联。

那个寒假，我写春联挣了300多元，足够轻松应付下个学期的生活费了。

然而，接下来的一学期，事情却有了些变化。

16 岁花季少女走了

春节返校后,我们全班就离开成都,到 80 多公里外的邛崃县人民医院实习。上学期放假前我们就接到通知,由于六年制的 1987 级和改学制后的五年制的 1988 级同一年毕业,华西医大附一院的规模不能容纳两个年级的实习生,我们这两届学生都要到成都周围的县医院去实习半年。

成为最后一届六年制医学生,我一直觉得是一件很不爽的事儿。在我们之前,全国很多医学院的学制都是六年,如果没有挂科,毕业时可以获得学士学位。当时我们听说过全国只有北京协和医学院是八年制,毕业后拿博士学位,但录取分数比清华、北大还高。

大概是我们入学后的第二年,全国的医学院改革学制,分成五年制(毕业后拿学士学位)和七年制(毕业后拿硕士学位)。学校征求我们 1987 级的意见,问我们是愿意缩短成五年与 1986 级一起毕业呢,还是维持六年与后来的 1988 级一起毕业?很多同学都投了后者,认为与 1986 级老大哥相比分配时不占优势。但当时我投的是前者,原因很简单:短一年学制就少筹措一年生活费。

为了安抚最后一届六年制学生,上面给了一项政策:以后填写学历一栏的时候,可以用括弧注明六年制、双学位——名义上除了医学学士之外，还有一个理学学士。后来有人问我，与五年制相比我们多的一年都学了些什么，我说应该是思想品德。

1992年2月底，我们来到了位于川西平原西端的邛崃县。县医院位于县城的南端，我们的宿舍在住院楼的顶层。中间是走廊，两边各有四个房间。住院楼的南面是一片广阔的稻田，更远的地方有一座木塔，据说规模和名气仅次于山西应县木塔。楼的北面是一个很大的烈士陵园，清明节有很多学生来扫墓。

大概因为阳面阴面的关系，更可能是由于陵园的关系，女生被安排在了南面的四个房间，男生在对面。除了厕所分开外，男女生洗漱都是在楼顶的同一个地方。这种住宿格局，让已经沉寂了几年的"卧谈会"重新开张了。因为我们知道，黑暗中走廊对面的屋里也有听众，有一次我们讲完儿童不宜的故事后，对面房间传来了预料中的笑声。

我们这组三女一男，最先实习的是内科，每个人都分配了一个带教老师，都是男的。同学之间有些攀比和竞争是莫名其妙的，我们先比谁的带教老师帅气，谁的带教老师有知识，谁的带教老师查房更好，最后竟然比到谁的带教老师的太太最漂亮！

实习不久，我们遇上了一起抢救有机磷农药中毒事件。

一天下午，急诊推上来一位昏迷的女孩子。她才16岁，由于母亲不同意她自由恋爱，她一气之下喝了一整瓶的农药——乐果。她来的时候口吐白沫，身上都是呕吐物，有乐果特有的、甜甜的芳香气味。

在老师的带领下，我们迅速给她插了胃管，用大量的清水洗胃，洗得满屋子都是乐果味。带教老师让护士给她滴入阿托品维持心率，还要求家属将她的衣服全部脱下来扔到了阳台上，然后用清水擦洗身体，否则衣服上的农药会通过皮肤再吸收。

脱衣服的医嘱遭到了小姑娘母亲的强烈反对，老师反复劝说，僵持了很久。直到老师彻底动怒了，家属才勉强同意给小姑娘脱衣服和擦身子。带教老师是男的，回到办公室指挥，我则到治疗室帮助敲阿托品，吸满20毫升后到病房交给我的同学们去静脉注射。

老师告诉我们，抢救有机磷农药中毒的时候，主要就是靠阿托品维持心率，药量可以不封顶，以维持心率、维持不让瞳孔缩小成针尖为原则。我最初在治疗室一支一支地敲玻璃瓶，然后吸出药物，最后是一排四支地敲，即使如此，也不能供应病房的需要。

抢救一段时间之后，小姑娘的神志恢复过来了。她妈妈看她醒来了，高兴得直哭，同时又气又爱地骂着小姑娘。我们几个实习生自然也很高兴，因为这是我们第一次参与抢救病人。

但是老师警告我们，不要高兴得太早，说这小女孩喝农药喝得太多了，发现又不及时，若肠胃里的、身上和衣服上的农药再被吸收，估计抢救就很困难了。

老师的话不幸言中。小姑娘仅仅神志清醒了很短的时间，就再次昏迷了，而且越来越重。到晚上9点以后，她进入了深度昏迷，压眶反射（压病人眼眶，病人有疼的表情）和瞳孔的对光反射（用手电筒照射病人的眼睛，正常者瞳孔会迅速缩小）都消失。同时心率一直往下掉，掉到每分钟只有30多次了。

一大箱的阿托品都被用完了，我一个人敲阿托品已经供应不上了，于是同组的实习同学也到治疗室帮忙抽药。但是，到最后，小姑娘的心率完全降了下来，呼吸彻底停止了。我是实习组唯一的男生，老师让我去向家属宣告死亡。

尽管我不止一次在电影和电视中看到过医生向家属宣告死亡的镜头，但真正让我去宣布死亡，我却发现开不了口。

我来到病床前，姑娘的父母和其他家属直直地盯着我，他们当然已经发现姑娘的头偏向一侧，没有气息了。但是，只要医生没有说出那句话，似乎就还有希望。

我不记得当时我是如何说的，大概学的是电影中医生们的口气，表达了事实，表达了遗憾。随后，家属们大哭起来。

我转身走出病房，到办公室向老师交差。三个女生已经哭成了一片。老师安慰说，别哭了，做医生都要见证生死的，要是死一个人就哭一场，那可真是哭不起，我们还要治疗下一个病人。他让我们统统回宿舍睡觉去。

我们四个人如丧家之犬，回到各自的宿舍，路上没有人说话。

那天我没有哭，但一夜都没有睡着。这样一个16岁的活生生的少女，昨天下午醒来的时候活泼美丽的少女，前半夜就真的离开了这个世界，实在是太残酷了！这是我第一次全过程见证死亡，一时半会儿难以接受。

第二天早上，我发现我的左眼发涨，看不清东西。我以为是睡得不好的缘故，使劲揉了揉，又做了个轮刮眼眶的眼保健操动作，还是不行，又迷迷糊糊去洗了脸，还是看不清！

我大吃一惊，宿舍的哥们儿将我扶到了眼科门诊。医生检查后大吃一惊，问我有没有剧烈头疼和呕吐症状。我说那倒没有，但是没有睡好。他问我昨天晚上是值班了吗？我说是，抢救一个乐果中毒的女孩子，忙了大半个晚上，还是没有救过来！

眼科医生听了以后哈哈大笑，说你是负责敲阿托品的吧。

我无比惊奇地点点头。他说，你敲阿托品的时候，药物溅到你眼睛里了，你的左眼被散瞳了，当然看不清东西，没啥大事，过几个小时自然就好了。

果然，中午以后，我的视力就恢复了。晚上，我在食堂见到那几个女同学，发现她们眼泡还是肿的。

我让三个女生给"耍"了

刚刚实习时,同学们都急于找机会练手,尤其是女同学。1992年春天在成都平原西头的邛崃县医院实习时,静脉抽血和输液都是在护士老师带领下由我们这些实习大夫来干。没有医学背景的公众看这些可能会气愤,拿病人当"小白鼠",不是医德沦丧是什么?

这的确是一个矛盾问题。医学是一门实践科学,没有动手机会,纸上谈兵不行。对单个病人来说,由实习医生来进行抽血和打针的确有些不公平。但对于整个医疗行业这又是必需的。前辈大家总是强调,医生要感谢病人,敬畏生命,因为病人才是医生的老师。

作为医学生,那年我一不小心也成了同学练手的对象,而且由不同的同学分享。

就在那个16岁的花季少女因为反抗父母干涉恋爱而口服农药乐果,我们抢救了一天一夜最终以失败告终之后,我得了重感冒,发高烧,恶心呕吐,吃不下东西。于是,抽血化验肝肾功和静脉输液就是必需的了。

宝贵的动手机会被均分给了我的三位同学,清一色是女生。一个负责从胳膊弯处用较大的针头抽静脉血送化验,一个负责在手背上扎小的输液针。

我胳膊的血管粗大,没有为难抽静脉血的女生。但我手背上的血管有些曲里拐弯,让第二位女同学难堪了。她倒是一针见血,但刚输液一会儿我手背就鼓起了大包。那位女同学真幸福,因为我都没有办法给她一个脸色,还要鼓励她大胆再扎一次。

在屁股上打退烧针(柴胡)的事情落到了第三位女生身上。作为外科医生,在麻醉后切开别人腹部的时候,我眼睛都不会眨一下,即使我手上的一个肉芽肿被切开取出时,我都不觉得恐惧。但我从小就怕打屁股针,这可能和小时候有一段时间长期打青霉素留下的痛苦记忆有关。即使当了医生以后,对臀部肌肉注射的恐惧依然如故。

记得大学三年级时,我有一次也是发烧。当校医院的护士将针扎进我臀部的时候,臀部的肌肉绷得紧紧的,搞得她推药非常费力,被笑话了很久,说这要是在新中国成立前,我一定会是那个叛徒甫志高。

在邛崃被打针时,我的恐惧感依然没有减少。那位女生一板一眼地吸好药水,还在其他同学的面前装模作样地讲解如何将一侧臀部分为四个象限,外上象限为臀部进针的部位(因为这里可以避开臀部的神经和血管)。然后她拿着棉棒蘸着冰凉的酒精一圈圈消毒。这个时候,尽管我脸上可能还在笑,但全身肌肉已经僵硬了。

我当时是"美人侧卧",面壁待扎,自然看不见那位女生的具体操作。当我终于感到一下刺痛时,同学们"哗"地大笑起来。后来旁观的同学告诉我,那位女生打针时太紧张,左瞄右瞄,结果还是瞄偏了!针头划过我绷紧的屁股的最高处,划开一道血印,直奔床单而去。

小南河边的晚霞

临邛镇出产一种名叫文君酒的白酒。中国古代四大才女之一，西汉的卓文君本是临邛镇富商卓王孙的寡居女儿，她被来家做客的司马相如的一曲《凤求凰》征服，随后两人私奔成都，后因生活无着，返回临邛镇开酒坊，卓文君当垆卖酒，司马相如则洗涤酒器。后来司马相如被汉武帝赏识，心生弃妻纳妾之意，最后被卓文君的一首《白首吟》挽回。文君酒的来历就是这段在邛崃家喻户晓的故事。

宿舍的几个家伙比较毒舌：不就是因情私奔吗，还搞得这么阳春白雪。然而，也许正是卓文君与司马相如的故事，让我深藏在心底的一段感情重新萌动。

县医院西南一公里多的地方有一条河，叫小南河，河水清澈，两岸是大片的菜地。这是一条再普通不过的小河，然而留给我的印象却是如此深刻。我和那个女孩子的约会，就发生在这里。

从大学一年级下学期开始，我毫无征兆地喜欢上了班里的一个女生，但她的条件和气质高得让我不敢接近。煎熬到我20岁生日的那天，我塞给她一封信。的确是告白，但更是告别——想对喜欢但又遥不可及的人做最后的陈述。

意料之中，石沉大海。之后很长一段时间我都试图忘记她、逃避她。不争气的是，我目光的焦点却仍是她的一举一动。有段时间，我早上跑步穿越人民南路到八教学楼，主动给男生占座，就是为了偶遇同样来给女生占座的她！

到邛崃实习以后，我和她接触的机会突然多了起来。当时手术室的条件很差。上手术之前，我们要用和钢丝差不多硬的刷子蘸取肥皂液，左右手交替，一段一段从手指尖刷到上臂的下三分之一，刷两遍后再用如锉子般硬的毛巾擦干，最后将手浸泡入一个装满酒精的深桶。刷手消毒过程需要好几分钟，这个时候就是我和她单独聊天的时候。

如果一个同学跟带教老师上台，另外一个同学就在台下观摩，帮忙给刷好手的医生、护士套手术衣，再从后面系上腰间的细带子。帮她系带子的时候，我多次有从后面抱一下的冲动，仅仅是冲动而已，我还不会傻到违反无菌规则。但我会故意使劲勒她的腰，或者有意无意触碰一下腰眼儿。

有一天，在两台手术的间隙，我终于鼓足了勇气向她发出了某个晚上一起去小南河散步的邀请。她似乎有些犹豫，但还是点头同意了。

于是我开始了准备工作，不是准备水和食物，而是去侦察地形！小南河对于我这种喜欢独自散步的男生来说很清静、很惬意，但对于一对男女而且是晚上散步就太清静了，确切地说，是太偏僻了！

可能由于很早就寄宿读书独立生活的缘故，我的安全意识一直很强。我把那条河岸走了两遍，确定好遇到坏人后的最佳逃生路线，最近的农家在哪里，哪些地方属于视线死角……我从手术室顺了一把最大号的手术刀，但还是觉得小得派不上用场，于是我去五金店买了一把"庖丁解牛"用的长尖刀。

尽管经过了多次严打，当时的治安形势依然严峻。小时候放牛时我一天到晚与小伙伴摔跤，重的体力活也干得不少，毫不谦虚地说，无论对方高矮胖瘦，只要不是练家子，通常不会是我的对手。但是除了保证自己脱险之外还要保证女孩的安全，难度就大多了。所以，我需要做好最高级别正当防卫的器械准备。

除此之外，我还要编一些谎言，以避开邀我一起去玩的宿舍哥们儿。我们宿舍通常是集体活动，要脱离队伍单独行动，是一件考验智商的事儿。

想到居然要和如此美丽的女孩子约会，我有些罪恶感。因为，比我条件好的男同学很多，他们可能是看出我对她有点意思，所以没有行动。于是，在毕业纪念册上，我给几个男同学的留言就是"感谢宽容"。

春风和煦，天公作美。吃过晚饭，正是夕阳西下的时候，我们按照先前的约定，先后来到了小南河的桥边。

小南河如预料的一样宁静。到底是如何开场的，我记不起来了。但这并不重要，正如旅游，重点不在风景，而在于同游的人。

我记得谈话内容之一是毕业分配。她问我是不是要继续读研究生，说按我的成绩，保送研究生没问题。我说我不想读研，想早点工作，争取留在成都。她知道我家的情况，没有劝我，只说有些可惜。

边走边聊间，我们下到了河滩。那时太阳离地面就一尺多高，绚烂的晚霞映衬着整个天空。可惜那时没有相机，更不用说数码相机了。20年后，有一次我在加州的硅谷看见类似的晚霞，立即用手机照了下来。坦白地说，那一刻，我的思绪回到了20多年前。

我们走到那棵斜倒着的枯树旁，准备坐到上面去聊天。突然，她轻声地惊叫了一声。我顺着她的目光看去，在不远处的河滩上，赫然交叉排列着在影视作品中常常见到的双心连环图案，在落日的照耀下光彩夺目！

她侧着头问我，你什么时候画的？我说不是我画的，多半是放牛娃的杰作。当时我的脸肯定很红，但我从心底感谢那位不知名的作画朋友。

天色逐渐暗了下来，我扶她从枯树上下来。

考虑到安全问题，我提出离开河滩，回到公路上。

由于我一直很警觉四周的情况，以至于路边的景色我几乎忘记了。唯一记得的是到达县城西北角的时候，远远看见了我们带教老师的爱人——一位手术室的护士。我确信她一定也看见了我们，所以很快就拐进路口不见了。

接近医院的时候，她从西边的门进去，我继续走一段，从东边的门进了医院。

我本来以为会兴奋得睡不着，结果却很快沉沉入睡。也许，是行动的准备工作太累？担心安全问题，弦绷得过于紧？或者是很多"工程项目"省略了的缘故？

后来我们在病房和手术室还是能够轻松愉快地聊天，但再也没有单独出去过。在实习结束返回成都的头一天晚上，我们还吵了一架。约会后大概一个月，室友不怀好意地告诉我，一个显然比我们成熟的男人来医院看望她。我莫名愤怒，我固执地认为，即使有男朋友，也不应该让他来这里探望，天下这么大……

之后的十多天，我不再理她，尽管她似乎想和我说什么。然而离开邛崃的前一天，我突然觉得有些话如果不说可能就再也没有机会了，因为我很快就要离开大部队到北京实习。于是，趁她宿舍没有其他同学，我冲进去质问她为什么骗人。

她哭了，说她没有骗我，因为我从来没有问过她有没有男朋友，说她一直把我当成好朋友。

隔壁的两位女同学听到哭声后冲进来，毫不客气地将我请出了宿舍。一年后，在毕业纪念册上，两个同学都提到了这事。

全班坐大客车从邛崃返回成都的那天，窗外一直淅淅沥沥下着小雨。我和她只隔着过道，但没有再说一句话。尽管在彼此余光可及的范围，却没有直接的目光交流。

回成都以后大家很快就散了，同学们继续在华西医大的附属医院实习，我则要到北京协和医院实习了。我突然很想再见她一面，说声对不起。因为，男人不应该让女人流泪。

当时没有手机，固定电话也很少，联系起来很不容易。我找到年级主任文老师，编了个自己都说不服的理由，询问女孩的家庭住址。没想到文老师很爽快地拿出学生档案册让我自己翻，什么都没有多问。

我按照地址顺利找到了她家，她居然在家！因为不是周末，她父母上班去了。我向她正式道歉，并向她道别。她说她在四川经济广播电台为我点了一首歌。

那个时候点首歌不像现在发个短信或者微博那么容易，需要写信邮寄给广播电台，或者自己将信送到电台的收发室。她说，她骑自行车送去的，很快收到回信，说7月18日晚上播出。

播出当晚，我以各种理由谢绝了同学们的邀请，8点多就上床，躲在蚊帐中打开收音机。两个多小时过去了，也没有听到送给我的歌。节目即将结束，我几乎绝望的时候，播音员说：一位来自华西医大署名洱海的女生，给她即将前往北京协和实习的同学点了一首歌。洱海同学说她很珍惜五年来的友谊，希望她的同学能在中国最高水平的医学学府实现他的光荣与梦想。我们送出的这首歌，就是小虎队的《放心去飞》。

我到北京之后，她给我寄来了节目的录音磁带，我们坚持每周通一封信，还互相邮寄过几本喜欢的书。然而，1993年正式毕业之后，我强迫自己和她彻底失联。此后的18年间，我没有再回过成都。有人说，爱上一座城，是因为城中住着某个喜欢的人。殊不知，逃避一座城，也可以因为同样的理由。

两天后，我坐上从成都开往北京的火车。

其实，能从华西医科大学到北京协和医院，还是那句套话：既是必然，也是偶然！

协和面试

就在我和那位女生约会之后不久,我跟一个带教的老师发生了矛盾。

一天,急诊送来了一名干农活时不慎被机械砸伤了肩部的农妇。因为出血多,她被直接推进了手术室。患者当时穿着毛衣,准备消毒前,带教我的那个外科医生拿起剪刀,准备剪开毛衣袖子。患者求他不要剪她的毛衣,说这是她半年前结婚时新织的毛衣。我也求外科大夫别剪,说我可以帮着她脱下来。

外科医生吼道,是人命重要还是毛衣重要?!然后他不容分说就剪开了毛衣。我当时非常气愤,我想情况其实并不至于急成这样。我估计他大概不是农村的,不知道织一件毛衣多么不容易。

道不同,不相为谋。从此之后我就不再理那个老师了,路上碰见了,能躲就躲,能不打招呼就不打招呼。

一个周六(那时还没有双休日)的中午,大概一点多,我下手术后准备回宿舍取钱,然后上街买零食。几个同学已经约好,第二天骑自行车去参观大邑地主庄园。

刚出手术室,我就在楼梯上遇到了那个剪毛衣的医生。我无处可躲,只好硬着头皮和他打招呼。正想快速溜开,他却告诉我:"对了,传达室有你的电报！"

电报？！我心里一沉，一定是老家出事了，否则谁会给我发电报呢！

我没有回宿舍，径直跑到了传达室。大爷告诉我电报早晨就送来了，估计是你们实习生的，准备下午到集体宿舍去问。

我拆开电报，上面写道：协和面试速归。

一看发报日子，是昨天下午！具体什么时候面试，电报上并没有写明。

从进入华西医科大学的第一天起，学长们就给我们讲过，每年北京协和医院要到学校来招学生到协和实习，成绩好就可以留在那里工作。能进入协和实习和工作，是很多医学生的梦想，我也不例外。

我当时考虑是不是第二天早上再回去，因为下午可能没有长途客车了。而且，之所以想第二天早上回去，是因为我知道那个女生要回成都。如果明天走，就可以同车80公里，那将是多么难得的共处机会呀。

但由于不知道具体面试时间，我潜意识里觉得还是越快回去越好。我向约好周日去玩的同学简单说明情况后，直奔县城东头的长途客运站。

进了售票大厅询问后得知，最后一班从邛崃开往成都的长途客车三分钟后就发车，已经停止售票，售票员建议我直接去车场碰碰运气。

我跑进车场，看到很多即将发往各个方向的车都已经发动，吵闹不堪，非常混乱，标识也不清楚，我根本不可能在短时间内找到去成都的那一班车！我失望地愣在那里。

正在这时，不远处的一辆车上有人用川西话在喊："还有没有去成都的，快点上车啦，麻利些！"我飞奔过去，跳上了客车。

一路上，我开始设想面试的场景，会问什么问题，我该如何回答。

作为全年级第一名,我对被录取还是很有信心的。唯一感到不踏实的是,我不会说普通话,一句也不会,到时候用四川话回答他们是不是能听懂。于是,我向旁边的人借了一张报纸,开始尝试用"普通话"默念。看完报纸后,见到外面的广告牌,也用"普通话"默念。

当时没有高速公路,走的是川藏线,路况很差,车辆很多,从西藏运输回来的军车一队连着一队。80多公里的路,开了四个多小时才到达西门车站。转乘公共汽车到华西医大的时候,天都差不多黑尽了。

刚进校门,就碰上了年级学生会主席陈胜。他责怪我怎么现在才回来,说面试下午就都结束了。协和来的两个老师明天要飞到广州,去中山医科大学招生。

我的心一下沉到了地上,我说我中午刚刚接到电报。

陈胜说,老师们也知道你没有回来,但我联系不到你。我问他知不知道协和老师住在哪里,他说在药学院招待所。我请求他带我去那里看一下,看有没有可能见到她们。

我们很快就到了位于校园南端的药学院招待所,服务员直接把我们领到了老师的房间门口。我吸了一口气,开始敲门。开门的是一位年轻的女老师,房间里还有一位年龄稍大的女老师,头发都湿漉漉的,显然已经洗漱完毕准备休息了。后来我知道年轻的是杨萍老师,年长的是刘秀琴老师。

我向她们说明了来意,希望能够临时面试。

她们让我坐下来,然后用普通话和我聊天。她们很快发现我说普通话非常困难,就让我用四川话回答,慢点说就行。她们问我为什么要学医,为什么想去协和实习,有什么打算,等等。

大概聊了半个小时,她们相互示意了一下,然后说可以了。她们让我回去等候消息,说明天上午和华西的老师们一起开会决定最后人选。

左图：刘秀琴老师
右图：杨萍老师

临走时，我向她们保证，如果有幸被录取，我一定会好好学习普通话。

她们笑了起来，说没有关系，到北京后很快就会说了。杨老师说她和刘老师都不是北京人，协和医院的人一半以上都不是北京人。

第二天是周日，学校正在举行一年一度的运动会。我也去操场看热闹，因为录取结果没有出来，我心神不定，也无处可去。

就这样挨到了中午，我在操场看见了在当裁判的年级主任文老师。我跑过去问他面试结果出来没有。

文老师看着我，没有回答我的问题，而是用标准的成都话反问我："你是想在华西保送研究生呢，还是想去协和实习？"

我毫不犹豫地回答说想去协和！这其实是一个我不需要选择的问题，因为我早就决定不考研，想早点参加工作。

于是文老师再次用标准成都话对我说："那我就告诉你，你被协和录取了。在今天上午的讨论会上，协和老师第一个勾选的就是你，祝贺你！"

我从成都凯旋回到了邛崃。

我要到北京协和医院实习的消息，在一天之内传遍了邛崃医院的每个角落，包括消毒室的工人和澡堂看门的师傅。

在短暂地享受了羡慕之后,我不得不面对一个严峻的现实。北京是首都,消费水平自然比成都更高。寒假时回老家集市上卖春联挣来的钱,最多还能再坚持三个月。

于是,在接下来的那个星期天的上午,我再次去了小南河。我一个人去的,带的是一支笔和一摞纸。我趴在河滩上的那棵枯树上,给我能想到的有可能借钱的亲戚、老师、同学和朋友发了一封内容完全一样的信,信的末尾说这是最后一次向他们借钱,保证毕业两年之内还清。

然而三年后,我却食言了。因为种种原因,我没有能够在毕业两年之内还清借款,而是直到毕业五年之后,也就是1998年我结婚之后,才全部还完。

协和记事

北京第一天

1992年7月,从成都坐了40多个小时的火车后,中午到达首都北京。有些疲惫,但到底年轻,吃完晚饭后,能量立即满格。

那个时候,最想看的就是天安门。

很小我们就会唱《我爱北京天安门》。中学时冬季长跑,早上绕县城的环城路跑一圈甚至多圈。为了增加积极性,班主任老师制订了"看谁最先跑到天安门"的计划,让我们把每天跑的公里数加起来。

但我的印象中,似乎没有一个人跑的里程数够到天安门。

在我们那个山村,当时到过天安门的人屈指可数。到北方当兵的人,复员回来必定有一个镇家之宝——以天安门城楼为背景的照片。

热爱天安门的不只是中国人。2012年夏天,我陪同从斯坦福大学来北京讲学的美国妇产科头牌教授参观广场,遭遇暴雨,但老先生坚持淋成落汤鸡也要来一张以天安门城楼为背景的照片。

走出协和西门,我朝王府井大街走去,回头看到了医院老楼的全貌。夕阳照耀,青砖碧瓦,古色古香,非常和谐。

途中经过东安市场南门。著名的东安市场当时只是个有大顶盖的集贸市场而已,有国营老字号,更多是私营小老板,与大街西边的百货大楼形成鲜明对比。几年后东安市场被拆,建成了新东安市场,某烤鸭店差不多就是原来的南门。

一进入王府井大街,我就开始寻找"王府井特种药品商店",不是为了买药,而是为了一段记忆。

在高中语文课文《为了六十一个阶级弟兄》中,山西某工地发生食物中毒,需要特殊药物"二巯基丙醇",经多方努力联系到了唯一的卖家——王府井特种药品商店,然后连夜空运。

当时的王府井大街不是步行街,正如课文中所描述的那样,车水马龙,热闹繁忙!

街道两旁有高大的槐树,树上有很多乌鸦,每年冬天,这些邻居们会在街道上空尽情宣泄,让大街铺上一层颇有味道的斑驳颜色。

向南走到王府井大街南口,就到了长安街。

这条中华第一街,笔直宽大,气势恢宏。曾经让我震撼过的成都人民南路,与之相比,真是小巫见大巫。

沿长安街西行。右手边是北京饭店,字体很熟悉,小平同志手迹。母校华西医科大学的校名也是由他题写,数年之后,母校并入四川大学,校名进入了历史。

经过两个十字路口后,就看见了路南边的人民英雄纪念碑。我不禁纳闷,城楼到底在哪里?继续前行,眼前豁然开朗,右前方出现了传说中的天安门城楼。

我有些失望。我还以为天安门城楼会像课文中说的一样金光闪闪。其实这个可以有,前几年城楼设置新的灯光投射,真的营造了金光闪闪的效果,但当时真没有。

我方向感很强,对"天安门上太阳升"产生了疑问。北京位于北纬40°附近,太阳从偏南方的天空行走,城楼坐北朝南,从广场上看,太阳怎么可能从天安门上升起?

我那时才意识到,"天安门上太阳升"只是文学表现手法而已。后来有人跟我说,这也不尽是文学手法,在长安街以北看,太阳当然可以从天安门升起来!

进入广场,围着广场走了一圈。当时广场没有种草,没有摆花,也没有大屏幕,似乎更开阔。

西边的人民大会堂当时不对外开放,东边的历史博物馆和革命博物馆以及北边的天安门城楼需要购票。纪念堂免费,但已闭馆。

在北京待了20多年,天安门城楼我一直没有上去过。刚工作时,同学来北京,为了节约银子,我谎称上去过。谎言重复多遍后,我感觉好像真的上去过了。

从广场南头的前门绕回广场北头时,天已经完全黑了。

华灯初上的广场,才是我心目中的广场。

有人天南海北地聊天,有人在看书看报,有父母在陪小孩放风筝……

我在广场东北角找了个地方,让思绪自由飞舞。

真的来到了北京,真的来到了天安门,自己都有些不敢相信。

仰望星空,我很满足,很惬意,也很放松。

在广场一直躺到后背有些发凉我才坐起来。原路返回到王府井路口后,我改变了主意。医院的东边是东单大街,应该也可以进去。

我穿过人行横道,来到了王府井路口的东北角。那里是一家M打头的快餐厅,据说是当时世界上最大的同类快餐厅。餐厅的人气很高,房顶的玩偶很有喜感,吸引我走了进去。

食物很香,我看中了一款叫"巨无霸"的食物,但一看价格,贵得离谱,于是落荒而逃,向东进入东单头条。

这落荒而逃引起我对这个餐厅很长一段时间的崇拜。刚工作的时候，有一次和上级大夫一起给一个眼科教授的姐姐做手术，眼科大夫送来一整箱巨无霸，我下手术后一口气吃了五个！

我还曾经请过一名经人介绍的女孩子去过这家快餐厅相亲，但那段"恋情"就维持了一顿快餐的时间。

东单头条是长安街北边人行道北侧的一条街道，两旁是一个接一个的服装摊位。据说想法快动手早的摊主，很多都发财了。

东单头条的中间位置是中国青年艺术剧院。半年之后，就是在这个艺术剧场，我边看没记住名字的话剧，边痛苦纠结了两个小时，最后做出了拼搏一把留在北京的决定。

当时剧场门口有很多贩卖吃食的小贩。那时的北京人还不知道雾霾和PM2.5为何物，污染的源头还没有找到街边烤串上。

与"巨无霸"的擦肩而过，让我突然感觉饿了。我一口气吃了20串羊肉串，两毛钱一串。

再往东走就到了东单路口。

路口的西北角是东单菜市场，当时方圆几公里的居民们都是从这里装满菜篮子回家。

随着东方广场的兴建，东单头条、东单二条及其建筑都消失了，只在新的建筑物内留下了一个"古人类遗址"供游人参观。

向北过了东单三条，就到了护士楼。

名为护士楼，其实是职工宿舍，当时的"居民"后来成了院内院外的各种大小领导，庙小风水好。

再往北一点就是门诊大楼。门诊南边有一个火车票售票点。医院的病人来自全国，售票点生意兴隆。旁边的电线杆上，有一块小广告牌，上面写着"协和助听器"。

这是一块寻常的广告牌。但是，三年后某个夏天的清晨，当我再次抬头看广告牌时，却后背发凉！

其实，那天晚上走进医院的老楼后，已经让我后背发凉过一次。

七弯八拐，我终于绕到了19楼南边的小门，由此进入了医院老楼的一层，但医生们一贯称其为"零层"。

这种奇怪的叫法与老楼的主人——石油大王洛克菲勒有关。学英语的时候曾经学过，英美人计算楼的层数时，贴近地面的一层称为底层（ground floor），然后才是第一层（first floor），这在中国已经被称为第二层了。

医院由洛克菲勒集体投资建设，自然就有了零层的叫法。最初觉得很别扭，不过很快就适应了，因为实习的第一站就在七楼零层，当时的消化内科，现在的试管婴儿中心。

尽管进入了楼里，但要找到位于15号楼四层的宿舍却难住了我。

那时老楼没有重新装修，几乎没有标牌和标识，只有在医院待了一段时间后，才能在差不多相同的十字路口做出正确选择。有人开玩笑说，将一个人放入协和医院老楼，如果能在一个小时之内回到大街，智商算及格。

我当时没有及格，转了几圈都没有找到回宿舍的电梯！时间已经很晚，周围几乎没有人，也没有保安，无人可问。而且由于不会说普通话，我也不想问。

零层的头顶是各种各样的管道，让我记起了看过的医院题材的电影《昏迷》。

好在再过一天才是正式报到的日子，我并不特别着急。

逛了好几个小时的街，感觉有些累，我想找个地方休息一会儿。

我看见一扇门的后面有个小厅，靠墙是两张木头沙发。我过去坐了一会儿，然后就躺下睡着了。

不知过了多久，我被一个穿白大褂戴口罩的人叫醒。他问我是谁，我回答是刚到医院的实习生。他说，起来，我带你回宿舍。

于是我跟在他后面，来到了我应该上的那部电梯。

电梯已经老掉牙了。他帮我按了按钮，电梯门吱吱呀呀半天才打开。

他让我进电梯，自己却不进来。

他问我，你知不知道刚才睡觉的地方是哪里？

我说，不知道。

他淡淡地说，太平间。

说完他松开按钮，电梯门缓缓靠近。

我有一种冲出电梯的强烈冲动！但电梯门咣当一声，重重地合上了。

实习中遇到的老大们

我曾试图寻找那个送我回宿舍的大夫，但一直没有成功。或许他是从其他地方来进修的医生？或许很快就调走了？或许是太平间的工作人员？

最后一种假设在我正式当医生，熟悉了太平间的工作人员后，被彻底否定了。因为，那里的工作人员多年未变。

我不能再假设下去了，否则就可能偏离唯物主义了。

第二天早上，我带着刚刚学会的几句与饭菜名称有关的普通话来到食堂。我指着一大盆食物说：我要稀饭！师傅说，什么稀饭，粥！粥！我有些懊恼，底气大减，心想既然名称都不对，就不买了。于是又指着另外一盆食物，小声说，来一碗抄手。师傅说，什么抄手，馄饨！

当时的食堂师傅基本都是北京本地人，可能不懂方言，或者对方言有一种排斥。现在的食堂师傅多半是南方人，很多都是四川人，要是穿越到当时，绝对能理解我的诉求。

吃完早餐，我就去10号楼223教室接受入院前的培训。会议由一位姓于的大夫主持。她是一名刚从国外进修回来的肾脏内科医生，担任院长办公室主任。当时个别领导和资深教授的讲演水平实在有待提高，讲得云山雾罩，听者不知所云。但是，每一位讲者发言之后，于主任总结时都是第一第二第三，头头是道，条理之清晰，令人佩服。从此，我对她的敬仰有如滔滔江水。

我的第一站是消化内科。早上来到7号楼零层的病房，发现大家都是站着交班。和我一组实习的是一个杭州女孩，典型的江浙美女，做起自我介绍来，声音甜美，跟唱歌差不多。轮到我自我介绍时，我的每一句"川普"都会引来一片笑声，但我还是坚持背完了准备好的自我介绍稿子。

在消化内科轮转期间，我依然不会讲普通话，常常把"护士长"喊成"副市长"，搞得医生护士真以为副市长大人到场，紧张过好几回。带我的医生姓张，是从军队医院来进修的，江西人，普通话也讲不好。在协和医院，对一对一直接带教实习生的老师，有一个很亲切的称呼——老大。

张老大带着我在协和老楼的各个部门，主要是化验室、病案室、超声室和放射科"上蹿下跳"，让我很快就熟悉了协和老楼的结构和实习医生的事务性工作。抽取静脉血、取化验单、抄化验单、粘贴化验单、送病人做各种检查和记录病程是当时协和实习大夫干的主要工作。每周一次在10楼223教室举行的内科大查房，是科里的大事，大佬教授云集，而整理汇报病历则是实习大夫的重要任务。选取要点写出病历摘要，并背下来，是未来真正成为大夫很好的一种锻炼。

抽静脉血是一种具有挑战性的工作。轮到第二天该抽血的时候，头一天晚上要反复确认是否定好闹钟，6点多就到病房准备抽血用具。协和医院是教学医院，当时的病人们都习惯了由实习医生抽血的制度。即使一针没有见血，通常也不会招来愤怒的责骂。人不是天生就会的，病人是医生的真正老师，感谢病人。

给男性病人备皮（剃掉阴部的毛发）和导尿也通常由男性实习大夫

操作。当时有一位极其衰弱、瘦得皮包骨头的患者,诊断一直不明确,高度怀疑是艾滋病。一天,他突然尿不出来,憋得很厉害。值班大夫是个女的,不太好意思去插尿管。正好我在病房,于是她让我去插尿管。

病人很衰弱,随时都可能死亡,值班大夫向家属交代了病情,告诉家属包括导尿在内的任何操作都可能导致患者呼吸、心跳停止,家属表示理解。

与给女患者导尿不同,给男性导尿更需要技术。女性尿道短而直,孔径大,导尿管容易插入。男性尿道长,而且还有几个生理弯曲需要克服。尽管如此,我还是很顺利地完成了任务。病人说:"感谢大夫,我从来没有这样舒服过!"

然而,半个小时后,病人走了,很平静。家属没有任何抱怨,但我还是很不安,毕竟是在我给他导尿之后他才走的。尤其是他那句从来都没有这么舒服过的话,让我很难受。五年之后,一个类似的极度晚期、皮肤上都长满了转移肿瘤的妇科肿瘤患者,在我进行了胸腔穿刺后,说了一句几乎一模一样的感谢话,然后也很快走了。有一段时间,我一听到这句话,就莫名紧张。

一个月以后,我和杭州美女一起轮转到了心内科病房。带我的老大姓李,年轻漂亮,后来一度成为我同学的太太。但更令我印象深刻的,是杭州美女的老大,姓蓝,瘦高个,一米八多。之所以印象深刻,是因为蓝老大曾请病房的医生,包括我们实习医生,到东来顺吃过一顿涮羊肉。那是我第一次吃涮羊肉,而且也第一次读对了"涮羊肉"而不是"刷羊肉"。

还是说说美女同学给她老大带来的心灵创伤吧。一天夜里,蓝老大值班。一个病人说心脏不舒服,我和美女同学就去病人的床旁为他做了心电图。做完以后,美女同学在长长的心电图纸上标上了病人的名字、做心电图的时间、导联符号（从肢体导联1、2、3，再到胸1至胸6等）。然后，她呼叫了蓝老大。

蓝老大来到医生办公室，看了一眼美女同学递给他的心电图后，二话没说就冲到了病人床边。蓝老大的额头上挂着冷汗，他一边询问病情，一边指挥我们去推来心电图机，重新做心电图。

做完心电图，蓝老大满脸疑惑地返回办公室，再次看了美女同学先前做的心电图，突然哈哈大笑起来。原来，美女同学递给他的那份心电图，纸张方向上下颠倒了，导联标记错了，显示出很严重的心肌梗死，按道理病人很快会陷入死亡。

虚惊一场后，我心里有一种突然很释然的欢喜。没想到一向做事谨慎、从不失手、屡受表扬的美女同学，也有阴沟翻船的时候。

国庆之后，我轮转到了肾脏内科。带我的老大，恰好就是我佩服至极、主持入院培训的那位院办主任，几年后成为副院长。我每天跟着于老大，尽心尽力。一位患肾炎的李姓患者和她的丈夫对我很赏识，出院时让我在北京有困难可以找他们。实习结束时，我真的向他们借了一笔钱，回成都参加毕业活动。

一天，于老大看见我光着脚丫穿凉鞋上班，不禁皱起了眉头，说这很不雅观。第二天，她给我拿了几双崭新的袜子。

又有一天，询问病史的时候，我问一个看起来很强壮的病人每天吃多少，病人回答说每天吃六两主食。我随口说了一句："吃这么点儿。"旁边的于老大打断我，说吃这么多还少？！我回答说："当然少啦，我每顿饭至少吃六两，中学时最高纪录是九两米饭，三份小炒，大学早餐最高纪录是六个二两的馒头和三碗粥！"于老大像看外星人一样看着我！

第二天，于老大带来了200多斤粮票给我！粮票为1955—1993年中国在计划经济体制下，伴随粮食定量供应在流通领域粮食及粮食制品买卖的票证。那时即使有钱,没有粮票也买不到粮食。

200多斤真是一个不小的数字,我一直用到1993年5月,也就是北京也随其他地方一样全面取消了粮票制度以后都没有用完。

留在妇产科

经过半年多病房的轮转实习，1993年初，也就是春节前，到了决定我们是否能留在协和工作的时候了。当时选择科室也是双向选择，但不必像现在的实习医生那样构思制作精美的个人简历，而是在教育处报个希望去的科室的名字就行。

由于上大学时得知母亲是因妇科肿瘤去世，最初我很想报妇产科。但在那场"没有新娘的婚宴"，也就是亲戚们为我上大学筹钱的宴席上，德高望重的舅公和曾经让我跟他学医的村医都建议过内科非常重要，最好选择内科。另外，已经定了胸外科的铁杆室友张同学也说，男的当妇产科大夫不太好，说不定将来连媳妇都找不着。

出于这些考虑，我第一志愿报了内科。我到协和后第一轮就是在内科实习，表现非常好，深得总值班医师的赏识，他把我排成第一个接受面试的人。几名内科副主任对我轮番提问，我对答如流，信心满满地走出了面试教室。

然而，面试结束后，我被告知内科录取名单中没有我！内科总值班医师告诉我，说据教育处老师说某一科室希望留你，所以内科就不选你了。

我冲到教育处，站在半年前将我选入协和的恩人老师面前，愤怒地表达了我的意见,说我根本就没有想过要报她说的那个科室,质问她为什么不征求我的意见。老师被我出奇的愤怒吓红了脸,其实也算是默认。

她问我接下来怎么办,说她可以再去内科说说。我说内科现在就是想要我,我也坚决不去!

愤怒之后总要平静下来。留不到内科,就留不到协和了,回华西也没有机会报考研究生了。按我的成绩,如果不到协和来,保送研究生没有问题。但由于经济困难,我早就铁下心不读研究生,以早点参加工作,养活自己。

华西的同学们都已经分配完毕,我回华西最可能的结局是回县医院工作。我一个人去了东单头条的青艺剧场,有一搭无一搭地看话剧。在回县医院还是再找机会留在协和的反复思考中,我的思路又回到了妇产科——其实那才是我真正的第一志愿。

于是第二天一早我就去教育处询问,但教育处老师说妇产科已经面试完毕,被录取的四个同学的名单都报上来了。但我还是不死心,我向护士长要了几张 A4 打印纸,在正在实习的儿科的那间小得不能再小的医生办公室里,用小楷字工工整整写了一封自荐书。感谢当年电脑和打印机还没有普及,否则就无法显示出小楷的力量了。

我到老楼15号楼3层,找到了妇产科主任郎景和教授的办公室。1992年春天,妇产科主任吴葆桢教授因病去世,同年秋天另一位主任王元萼教授也因病去世。那时郎景和教授正在担任北京协和医院主管医疗的副院长,后来知道,他受吴教授临终之托,返回妇产科当主任了。

我郑重地将自荐书双手递给郎景和教授,他像我一样郑重地接过了自荐书,仔细读完后说:"写得不错啊,字也写得很好,不过我们四个本科生的名额都满了呀!"

大概是看我差不多急得都要哭出来了,郎教授似乎想起了什么,说:"科里应该有一个专科生的名额,准备招一个实验室技术员,也许我们可以想想办法!"他让我把自荐书拿回去誊写两份,给杨秀玉副主任和徐蕴华副主任各送一份。

我跑回儿科医生办公室,飞快地誊写了两份自荐书送给了杨主任和徐主任。三天之后,教育处老师通知我,妇产科录取我了,说杨主任为了我的事儿都和人事处处长吵起来了!

于是,我成为1993年协和妇产科四名正式录取的本科生之外的一名"编外医生"。当年的技术员名额被取消,那位本来可以进入协和妇产科工作的同龄人,对不起了!

毕业前的打工

1993年春天，确定能留在北京协和医院工作后不久，我的生活又开始窘迫。

一年前的春天，得知能到协和实习后，我向曾经多次借过钱的亲戚、老师、同学和朋友"最后一次"开口，终于筹措到了到协和实习的费用。

不幸的是，这笔钱比原计划提前用完，剩下的几个月的生活费没有着落。雪上加霜的是，过段时间还要回成都华西医科大学参加毕业活动，花销应该不小。

于是，我决定在实习的同时，打工挣钱。

也许由于平时用脑较多，说到打工，我想到的都是体力活儿。

我首先来到离医院走路只需要十多分钟的北京火车站。

货运处的管事人听我说明来意后，居高临下看了我一眼，长长地吐了一口烟，说："这活儿太累，不合适你！"我辩解说我背两三百斤都没有问题，但他还是"残忍地"拒绝了我，建议我去洗车的地方看看。

于是，我来到崇文门路口东北角的一家酒店，这家酒店后来被对面那家以眼科闻名的医院收购，辟为东院区。

那时北京没有多少车，基本上没有正规洗车场，最多见的是人拎着水桶在路边擦车。前几年城乡接合部还能见到这种原始的洗车方式，搞得地上都是脏水，结冰后导致行人跌伤，电视台曾多次曝光过这种不文明行为。

然而，在北海公园的冰还没有完全融化的1993年春天，我的思想觉悟和法律意识并不高，我渴望被吸纳入这一组织。

我看到酒店停车场的北头有一个人拎着水在擦车。我走过去和这个看起来比我还小很多的少年聊天。我问他水从哪里来，他说从酒店的厕所里接。我说我也想洗车，问他能不能加入。他回答说他管不了，说这一片儿都归一个叫黑哥的人管，黑哥每天下午来一趟，收完钱就走人。

我问他洗一辆车收多少钱，他说两块。我又问他能得多少，他说两毛。

我觉得黑哥这称呼跟黑社会似的，剥削也太厉害，我就不敢也不想去找了。而且看到少年那皲裂的手，我果断放弃了。因为实习时我要跟着老师上手术，要刷手消毒，如果手上有伤口就不能上手术了，否则可能引起病人感染。

虽然擦车计划泡了汤，但我得到了宾馆可能需要临时工的信息。随后几天，我走遍了医院附近的所有大饭店：和平宾馆、北京饭店、台湾饭店（推倒重建后称华尔道夫酒店）……

我希望能在厨房或者洗衣房找点儿事干。难过的是，都无功而返。几乎绝望的时候，我终于在建国门附近的海关总署找到了一份工作！

海关总署的停车场需要一名临时工，每天下午2点来停车场，接替看门的大爷，负责登记车牌和手动抬杆放行，6点后离开，报酬两元，当天支付。

这份工作让我欢喜了整整一个晚上。然而，挣到了六块钱后，我忍痛中止了"合同"。那时我已经确定留在妇产科而且正在妇产科实习，不幸被一位姓马的总医师盯上，他每天都排我上台拉钩，让我很难在下午1点之前从医院溜掉。

其实上手术也有好处——可以得到一张误餐券。那个时候，误餐券对我是一笔财富，对无意之中克扣实习医生误餐券的老总，我愤怒得几乎要以"贪污罪"告发。这也让我工作以后有个原则：忘带饭卡的时候，谁的饭都可以蹭，但绝不蹭学生的。因为，他们当中或许有和我当年一样窘迫的人。

欣慰的是，尽管马领导让我没有机会上街打工，但从来不克扣误餐券，还开玩笑说我在长身体，偶尔会多塞给一张。

我干得最长的一次临时工作是在医院对面的餐馆洗碗。

那时东单北大街上新开张了一家名叫"公子快餐店"的饭馆，我从报纸上看到招聘广告后，剪下来拿着去应聘。有了前几次说自己是大学生反而被人诘问的经验，我没有说我是学生，更没有提对面的医院。

我如愿地得到了一份收盘子和刷碗的工作。时间挺好，每天下午6点到8点。由于快餐店就在医院东门对面，我担心被老师和同学认出来，每天我一进饭馆与厨师打个照面后，马上戴上帽子和口罩，捂得严严实实的，很像回事。

我勤恳的工作态度得到了老板的夸奖，但十多天后我还是辞掉了这份工作。并不是因为累，而是饭馆离医院太近，容易暴露。其间我多次见到某个带我的老师带着熟悉或不熟悉的女孩子来吃饭。他们很轻松地说说笑笑，我却非常紧张。

更重要的是，以这样的挣钱进度，挣生活费都难，更不用说挣毕业的花销！

我决定终止打工，再次借钱。

由于在一年前那次集中向老家人借款的行动中，我已经使用了"最

打工时的留影,1991年,重庆

后一次"这个词,我决定在北京向没有借过钱的人开口。

一位是我在肾内科实习时管过的病人,中学老师,姓李。李老师的丈夫是北京师范大学中文系的博士研究生导师,姓成。李老师住院期间我管得很细,他们很欣赏我,出院时给我留了纸条,说如果需要帮忙可以找他们。

我按照纸条上的地址找到了他们的家,房子很小。听我磕磕巴巴说明来意后,成老师说,李老师生病提前退休,女儿在美国念书,家里也不宽裕。但是他说既然我找到了他们,自然是要支持的!他借给我200元,强调不必着急还,等手头松了再说。

另一位是我老乡,就是高中毕业时和我一起乘车,客车起火被烧卷了头发的陈同学。陈同学读的是工科院校,学制比我短两年,毕业后分到了北京某研究院当科研人员,刚刚工作不久,还和一个老乡谈着恋爱，应该并不富裕。尽管如此，陈同学还是很爽快地借了我200元钱，他也"荣幸地"成为我大学期间的最后一个债主。

有了这两大笔借来的钱后，我再也不用去打工了，回成都参加毕业活动的路费、聚餐费、买小礼品费等，应该够了。

正是因为有了这段经历，我更理解那些还在困境中挣扎的人。任何时候，我都会避免伤害那颗需要帮助的，但同样有自尊的心。

我还以为，人没有些经历或者苦难是很难成熟的。正如2006年我经管过的那位天后明星，如果不是因为孩子出生缺陷，可能不会有后来的公益行动——她是我尊重的为数不多的娱乐圈人士。

最后，摘录美国首席大法官约翰·罗伯茨在他儿子初中毕业典礼上的发言作为结尾：

> 在未来的很多年中，我希望你被不公正地对待过，唯有如此，你才真正懂得公正的价值；我希望你遭受背叛，唯有如此，你才领悟到忠诚之重要；我会祝福你时常感到孤独，唯有如此，你才不会把良朋益友视为人生中的理所当然；我祝福你人生旅途中时常运气不佳，唯有如此，你才意识到概率和机遇在人生中扮演的角色，进而理解你的成功并不完全是命中注定，而别人的失败也不是天经地义；我祝福你遭受切肤之痛，唯有如此，才能让你感同身受，从而对别人有同情的理解。

也曾疯狂的青春

1993年6月,结束在协和一年的实习后,我返回华西医科大学参加毕业典礼。那时我最喜欢的事情之一就是讲普通话,尽管讲得依然很烂,但与一句普通话也不会说的四川同学相比,已经不可同日而语了。

校园里弥漫的是同学之间的依依惜别之情,毕竟大家一起在这里待了六年。一花一世界,一草一菩提。钟楼、荷花池、图书馆、通宵教室……都留下过青春的身影。

男生们以AA制但我不用出钱的方式为我接风。接风地点是在校园北面大学路的一处叫"坛子肉"的小饭馆,楼上是两张圆桌,算是雅间。楼下是两排成都火锅,中间是窄窄的过道,正值毕业季,生意兴隆。

尽管我现在已不沾白酒,但大学时我的酒量在班上应该属于中上水平。当时最流行的一个广告是在草原上骑马飞奔的大胡子男人做的:喝春沙窖酒,可以放宽身心,舒张眉头!但我们通常买不起这种能舒展眉头的瓶装酒,而是集资购买散装的白酒。有次,班里未来最有可能当院士的唐同学,曾经打赌一口气喝下了我们几个正喝着的四两白酒,然后很快开始表演。他倒是演得很爽,我却心痛得肝颤。

阔别了一年之后,男同学们在花言巧语或豪言壮语中依次向我敬酒。当我最后离开座位的时候，我的头已经很"大"。扶着楼梯下来，我唯一的念头就是：绝不能瘫倒！因为旁边是红油滚滚的火锅，手一进去，就直接被烫成可以啃的爪子了。

正是在这一坚定信念的支撑下，我终于走出了餐馆。之后的一段，我就完全没有任何记忆了。

不知道过了多久，我被雨浇醒了。男生们躺在图书馆前的草坪上，几个铁杆室友一起抱头痛哭，我们心中所想，口中所言，都是以前、现在和未来郁闷的事情。

没有人离开草地去躲雨，甚至还有人在雨中弹吉他。我们就这样一直哭着、说着、唱着、喊着，唱逝去的青春，说难忘的友谊，哭渺茫的未来……

时间到了毕业典礼的前一天晚上，我们班举行毕业聚餐，当时的通俗叫法是散伙饭。计划聚餐后集体前往图书馆草坪，或叙旧，或畅谈，心底甚至希望女生们能陪我们再哭他几鼻子！

然而天公并不作美。还没有开始上菜，外面就开始下大雨了。胡班长宣布，前往草坪的活动取消，大家专心致志吃饭！与一年之前相比，餐桌上最大的变化是同学们不再喝劣质的散装白酒，而是喝当时还很奢侈的瓶装啤酒了。

我们最初买了两箱共48瓶啤酒，每瓶600毫升。其实同学中能喝酒的，包括班长和我在内，就五个人而已，其他同学多半是意思意思。酒过三巡，菜过五味，箱中啤酒所剩无几，外面却依然大雨如注。于是大家同意班长的提议，再来两箱啤酒！我们五个当时能喝的人，是在占全班同学的便宜。

正在状态之中，胡班长突然走到我和杨同学跟前，低声告诉我们：用于支付聚餐的400元班费不翼而飞——那一沓钱不知何时已经从他永

给自己的毕业留言

远不变的绿色军装的口袋里溜走了!我们几个人相当震惊,难道是在我们豪言壮语、互道珍重的时候,小偷进入了我们的阵地?

在那个每月只有 18~24 元助学贷款、一碗刀削面两毛五的年代,这笔钱不是小数目。我们班农村同学居多,是一个 GDP 很低的穷班。我一直认为,这也许能解释为什么我们班同学的成绩很好,而最后成双结对的,竟然没有。

我们焦急的是,同学们的钱都用于购买车票和托运行李了,一时半会儿如何才能凑齐这么多的钱?然而,班长就是班长,他很快恢复了平时的镇静。他让我们先稳住同学们的阵脚,不要告诉任何人,说他马上去向他父亲的同学借钱。说完,班长悲壮地向门口走去,连伞都不拿!

突然,醉眼蒙眬之中,我看见桌子底下有一卷纸样的东西。我迅速蹲下捡了起来，确认就是丢失的班费！我紧握着拳头，举起双手，激动地直呼班长的名字！

班长大概从我高举的双手和激动的喊叫中猜到了结果，他返身冲到我的面前，看我还想说什么，声嘶力竭地大吼："别说了，我让你别说了！"

估计当时同学们都以为班长喝醉了，其实只有我知道，一贯做事沉稳的班长需要维护的是作为班长或者作为男人的尊严，不容亵渎！

我们三人一致同意，在聚餐会上不告诉任何人，也不再谈论这件事。这以后，我们几个像吸了大麻一样兴奋，提着酒瓶四处敬酒。胡班长也一改此前的稳重和矜持，散伙饭的气氛达到了高潮。

最后发现，我们总共喝下了95瓶啤酒。最后一瓶被班上唯一的党员李同学，遭到别人质疑其入党动机时，在愤怒中砸碎了！

是啊，年轻真好。六年的华西青春，也曾在酒精中燃烧过！在毕业纪念册上，我给自己写道：年轻的泪水不会白流，痛苦和骄傲这一生都要拥有。

编外医生

1993年，我占用了一个专科生的名额，成为协和妇产科正式录取的四名本科生之外的"编外医生"。老师们并没有把我当"编外医生"，我工作也很努力。在计划生育组轮转了三个月，负责整理了一名妊娠高血压合并贫血、肝酶升高、血小板降低（HELLP）患者的临床病理讨论，得到了病房主管大夫范光升教授和科研处处长单渊东的表扬。

由于我字写得不错，病房和门诊的药瓶的标签如果字模糊了就由我来重写，之前这项活儿由郎景和大夫和刘俊涛大夫干。我刚进医院不久，医院举办纪念毛泽东同志诞辰100周年书法绘画比赛。我用钢笔写了一幅"希波克拉底誓言"，作为硬笔作品。又因为1993年恰逢三峡工程开工，我又用毛笔写了一幅"高峡出平湖"的大字，作为软笔作品。

所有参赛作品陈列于协和老楼11号楼一层至8号楼一层的长廊上，人们在15号楼零层巴掌大的值班食堂买完饭后，就端着饭碗来欣赏参赛作品并投票。半个月后结果公布，我的那幅"希波克拉底誓言"获得硬笔书法一等奖，"高峡出平湖"获得软笔书法二等奖。有意思的是，郎景和大夫的一幅毛笔字作品也是软笔二等奖。

当时只有精神奖励，没有物质奖励。医院后来很长时间都没有举行过类似活动，也幸亏没有举行，否则自从1996年开始使用电脑之后，我的字写得每况愈下，不参加不合适，参加了也没戏。

1994年，协和医院举行医德医风征文活动，我投了一篇题为"对生命负责"的文章，被评选为优秀论文，我还应邀用"川普"到中国医学科学院进行演讲。演讲前我特别说明：严格来说，这不是一篇论文，我只是从自己的感受出发，从对生命负责这一从医最基本的准则来对协和精神进行阐述。事后看来，当时有些提法未必正确，却是一个刚刚踏入医学这一行当的青年医生的真心话。

尽管我是"编外医生"，但前辈和同事们并没有把我当编外，我自己也没有编外的感觉，工作一年后我按期转正定级为住院医师。1994年秋，协和医院举行首届最佳员工评选，分别在十个岗位上评出最佳员工。当时全院总共评出十名，不像现在评出的名单能占一面墙。

由于一年来我在各个病房的表现都不错，科里推荐我参加评选最佳住院医师，我记得是范光升老师准备的推荐材料。我"拼"掉其他科室报上去的同龄人，被评为1994年度北京协和医院最佳住院医师。

我作为获奖人员应邀参加了1995年协和医院的春节团拜会。卫生部部长陈敏章教授参加了那年的团拜会，亲自给我颁了奖。这是我一生中很珍视的荣誉之一，因为，协和素来以住院医生培养严格规范著称，最佳住院医师奖项的含金量很重，团拜会上的老教授们对这一奖项的鼓掌也最激烈。

对生命负责

大半个世纪以来，北京协和医院，这所被求医者崇拜得近乎迷信的医学圣地，曾是多少著名医学家诞生的摇篮，也是无数从医者孜孜以求的光荣与梦想。也就在一年前，带着激动与希冀，我如愿地成为协和一员。

　　古往今来，生命总是被无数文人墨客尽情讴歌；年复一年，与疾病打交道，同魔鬼争夺生命的协和人，无处不是在以协和精神对宝贵的生命负责。

　　"一寸光阴一寸金"，时间，无论对病人或者医生都是一样的珍贵。然而协和人的时间，却仿佛似那破损的玻璃，再也没有完整属于自己的一块。当人们还没有从大小礼拜的惊喜中清醒过来，病房的一个电话，就可以让我们蓄谋已久的计划成为泡影；同乡聚会，迟到或者不到者多半是我们这些医生朋友；"我值班"——这句医生和护士最普通的话，却打碎了多少新鸳鸯蝴蝶梦。正如人民医学家林巧稚教授所言：我的时间属于病人！

　　的确，我们失去了时间。但如果能因此而延长患者生命，时间会由此而增值，无须懊悔！

　　"如履薄冰，如临深渊"，人民医学家张孝骞教授的教诲无疑也道出了从医的责任。身患疾病已经不幸，误诊误治于庸医者则更为不幸。众所周知，卵巢癌是一种恶性程度很高的妇科肿瘤，而卵巢癌的手术及化学治疗与癌细胞侵蚀肌体相比，在某种程度上来说，同样惊心动魄。成功的手术配合正规化疗确实可以给患者一个机会，让她创造活下去的奇迹。然而手术本身的风险不言而喻，术后不恰当的处理及化疗过程中小小的差错即可让出现的奇迹彻底消失。责任之大，容不得半点马虎！

　　人们常常欢呼一个新生命的诞生，然而这个新的生命在刚刚来到我们这个世界上的时候，却又是如此的脆弱。有人曾叫嚣要"将共产主义扼杀在摇篮"之中，而产科医生如果稍有不慎或疏忽，就可能将新生命扼杀在其进入摇篮之前，或者让他们的智力永远处于摇篮时代。

我曾感叹妇科肿瘤大夫做手术时那近乎强迫的一丝不苟，也曾唏嘘产科大夫虽多为出窟狡兔般利落，却也有心急如焚的窘态，还感慨我们所冒的风险与所得的报酬的不等值……然而，为病人服务，对生命负责，义无反顾！

翻开《协和名医》，协和人所拥有的辉煌让我们激动不已。从他们不同的奋斗历程中，不难看出两个字，那就是勤奋。初为医生，病人千奇百怪的主诉可使我们不解，在老医生眼中不复杂的病情也让我们茫然，临终患者求生的眼神会让我们内疚，痊愈病人感激的目光会令我们振奋……这些都是我们勤奋学习、不断更新知识的动力。

不欺骗自己，不敷衍病人。协和人的勤奋，与其说是为了出人头地，还不如说是为了更好地为病家负责。

"靠本事吃饭，凭良心做人"，然而对于协和人，这远远不够。在我接触的妇科肿瘤病人中，有的人经历了战争的硝烟，有的人经历了"文革"的风暴，有的人经历了唐山大地震的残酷，有的人事业正如日中天，还有的尚未进入16岁的花季……然而，无情的癌魔在一刹那便让她们的前途暗淡无光，她们更需要加倍的关怀。一句理解的话语，一缕同情的目光，一次无声的帮扶，也许就可以给她们有限的生命抹上一丝亮色。协和人在用本事和良心延长病人生命长度的同时，还在用爱心提高他们的生存质量。

写到这里，那位临终前用手势让我做胸腔穿刺的卵巢癌患者又浮现在我眼前，那目光中的希望和信任仍历历在目，耳边又仿佛响起了古希腊医学家希波克拉底那铮铮的誓言。

穷毕生之精力为病家谋幸福，一生无憾！

（写于1994年秋）

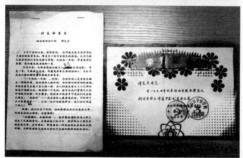

图1～图2：优秀病历一等奖获奖证书

图3：《对生命负责》一文的获奖证书

图4："最佳住院医师"荣誉证书

那些年，那些女孩

在协和工作一段时间后，我很快就要进入法定晚婚年龄了。大学好友曾经警告过，男的干妇产科，有可能连媳妇都找不着。我也有些担心，所幸科里的前辈同事们开始紧锣密鼓地给我张罗对象了。

第一个"对象"是手术室的护士，是我们病房的教授黄荣丽大夫介绍的。黄大夫是协和名医，由于科里还有另外一个年龄稍微小些的黄大夫，我们都称她老黄大夫。老黄大夫批评起人来很厉害，但不会隔辈批评，只批评副教授和主治医，不会批评我们小住院大夫。

老黄大夫比较喜欢男孩子，女儿嫁给了科里的一个男大夫，后来两人双双出国，过上了幸福的生活。我当时工作很认真，老黄大夫也很喜欢我。有同事开玩笑说，老黄大夫要是还有女儿，我可能有希望。

老黄大夫的病人特别多，我跟她出门诊经常要出到晚上七八点钟才能结束。她是上海人，绝对的美食家，很擅长做菜。有一次出门诊出到了晚上9点，她让我跟她一起回到她在米市大街的家，亲自给我做蛋炒饭吃，香极了。

有一天，上手术刷手的时候，老黄大夫对一名一起上手术的年轻护士说："我们科的小谭很不错，你们可以认识认识！"大家都知道老黄大夫德高望重，说话严肃，从来不开玩笑。

在老黄大夫三番五次地要求下，护士只好告诉老黄大夫，她早就有对象了，是个警察，都准备结婚了。

事情就这样结束了，然而同事们流传下来的版本却是我很早就看上了那个"美小护"，央求老黄大夫说媒。后来，手术室的护士们在电梯或病房里，看着我就乐。

冤枉的是，由于手术室护士多数时候都是戴着大口罩，事情结束之后的很长一段时间我都不知道"我托老黄大夫说媒"的护士妹妹是谁。后来终于见识了庐山真面目，人的确很漂亮，白白净净，说话很好听。但是坦白地说，幸好没成，否则在饮食方面，我的最爱，就是她的"毒药"，她是回族。

老黄大夫并不灰心，很快就给我介绍了第二个对象。

女孩子是一个区县医院的医生，年龄和我差不多。介绍队伍的规格很高，除了老黄大夫外，还有国家跳水队总教练徐益明——中国跳水全盛时期世界冠军高敏的教练，是个一言九鼎、叱咤风云的大名人。

徐教练夫妇和老黄大夫请我和女孩子在医院对面的一家餐馆共进晚餐，席间他们先后借故走了，留下机会让我和女孩子单独谈话。

女孩子清秀苗条，广东人。她说自己从湖南医科大学毕业，分到北京后在内科工作，正在考托福和GRE。谈话是满满的正能量，然而我却有些退缩。那个时候，我铁下了心绝不出国，也不考研究生。

老黄大夫告诉我，无论印象如何，一定要再约女孩子一次，去不去在她，这是礼貌问题。我遵嘱约了她一次，她说要值班，让改天再约。改天我就没有约了，因为我不够上进，面对她压力较大。

老黄大夫的这段努力又被同事们改编了，说我在门诊看上了一个陪同妈妈看病的女孩，又央求老黄大夫做媒。还说老黄大夫很负责，对女孩子进行了全面检查，包括妇科检查。

老黄大夫让我别着急,说有的是机会。这个时候,一个女孩出现了。

当时我们宿舍住了四个人,其中一个大夫40岁左右,还是单身,后来出国了。他身体不太好,总是在宿舍熬红枣汤喝。一个叫冰的女孩子,护校学生,偶尔到我们宿舍来找他。

女孩是北京人,家住亚运村附近。当时她才18岁,打扮时髦,身材很好。有一次她来找我室友的时候,室友有事在科室忙,女孩就和我聊天。

我们聊得很投机,逐渐地,女孩经常有事没事就往我们宿舍跑,而且我逐渐感觉出来,女孩根本就不是来找室友的。

我的罪恶感很强。"朋友妻,不可欺"的古话我懂,我都有些不敢直视室友。好在我很快就换宿舍,搬到楼下去了。走的时候,室友对我说:"冰姑娘不错,你们可以交往下去,我都40多岁了,她一直把我当哥哥。"

于是,我和那女孩正式单独约会。我们一起逛白云观、逛军事博物馆、逛世界公园、在故宫的城门洞里躲雨……

不幸的是,我的新室友出现了。

新室友小雷是我的四川老乡,长得十分帅气,后来在美国哥伦比亚大学念书时结识了钢琴大师郎朗,担任过郎朗琴迷协会主席。

我和女孩的约会小雷是知道的,他很关心我的进展。一次我和小雷聊天,他问我和女孩约会几次了,我说四次了。他问我和她kiss了没有,我老老实实回答说还没有来得及。

他以过来人的口气,语重心长地说:"哥们儿,和女孩约会三次以上,还没有kiss,说明她对你没有感觉,下次一定要搞定,否则就没戏了!"

言之有理，我决定第五次约会的时候有所动作。

那是一个下着小雨的周末，我起床后给女孩打电话，女孩很快就从亚运村来到了宿舍。

当时的条件很简陋，我坐在床上，她坐在凳子上。由于总是想着哥们儿的建议，我的注意力不太集中。聊着聊着，我终于小声怯怯地问了她一句："冰，我能 kiss 你一下吗？"

她往后躲了一下，说："那可不行！"

尽管她的声音很轻，但我却感到非常的刺耳！

我涨红了脸，立刻就说："你走！"

她大概被我突然的愤怒吓着了，奇怪地看着我。

我站起来，打开门，说："你走！"

她站起来，真的走了。

我嘭的一声关上门，倒在床上，脑子一片空白。我更多感到的是愤怒。是的，自尊与自卑是成正比的。

至少一个小时之后，小雷下夜班回来了。他说："冰姑娘站在宿舍楼的门口，是在等你吧？"

我嗯了一声，不再理他。小雷很快就走了，我却一直没有出去。

一年之后的跨年夜，冰姑娘给我打电话，哭了。她说她当时太小，不懂事，说想和我一起看通宵电影，干什么都可以。

然而那个时候，我却已经不可以了。

1994年,北京的第一场雪

有一段时间,给我介绍女朋友成了我值夜班时大家聊天的主题之一。当时网络不发达,手机很少,没有微博、微信,不忙的时候大家会坐在一起聊天。

一天值夜班时大家又谈到给我找女朋友的事儿。我说我不想找医生或护士,冠冕堂皇的理由是两人太忙,将来没人照顾小孩。其实部分原因是前三个没成的对象不是医生就是护士,我多少有些气馁。

他们问我到底想找什么样的人,我说我想找老师。我说老师每年有假期,孩子的教育也有保障。

一起值班的史大夫立即说:"好啊,我手里正好有一个,是我妹妹的发小,长得倍儿漂亮,皮肤特别白,回头我向她要一张照片给你。"

史大夫还真不是开玩笑,一周之后,她给我带来了那个女孩的照片。

照片上的女孩穿着蓝色毛衣,挺漂亮的,笑得很甜,照片背后留了电话号码。

周末我拨通了电话,是一个男人接的。我以为是女孩的爸爸,赶紧叫叔叔,问她在不在家,结果电话那头说他是学校门卫,让我工作日再打。周一,我和女孩通上了电话,她的声音很好听。

我们约定 11 月的第一个周末,一起去爬香山!之所以选择香山,因为我知道香山有红叶。

定好日子之后,我就开始准备工作了。最先准备的是衣服,因为我的衣服太旧了。我去东单头条的小摊上买了一件长款牛仔衣,回来试穿的时候被旁边宿舍的胡老师看见了。胡老师是中央电视台的著名导演,她看了之后说:"恕我直言,你穿这个衣服不太合适,这种衣服至少一米八以上的人才敢穿!"

我没有留购物小票,无法退换,再买一件又超出了预算范围,于是决定凑合穿算了。然后,我去东安市场买了些零食。

不巧的是,约会前的第四天,我牙痛难忍,检查发现是智齿闹的。我找到口腔科的同学,他将我的智齿硬生生凿开,费了九牛二虎之力才拔掉,然后用纱球进行了填塞止血。

晚上睡觉的时候,我觉得口里都是血腥味的东西,一直不停地往肚子里咽,后来觉得都吃饱了,胀得难受。起来开灯一看,满枕头都是血,原来我吞下去的都是自己的血!

我只好去口腔科急诊,值班的是我另外一个同学。她检查后说需要缝合才能止血,她问我打不打麻醉,说打麻醉是一针,缝合也是一针,打麻药的时候也会疼。想到拔牙前打麻药很难受,我就告诉她,反正是一针,直接缝吧!

这是我作为患者最失策的一次!我张大了嘴,她在没有麻药的情况下就开始缝合了,非常疼痛,钻心地痛。不幸的是,一针缝完没有止住血,还要缝第二针。更不幸的是,缝第二针的时候,针扎到牙齿之间别弯了,拔不出来了!

折腾了半天,满嘴都是血,最后还是打了麻药才把针给拔了出来!手术结束后,我的左半边脸肿得和猪八戒差不多,嘴唇都是向外翻着的。

以这样一个形象去约会，不把人吓跑才怪。但是更改时间也不合适，好不容易定下日子，第一次约会就改时间，显得很不靠谱。于是我先用冰块冷敷，24小时后又用热毛巾湿敷，但消肿效果并不理想。

当时产科病房有几台厂家送来试用的理疗机，主要是用来给分娩后会阴侧切伤口消肿的。在同事的建议下，我到病房的理疗机前，对着嘴巴开始烤。烤了两天之后，还真是有些效果。约会当天，脸和嘴唇都肿得不太厉害了，尽管嘴里的缝线还没有拆除。

就这样，我"带病"赴约。

11月的第一个星期天，天气晴朗，但北京的深秋已经有些冷了。我们约好10点钟在1号线地铁古城站北侧出口见面，她告诉我她穿的就是照片上的那件蓝色毛衣，我告诉她我穿的是牛仔衣。

我比约定时间提前半个小时到了古城车站，等了一阵之后，我看见一个穿蓝色毛衣的女孩，长得也很漂亮，我迎过去和她打招呼，结果人家白了我一眼。

我左等右等也没有等到穿蓝色毛衣的女孩，直到一个穿红色外套的女孩子过来和我打招呼。原来，因为天气冷，她在蓝色毛衣的外面套了件外套。

我们一起坐公交车到了香山，当时几乎没有自驾车，所以一点都不堵车。我们直接就开始爬山，一口气就爬上山顶，连相互说话的机会都不多。我发现她的身体素质很好，而我前两天拔牙大出血，居然有些倒不过气。

到达山顶之后，我说我带相机了，要给她照几张相。傻瓜相机是我从武警总医院大学同班同学那里借来的。过来人告诉我，约会一定要带相机，因为照相之后就要洗印照片，就要取照片，这样自然就有了再次约会的借口。

山顶的人比较多，照了几张照片之后，她提议下山。我看出来她对我不太感冒，我说我买了些零食，不吃掉再背回去太麻烦了。于是我们就在下山的路上，在路旁一个小树林里坐下休息吃东西，这个时候才有了聊天的机会。

都说聊天产生生产力，一点不假，聊天的确会产生一些微妙的变化。逐渐地，她似乎并不急于下山了。她说她喜欢打乒乓球，曾经是校队的队员。结束的时候，我们约定下个周末见面取照片。

我正在头痛第二次约会到底安排什么项目的时候，一个我经管过的病人给我送来了两张首都体育馆的演出票——"94中国风演唱会"，由出演《过把瘾》的当红演员王志文主持，演员都是歌坛大腕。有了这两张票，我的底气足了很多。

然而与前一个周末的阳光灿烂不同，那天一早天气就阴沉得厉害，到中午居然开始下小雪。我们约定下午3点钟在崇文门地铁站东出口见面，先是看照片，然后吃饭，再去看演出。

我提前半个小时到达2号线地铁（当时称环线地铁）崇文门站东出口的大厅等候。接近3点钟的时候，每当有地铁车辆进站、人流沿着台阶走上来的时候，我就兴奋地搜寻，却一次次失望。

开始我想，女孩子嘛，约会迟到天经地义，所以也不怎么着急。然而，约定的时间都过去一个小时了，还是没有等到她。

我有些着急了，去书摊的公用电话给她打电话。接电话的还是学校的门卫，说她一般晚上才到学校来。她家里的号码我当时还不知道，只好继续等候。

地铁一辆辆进站，时间一分分过去。比约定时间都晚了两个小时了，她仍然没有出现。再不出现，连演唱会都来不及看了。

我越来越焦急,从外面进来的人的身上判断,雪已经下得很大了。她说过她家比较远,是不是路上出了什么事儿了?或者她有什么临时安排但无法通知我?或者她根本就没准备来,答应来只是应付而已?

我焦急之中带着愤怒。如果真是不想来,干吗不早说,何必折腾人呢!

最后我决定离开地铁回医院,准备把票给宿舍的哥们儿,我自己是一点看演唱会的心情也没有了。彻底放弃之前,鬼使神差,我突然决定到西边的出口去看看,她会不会在那里等我呢。

当我走出地面,发现雪下得很大。我再下到西出口的大厅时,发现她果然靠在墙边,似乎有些沮丧。

看到她之后,我非常高兴。我跑过去问她,不是说好了在东出口见面吗?

没想到她回答说:这难道不是东出口?原来她把出口的东西方向给搞反了!

但这已经不重要,只要人来了就行。

我问她来了多久了,她说差不多3点就到了,等了两个多小时我也没出现!

我们一起走出地铁站,发现雪更大了。那是北京的第一场雪,真的是鹅毛大雪,天暗得都看不见路了。由于只带了一把伞,我们只好共用这把伞,向111路公交站走去。结果发现由于下暴雪,公交车已经不发车了。

好在崇文门离协和并不远,我们决定步行回去。

在路上我问她,等了那么久,着不着急。她说最开始不着急,以为我在医院有事儿,后来也有些着急了,但是没有办法联系。

我问她是不是都准备走了。她说:"不会的,说好了等,就要见到人再说呀!"

　　这个时候,我们正在穿行长安街。听到这句话,我很冲动地就将她拥入怀里……

万里找寻

1995年春天,我下手术后,门卫师傅说西门传达室有我的紧急电报。我跑到西门传达室,取到电报后打开一看,立刻僵住了。电报是老家的大哥发来的,说二哥因为心脏有病,一个月前就离家到北京来找我了,问人是不是在我这里。

当然是没有!

我拿着电报恍恍惚惚回到护士楼宿舍,一下子瘫倒在床上……

二哥只比我大五岁,他不仅在我三岁那年将我从死神手中夺回,而且从来就是一个我惹了事替我挡着、犯了错替我挨打、受了气替我打人的人。

母亲一共生了九个孩子,但由于种种原因,最后养活成人的就我们兄弟三人。都说皇帝爱长子,百姓爱幺儿。的确如此,我是家中老幺,尽管条件有限,大家对我也溺爱有加。出行走远路,多半是父亲背着。走近路有时是由比我大五岁的二哥背。

有一次去堂兄家参加婚礼,二哥背着我过田埂的时候,没有稳住,将我摔到了地上,把我的脸弄破了皮。父亲知道后,在堂兄的婚礼上将二哥揍了一顿,并剥夺了他背我的权利。

小时候二哥很爱笑,喜欢说话,按现在的话说,是非常阳光的男孩子。但二哥10岁那年，1975年，他遭遇了一件影响了他一生的荒唐事件。

一天下午放学途中，二哥看见驻队干部的儿子和另外一个小朋友一起，将像章埋到沙堆中玩。这件现在看来最多是不妥的事，在那个特殊年代却是一件非常大的事情。

驻队干部的儿子觉察到二哥发现此事，就到他父亲那里，在众人面前先告了状。于是，头头们立即立案审理，让驻队干部的儿子和二哥进行对质。

双方都说是对方埋的！但驻队干部的儿子嘴巴厉害，二哥很快就无力辩解。情急之下，二哥说了一句不雅的话，一句改变了他一生命运的粗话。

二哥的粗话的大意是：埋，埋，埋到你妈的裤裆里。

就因为这句话，案件本身已经没有继续审理的必要了。到底谁埋的已经不重要，如此辱骂"像章"，岂不是当时活生生的"现行"？

第二天，10岁的二哥就被戴上纸帽子，被押到20多里外的镇上，与"地富反坏右"分子一起被游街批斗。

随后二哥被开除学籍，成为"问题少年"，生产队连牛也不让他放。

1977年，驻队干部因为涉嫌糟蹋上山下乡女知识青年，被撤职查办批斗，二哥的学籍得以恢复。

被开除学籍前，二哥一直是班里的前三名。两年后，他原先所在的班已经往前走了两个年级，没法跟班了，他只好到邻村的小学插班。

然而二哥对学习已经不感兴趣，成绩一落千丈，一再蹲班降级，一直蹲到和我一起上小学五年级时，他毅然决然不再上学了。

更不幸的是，被游街批斗以后，二哥不爱笑，也不爱说话了，同时性格变得很暴躁。我有一次听母亲和婶子聊天，母亲叹息说，算命先生

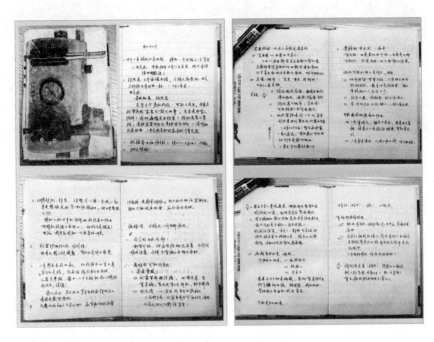

找寻计划手稿之一

说了,二哥本来命不错的,但运气不好,会多灾多难。

没想到,都成年都结婚都有孩子了,还是出事了!

我很痛苦也很自责,他是来投奔我看病的,结果却失踪了。逐渐平静下来后,我突然决定:不行,无论如何我要把他找回来,否则我对不起他!可是,人都失踪一个多月了,从重庆到北京,数千里之遥,到哪里去找?

幸运的是,当时作为旁观者的同宿舍神经科杨义大夫很冷静,他和我花了大半个晚上一起分析了情况,和我一起写出了详细的寻找计划。杨义大夫刚从日本留学回来,人很善良心也很细。他让我一定要先把计划写出来,否则一旦回到老家,大人哭小孩叫,要再定计划就不可能了。

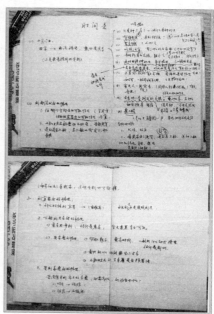

找寻计划手稿之二

我连夜写完寻找计划,第二天早上紧急向科里请了假,到保卫处开了希望沿途相关部门协助的介绍信后,买站票进入了返回重庆的列车,在过道和座位底下待了40多个小时后,到达重庆菜园坝火车站,然后到朝天门码头坐轮船……五天后,我辗转回到了老家。

家里情况之混乱果然如杨义大夫所料。大家几乎一致认为,要把人找回来是绝对不可能了。但我坚持试一试,为二哥,为侄女,也为我自己。我暗暗发誓:活要见人,死要见尸。

于是,我将二哥和二嫂的两寸结婚照片拿到镇上,翻拍冲洗放大成二哥的单人照,誊写了一沓寻人启事,又到县公安局开寻人的证明,然后和一个堂兄一起,重走二哥最可能走的路线,从我老家出发,坐车到长江边的西沱镇,坐船下到万州(当时称万县),再到宜昌,坐火车到

协和记事　209

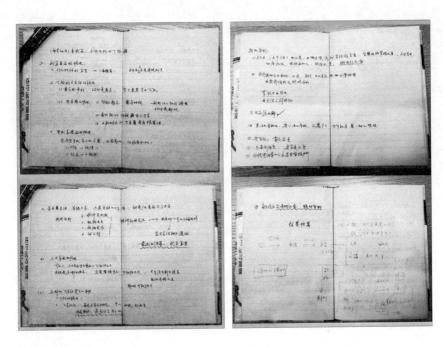

找寻计划手稿之三

襄樊、南阳、洛阳、郑州……

我在每个地方停留三五天不等，拿着寻人启事，到车站码头及其附近的医院、派出所、看守所、流浪者收容所甚至葛洲坝的拦水坝前寻找，问过了无数在车站码头的流浪汉，翻遍了很多派出所、看守所、收容所的名单，见过了很多医院停尸房的无名尸。每次得到线索之后，我都是紧张而去，失望而归。

堂兄和我一起找寻到宜昌后就回家了，此后的一段路程就只有我自己一个人。出门时身上所带的钱早已用完，而且由于我都是在治安状况不好的码头或者火车站徘徊，时间上又都是夜深人静人相对较少的时候，身上也不敢带太多的钱。我只好沿途联系认识的同学或同事的父母，从上一站借钱到下一站，而下一站的人，有时就是上一站的同学父

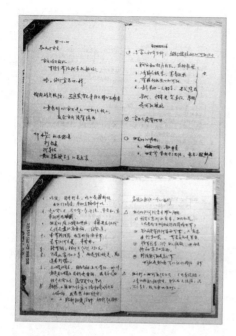

找寻计划手稿之四

母介绍的。

尽管我非常小心谨慎,我在南阳车站还是被偷了。刚上火车,我就感觉到我的背包被人拉开了,我转身看见那个把我包里的东西偷走的人,我大喊抓小偷并想挤过去追,但有两个人(其同伙)假装无意地挡着我的道,我无论如何也无法突破!幸好医院保卫处给我出具的证明信、照片和寻人启事还在,偷走的只是几件衣服而已。

经过30多天没日没夜的沿途找寻,我辗转到达了郑州。在郑州又找了两天,没有任何结果。我越来越没有信心了,几乎绝望了,而且我越来越感到害怕了。

郑州二七路派出所的一个负责人劝我不要再找了,否则会把自己的命也搭上。他说已经有多起报案,称一些犯罪分子专门在车站寻找落单的人，将他们掠到黑工地，像奴隶一样使用，完全剥夺其人身自由。

于是，我决定放弃了，准备第二天返回北京。我回到郑州火车站，在广场上铺几张报纸过了一夜。但我不死心，决定再去火车站东边的那个流浪者收容所看看。我刚到郑州的时候曾经去过，但那次太晚了，工作人员们下班了，门卫让我天亮了再来。

当我再次去这个收容所的时候，那里有几个工作人员，但一个流浪者也没有。工作人员告诉我，被收容的人都出去干活去了，中午以后才会回来。当时的收容制度是，如果没有家里人来领取，流浪者就要通过劳动来挣得回家的路费。

我仔细翻看了几遍收容人员名册，没有发现二哥的名字，我彻底绝望了！

我回火车站买了一张下午5点多发车的车票，然后到郑州医学院附属第二院王武亮医生家里蹭午饭。1993年底至1994年初，王医生到协和进修，有一段时间曾和我一起挤过一张单人床，在东单三条的胡同里喝过几次酒。

我在王医生家好好洗了一个澡，其间王太太准备了一桌很丰盛的饭菜。我心中苦闷，说我想喝酒，但没想到王医生说他第二天有职称考试，下午和晚上要复习，无法陪我喝。于是我独自喝了两杯，吃完饭后很快就告辞了，我不想打扰他复习。临走时，王医生塞给我200元钱和一包当时很出名的火腿肠。

王医生看着疲惫不堪、满眼血丝的我说，不要太难过，生死有命！

下午2点多，我回到了郑州火车站。火车还有两个小时才开，如何打发时间？既然上午收容所的工作人员说流浪者出去做工了，现在说不定回来了吧，我何不再去看看，两次都没有见到人，我不太甘心。

于是，我又来到收容所，流浪汉们果然已经收工，几十个人正蹲在院子里吃饭。我隔着有铁栅栏的窗户来回搜寻了两遍，没有一个人像二哥那样高。但是，我突然发现，有一个人是背着我蹲着的，背影看起来个子很大，但我始终没有看清楚过他的正脸。

我征求工作人员同意后，在一个保卫的陪同下进入了院子。我走到这个人面前，低头一看，这个满头乱发、满脸胡须的人，正是我找了40多天的二哥！

我大声呼喊他的名字（我从小都是直呼其名），他停下手中的筷子，抬头看了看我，却不说话，似乎完全不认识我。我蹲下来，哭喊着他的名字。过了一会儿，他终于放下碗筷，对我点了点头。

我领着他到工作人员那里，工作人员指给我看他登记的名字和地址，名字我不熟悉，地址是我们相邻的县。我结清了他20多天在收容所的住宿费和伙食费，对工作人员千恩万谢之后，带着他去了旁边的邮局，给老家发了一封不到十个字的喜报，然后和他一起前往火车站。

到达火车站的时候，已经开始检票，买票已经来不及了，关键是结清收容所的费用后，我的钱也不够买票了。于是我买了张站台票，装着送人的样子，和二哥一起登上了返回北京的火车。

我找到座位，让二哥坐下，我自己去找列车员说明情况。列车员说没有票肯定出不了站，而车上查票又不归他管。他让我先躲几站，到离北京最近的一站再补票。于是，我在厕所躲过了几轮查票，车经过保定后，列车员带着我找列车长补了一张票。补完票，我手里只剩一元钱了。

火车凌晨3点多到达北京南站，我和二哥顺利出站，坐上了205路夜班公共汽车，在东单下了车。从郑州到北京，一路上二哥都不说话，但当我带着他走向护士楼宿舍，经过门诊楼南边时，二哥突然指着电线杆上那个"协和助听器"的广告牌，幽幽地说："一个月前，我就到过

捐款单

这里。"

一股凉气直袭我的后背!

我领着他到了宿舍,杨义大夫被我生生叫醒。他起床后就出去了,一会儿他端来了一盆热气腾腾的馄饨。我和二哥吃起来,那是我40多天来吃得最香的一顿饭!

但是,二哥刚才所说的到过这里的话,究竟是什么意思?吃完饭天差不多就亮了。等大家上班后,我带着二哥到19楼去洗澡。洗澡时,我看见二哥的右侧腹部有一道长长的伤疤。我问他到底发生了什么事,他又恢复到不说话的状态了。

后来,在玉渊潭公园一个前后左右都没有人的小坡地上,他终于告诉了我他在路上的遭遇。在此我不方便再往下写了,以后时机成熟的时候我可以写部中篇小说。

同事们知道我找到二哥后,先后到宿舍看望和祝贺。一天,向阳教授告诉我，同事们为我二哥捐了一笔钱，问我是否介意收下。我在认捐单上颤抖着签下了我的名字。如果从认捐单的签名判断，我绝对有辱北京协和医院硬笔书法一等奖的名声。

认捐单上，最多的捐了 300 元，最少的 10 元，总额为 3260 元。不要去看钱数的多少，那是 1995 年，我的工资还不到 300 元。他们有的是即将退休的技术员，有的是刚刚工作的护士。

认捐单我一直珍藏着。尽管同事之间有合作也有竞争，每年我都要翻出这张发黄的纸，从中感受协和妇产科的温暖。捐款的 46 人中，有 11 人离世，11 人侨居海外，6 人调离协和。这些人都有一段故事，流传于看不见的江湖，我都需要感谢他们。

很多年来，我都在想，我能奔波数千里找到二哥，完全是偶然，或许是冥冥之中早已注定——我 3 岁时，二哥救了我；二哥 30 岁时，我找回了他。

圆梦医学博士

1996年，到了报考研究生的时候了，我们有机会作为优秀住院医生直接报考博士研究生而跨过硕士研究生的阶段。我当然希望考郎景和教授的博士研究生，科里有几个同事也想报考郎大夫，也许是知道了我大学时考试属于"牲口级"的事，转报其他导师了，但是全国仍然有12个人报了郎景和教授的。

与院外的报考者相比，我在协和妇产科待了三年，在专业课上占有绝对优势。但与院外同学孤注一掷考研究生不同，我不可能因准备考试而长期请假。我向当时管排班的杨秀玉主任求情，当初杨主任曾到医院人事处据理力争，最终以专科生的名义将我留在了妇产科。但由于当时人手少，她实在排不开班，一直没有答应，让我自己克服困难。我一直缠着她争辩，老人家被逼急了，骂了我一句忘恩负义！

听了这句话，我脸色惨白。我转身跑到住院楼5段7层我正在轮转的妇科内分泌病房办公室，上级邓大夫安慰我时，一直绷着的我忍不住放声大哭，这是我到协和医院后唯一一次在别人面前痛哭。万希润大夫说，他能理解我，因为我太在乎那句话了。

杨主任听说了这件事后，亲自跑来向我道歉，偷偷地和我说："你自己找个原因吧，最多给你七天病假。"

这可真难倒我了,我是男的,放之四海而皆准又查无实据的痛经、月经过多、盆腔炎等无法加在我的身上,而脚扭伤、膝盖扭伤、腰扭伤啥的,我就住在医院,表演起来很困难。而如果说再大的病,谁都开不出来证明。

抓狂之际,我终于找到一张心动过速、频发室早的心电图,我写上我的名字,给正在看门诊的杨主任送了过去。一位曾经是大学同学,后来成同事,再后来成师妹,后来在同一个病房的家伙口无遮拦,说我这么生龙活虎的,心脏有毛病,鬼才相信,肯定是装的!就为这句话,我对这位师妹耿耿于怀了很久,后来发现这个朴实的师妹还有更口无遮拦的时候,才明白她并不是有意拆台。

这七天的假期,对我来说太宝贵了,既要复习公共英语,又要背专业英语,还要看专业书……我每天早晨5点多起床,穿过长安街到东单公园去看书,当时我并不知道这个公园是某类型人士喜欢聚集的场所。那个时候,广场舞还不流行,东单公园是一个比较理想的学习场所。

4月份的北京,早上还很冷,于是我用那条带有格子的围巾包着头御寒。我在假山东面的小坡上占领了一块地儿,拿着英语书,念念有词,来回走动着读。我很专注,体会不到自己的滑稽。直到有一天,一个晨练的老太太过来问我:"小伙子,请问您这练的是什么功啊?"

终于熬过考试,成绩公布了。报考的12人中,取前三名到协和面试。我在三人之中排名第二,总分比第一名低一分,比第三名高十分。第一名是郎景和教授的老乡和校友,她的爱人是科里的一个在读研究生(后来留在了妇产科,最后到美国去了)。第三名是301医院的硕士研究生,年龄比我大四五岁,是《中华妇产科杂志》的青年审稿员,是妇产科学界的一颗耀眼的新星,发表了很多的文章。我感到我比较悬!

协和招收研究生一向很严格,公示初试成绩后,按1:2或1:3的比例通知面试。初试成绩很重要，如果不录取第一名，必须给出足够理由。后来，一旦有人问我考协和研究生有什么诀窍，我就回答说，好好准备笔试，拿分数说话。

面试的地点是15号楼3层郎大夫办公室。考官除了郎大夫外，还有边旭明教授、沈铿大夫，当时的教学秘书向阳大夫当书记员，教育处还派了一个老师监考。

第一名先进去面试，我在旁边的妇科肿瘤实验室等着，心里直打鼓，觉得时间过得特别慢，心想面试时间这么长，肯定是对她很感兴趣，否则很快就出来了。

终于轮到我了，先是用英语进行了自我介绍。这好办，我早就准备过了，背出来而已。然后是问一些专业问题，我已经忘记问了什么了。最后郎景和教授递给我一篇英文文章，让我当着考官们的面朗读一遍。读完之后，他又让我以自己的语言说说这段话的意思。

这其实很考学生的英语水平，因为第一遍读的时候，重点放在了把单词读准、句子读顺方面，对意思的整体把握反而不到位。而妇产科研究生面试的这一科目似乎从来不变，因为之前我当过两次研究生面试的书记员。有一次是在7号楼202房间，宋鸿钊院士招收两名博士，我当书记员。我在记录的时候突然想到，结束后宋院士不会让我也读一遍吧。

有了这个念头后，我记录的时候就开了小差，去特别注意如何正确朗读了。当四个考生都面试完毕后，宋院士果然说："小谭大夫，你也给我们读读这篇英文吧。"我窃喜，很流利地读完了文章，应该比四个考生读得好。宋院士听了之后，欣喜地说："英语不错！"看来，有准备的头脑是多么的重要。

多年以后，我和其他几个导师一起招收研究生，他们让我负责出英

博士毕业照,左一:郎景和院士

语考题。我向前辈们学习,选了一部妇产科权威英文教科书,复印了前言的第一页。因为,无论是中文教科书还是英文教科书,前言通常都是文采斐然,但对于非母语的人,理解和翻译就比较困难。

颇有意思的是,前言的第一段,居然出现了一个语法错误,将 is 误印成了 if!我将这个错误作为考点,十多个参加面试的学生中,只有一个挑出了错误。于是,这位同学成为了我的第一个硕士研究生。

当年我接受面试时考的是一篇如何转诊病人的文章,我读得有些磕磕巴巴,但对意思的复述还可以。我答完后,考官们相视一笑。郎大夫说:"好,你先回病房干活吧!"

我没有回病房,而是回到旁边的妇科肿瘤实验室等候。随后,301医院的仁兄进入了郎大夫办公室。通过走廊,我能听到郎大夫办公室传来的一阵阵轻松的笑声。然而这笑声对我来说,一点都不轻松。过了一阵，我听到了第三名和他们告别的声音，但我没有勇气去问结果。

我忐忑地离开实验室，刚回到5段7层病房门口，就听护士喊："小谭，电话！"我有些懊恼地拿起电话，那一头传来的却是郎大夫很温暖的声音："小谭，你明天到教育处选课吧，分子生物学一定要选。"

能"拼"掉两个强劲的对手，圆了当医学博士的梦，我很激动。下班后，我给女朋友打了一个电话报喜，就一个人沿着筒子河，绕着故宫转了整整一圈。

第一次在国际大会上发言

2003年初冬,进入北京协和医院工作十年后,我第一次争取到了出国参加会议的机会。我向第17届国际妇产科联盟(FIGO)世界大会投递的文章被收录,将做大会发言。

国际妇产科联盟是国际妇产科学界最权威的学术组织,负责制定和推广与妇产科疾病有关的诊断和治疗规范,每三年举行一次世界大会。那年的世界大会于11月2日至7日在智利的首都圣地亚哥举行。

与重返联合国一样,中国妇产科学界也经过了多年努力之后,才刚刚重返FIGO。或许是为了表示重视,有关部门组织了一个有120多个成员的代表团,分三路浩浩荡荡前往智利。

一路经美国,一路经澳大利亚,再有一路就是经欧洲。由于我没有去过美国的经历,旅行社建议走欧洲路线。当时办理护照远远没有现在这么简单,需要单位介绍信,而开介绍信需要很多手续,比如经费证明、会议邀请、户口本等,除了不摁你手印外,比办美国签证需要的材料还要多。

我的参会经费完全自筹,一部分来自当时正在承担的一项国家自然科学基金青年项目的列支,同时借有大会发言的机会向国际合作局申请了专项资助——往返机票两张。

从地球仪上可以看到，南半球的智利与北半球的中国正好中心对称，是距离最远的两个国家，估计没有一架民用飞机能够一气呵成直达目的地。旅行社为了节约，买的是需要多次转机，而且需要等待很长时间的飞机。

那年的10月31日，我乘坐德国汉莎航空的飞机从北京飞了十多个小时后到达了德国的法兰克福，在机场逗留了八个小时后才转机飞到巴西的圣保罗，再等了四个小时后，转机到了阿根廷的布宜诺斯艾利斯，在那里又等了三个小时，最后转机飞到了智利首都圣地亚哥。前后四趟飞机，52个小时！

地陪接站后，照例是到中国餐馆吃饭，两天都没有好好吃一口中餐的同胞们完全失去了优雅的吃相。集体注册报到后参加了开幕式，聆听了智利总统的讲话。他们的确很重视这次会议，后来知道，这次会议有110多个国家的8000多名学者参加了会议。按照日程，我是11月6日下午在分会场发言。

我是代表团中年龄最小和资历最浅的成员，其他团员几乎都是来自全国各地的妇产科主任。我像刘姥姥进了大观园一样，目不暇接地感受国际会议的新鲜。而且，听了来自五湖四海的同仁发言，尤其是听了印度、巴基斯坦等学者的发言，对自己英语水平的信心反而大增。

我中学才开始学英语，由于家庭条件所限一直没有能力买录音机，所以口语水平与同学相比有些差距，尽管工作后参加了新东方和其他口语班进行了恶补，但语言学习这事儿，真是过了这个村就没有这个店了，像马克思40岁才开始学习英语并流利使用的人毕竟是少数。

为了准备大会发言，我煞费苦心。我将英文幻灯片做好之后，又将每张幻灯片的讲稿写了出来，找了一位来北京协和医学院交换学习的美国学生帮我修改后朗读一遍，我用录音机录了下来。我把这段六分钟的

在国际妇产科联盟大会上发言，2003年，智利圣地亚哥

发言当成一首英文歌曲来学习，抑扬顿挫，换气断句，模仿到几乎可以乱真的程度。我的底线是，回答问题可以很糟糕，但演讲不要太离谱。

尽管把发言稿请美国人范读后当歌曲练习的做法在协和医院那些真正的英语牛人看来会笑掉大牙，但在我后来参加的几次国际会议中都屡试不爽。2010年到布拉格参加国际妇科肿瘤学会（IGCS）双年会做大会发言时，用的依然是这一招。甚至2011年申报博士研究生导师资格英文答辩时，用的还是这一招！评委们可能被我蒙住了，以为我在国外生活了很久，都没好意思用英语提问。

然而，会议刚刚进行了两天，旅行社就告诉我，由于行程有变，中国代表团要提前两天，也就是11月5日早上离开智利返回欧洲，而我的发言是在6号下午。

我有些懊恼和失望。一是我"唱"了半个月的英文发言"歌曲"没有实战听众。二是如果没有发言,没有在主席台上发言的照片,我如何有图有真相地向资助我机票的国际合作局交差?

我决定与大会工作人员联系,能否将我的发言提前到与我的文章最相关的一个主题发言之后。第二天早上我6点多从酒店出发,乘坐半个多小时的会议专用班车到达会场。我找到工作人员,他们的母语是西班牙语,英语比我还糟糕,但总算向他们说明了来意,但遭到婉言拒绝。

绝望之际突然想到了大会的科学委员会主席,理论上他负责大会所有文章的筛选和发言的安排,相当于国务院总理——当然是临时的。到大会科学委员会的办公室和秘书说明来意后,我得到一分钟求见机会。等候召见的过程中,我向秘书要了张纸,将我的困境和要求写成了一封信。

在信中我写到,我是一名来自中国北京的妇产科医生,对国际妇产科联盟世界大会向往已久,很有幸我的文章被录用为大会发言,但由于行程原因中国代表团需要提前离开,我无法按原计划发言,能否将我的发言提前,加到主会场某教授主持的主题讲演之后?

信的末尾我写道:我花了半年多的时间总结撰写文章,用了一个多月时间准备发言。中国是离智利最远的国家,为了来到圣地亚哥,我转了四趟飞机,花了52个小时……

科学委员会主席看了信之后很感动,亲自把我带到主会场,与主持人交涉,让他在主题演讲完毕后给我五分钟时间。我在主会场心情激动地听了前面四个人的发言,他们都是来自欧美国家的妇产科大腕,我有些紧张了。

但是,当我上台后面对2000多名来自世界各国的同仁时,紧张感居然完全消失。我按照练习了N次的节奏,流利地一口气"背唱"完了我的发言，台下响起热烈的掌声。我当时的确很享受，也很虚荣！闲看云卷云舒、花开花落的淡定，注定与我无缘。

回想起来，当真是初生牛犊不怕虎！后来等我参加的会议多了，甚至参与策划和主持会议后才知道，即使在国内的学术会议中要临时增加一个大会发言也非常困难，何况是国际会议？何况是国际妇产科最权威的世界大会？

幸运的是，当时我并不知道这些困难。

巴黎第一夜

2003年冬,中国科学院与法国科学院的联合项目——法中科学与应用基金会招收博士后。承蒙科室和医院的推荐,我通过了层层角逐,荣幸地被录取。为了这次法国之行,我到中国人民大学旁边的一家民办语言学校学习半年法语。后来在教育部的支助下,脱产到上海外国语学院接受两个月的法语强化培训。然后,从2005年2月开始,我到巴黎大学做了一年的关于妇科肿瘤方面的博士后研究。

与其说是做博士后研究学习技术,不如说是游学欧洲和感受人文。我对巴黎的感觉分为四个阶段:失望,适应,喜欢,不舍。到达巴黎的最初两个月,我的内心是失望的,无论是街道还是房屋,与正在迎接奥运会的北京相比,显得破破烂烂。后来逐渐适应甚至喜欢上了,而在离开时,真的很不舍了。

从巴黎回来之后,我去过很多国家和地区参加会议,但是令我自己都奇怪的是,十多年来,我竟然再也没有去过巴黎。写这本《致母亲》的时候,我很怀念在巴黎遇到的那些人,甚至做梦都想回去看看。

一

2005年，2月14日，西方情人节，我从北京飞到了女人们心中的浪漫之都——法国巴黎。

不应景的是，早上北京下了很大的雪，在前往首都机场的路上，车刹不住，差点撞上了护栏。交通台的广播说，首都机场的航班大面积延误。

所幸，从巴黎飞回来的飞机居然按时降落，然后下午1点左右，居然又按时起飞了！

乘坐的是国航飞机。

飞机一路向西，追着太阳飞翔。塞外大地，一片灰黄。

当地傍晚时分，乘务长通知飞机即将降落巴黎。

从舷窗看去，地面是大片的森林，郁郁葱葱的绿色与一路上的灰色形成了鲜明对比。

二

外交部的老乡托中国驻法大使馆的朋友，将我从戴高乐机场接到了一户从北京过去的人的家里。

这是一片位于巴黎东南角、8号线地铁终点站附近的居民区，比较偏的一个地方。

主人家已经准备好晚饭。男主人60多岁，是前国家体操队教练，离职后到巴黎任教。他个子比我还矮，但力大无比，我那个装满了一年的生活用品的超重行李箱，他毫不费力就举了起来，硬塞到了他家的

"小车"上。

那是我见过的最小的轿车,后来知道它的名字叫"小精灵"(smart)。

女主人摔伤后大腿骨折,打着长长的石膏。她坐在有轮子的电脑椅里,将伤腿搭在另外一张电脑椅上,移动来移动去,热情地招呼我们坐下。

我按照习俗,用签字笔在老太太的石膏上写下了祝福的话。他们说石膏拆下来后,会永久收藏。老太太很开朗,谈笑风生,甚至让我觉得打着石膏的她没有多么的不便。两年以后,我自己因为受伤打了一个多月的石膏,才体会到当年老太太的种种不在乎,多半是装的。

三

吃过晚饭,体操教练把我送到了我在巴黎的第一个住地,一户从上海来的人家,离8号线南端倒数第二站要步行一刻钟的小区。

男女主人都50来岁,他们的大儿子已经工作,二儿子刚上大学,于是家里空出来一间房。女主人听取朋友建议,将房间收拾出来,租给我们这些从国内来的学生。

女主人热情周到,但男主人不太热情,或者说颇有意见。后来的几天,我们做饭是在同一个灶上,每天晚上他们先做,我后做。只要我一炒辣椒,男主人的脸就会拉得很长,并夸张地咳嗽,至少在我看来是夸张。

一切安顿妥当后,我给家人发了条短信,然后在被窝里打开小收音机,开始练习法语。尽管之前断断续续学了半年法语,其间还到上海外国语大学进行了强化培训,但是,当时我已经35岁,没有革命导师卡

拉里博瓦西埃尔医院

尔·马克思那样40岁还可以学习并精通英语的能力,效果可想而知。

四

我必须要临时抱佛脚。因为第二天我就要去见法国老板了。

同一批接受法中科学与应用基金会资助的同学,除了我之外,2014年的国庆节之后都陆续到了法国。我一再向法国方面申请"缓期执行",台面上的原因是这边项目没完,实际的原因是那年单位的副高职称聘任会推后了。元旦前顺利通过了答辩后,所谓项目也就完成了。

2月15日,我乘坐8号线,倒了一次车后,从巴黎的东南角来到了位于巴黎北部、巴黎北站(Gare du Nord)附近的一家医院——拉里博瓦西埃尔（Lariboisière）。这家医院建于1846年，历史悠久。

医院位于巴黎10区，与著名的红灯区18区只有一街之隔。那时的我，很纯洁，更有些胆小，脑海中根深蒂固的观念是不要涉足这些是非之地。后来在别人的鼓励下，还是花了7.5欧元的高昂票价，去了一趟巴黎著名康康舞表演场所"红磨坊"旁边的一个小的专业博物馆——"巴黎情色博物馆"。一家很正规的博物馆，随行人员也很正规——是孩子他妈。之所以说票价高昂，是因为这家巴掌大小的博物馆的价格与大了它上百倍的卢浮宫的价格完全一样！

我工作的地方的中文名字是巴黎血液血管研究所，隶属法国健康与医学研究院（INSERM），是巴黎大学下属的项目单位。

法兰西同事

巴黎血液血管研究所位于拉里博瓦西埃尔医院的西北角，与医院古老的建筑群有些不协调。但是巴黎就是这样一个包容性很强的城市，有各种造型传统、屋顶圆弧状的建筑，也有最初被认为奇丑无比后来成为巴黎标志的钢铁怪物——埃菲尔铁塔；既有古色古香的卢浮宫，也有像工厂一样的蓬皮杜中心。

研究所不如想象中的大。门口是密码锁，我进不去。等了一阵，终于来了一个男的，骑着小摩托，和现在中国满大街的快递小哥差不多。他个子不高，留着金色的披肩发。他简单问了我的情况后，直接把我带了进去。他说他叫保罗，在这里工作十年了。

他告诉我这个门有一个四位数的密码，并神秘地对我说，十年来密码都没有变过。我相信他说的是真的，因为至少我待的那一年中，密码没有变过。我甚至在想，如果再去巴黎，我是不是要试一下，又12年过去了，密码会不会仍然没有变？

保罗的英语很一般，他把我带到秘书办公室之后，就去自己的实验室干活去了。

秘书叫娜塔莉，一位身材高大的中年妇女。我大胆猜测，如果时光倒流十年，她绝对是标准的法国模特。她帮我办理了手续，给我分配了一张办公桌。然后，她领着我到了研究所东边的一间屋子，给我制作了一杯香浓的咖啡。

我瞬间就被资本家的"糖衣炮弹"击中。此后一段时间，我每天都到这里来蹭咖啡，终于成瘾，现在每天要是不喝上一杯，基本就废掉了。

喝完咖啡，娜塔莉看了看表，就带我去见了研究所的一号人物——杰拉尔·托贝勒蒙（Gérard Tobelem）所长。所长对我表示了热烈的欢迎，一番勉励，然后，连建设性的谈话都没有，就握手道别了。

这是我在巴黎一年中唯一一次和所长先生的单独见面，第二次见面就是在离开研究所之前的欢送会上，所长先生再次出席，一起吃了蛋糕后总结发言说，谭是个好人。我想，这大概地球人都知道。

然后，秘书让我在办公室等待我的直接老板——让·普鲁埃（Jean Plouet）博士。

等待期间，陆续有同事来和我打招呼。

第一位是达吉雅娜，从苏联移民到法国的科研人员，30来岁，红色短发，标准的俄罗斯美女，只是香水味有点浓。她很友善，在接下来的一年中，在工作上对我帮助最大，我很多的实验技术都是请教她，尽管她和我的直接老板不是同一个研究组。

接着来了真正的同事，普鲁埃博士手下的几个学生。

最先进来的是卡娜，一个来自突尼斯的穆斯林女孩，老板的博士研究生。她家有好几个当医生的，家里还有带游泳池的别墅，应该是当地的上流人士。在接下来的一年中，她给我介绍了很多关于穆斯林的知识。她先生帅得一塌糊涂，留着标准的阿拉伯胡子，与伊朗球员一样。她说"9·11"之后，穆斯林的日子不太好过。我后来经常到欧洲各地旅游，实验就托她来接手，比如培养细胞，这和养个宠物或者小孩差不

与法国同事们在实验室

多,到点了就要喂(换培养液),否则细胞就死掉了。

另外一个是菲利普,典型的法国名字和法国男孩,巴黎第七大学的医学生。他对我的英语很崇拜,居然要跟我学习英语发音,这让来自重庆、普通话都带有辣椒味的我颇为自豪。菲利普非常友好,他教会了我使用谷歌地图,如何预订火车票和宾馆等必备技能,让我后来安排在欧洲的自助游行程得心应手。

菲利普有些腼腆和害羞。有一次他有些不好意思地问我,你们中国人现在都能吃饱饭了吧?我没有反驳他,但他对中国的了解多半来自《红高粱》等影片。后来他看到了我新潮的 mp3 和数码相机后,看法改变了很多。估计他认为我是暴发户,大多数中国人仍然在水深火热中。他对我能一放假就到欧洲各地旅游非常羡慕,因为他们要旅游,得从经济上计划很久。每次我游玩回来,他都会缠着我看风景照片。

还有一个女同事叫西尔维娅,30多岁了,后来知道是"死单身",说话和走路很有些像大侠,或者说女汉子。她和我不在一个研究组,但她英语很好,喝咖啡时经常和我聊天,而其他同事英语一般,聊起来就比较困难。

当时有一个科里的同事在伦敦学习,想来巴黎和欧洲大陆玩。她申请签证时需要法国这边有邀请人并提供资金担保。我是外国人,不符合邀请条件。于是我请西尔维娅帮忙,她爽快地答应了,和我一起去警察局办理邀请证明。她甚至给我看了她的租房证明、收入证明等隐私文件。

同事们都很羡慕我,因为有一段时间我中午要拿出从住处带来自制的、放有大蒜的"中国美食",经微波炉一加热,香气四溢,比他们的面包有品位得多。其实,这些中国美食非常寒碜。

为了省事,我每周日晚上炒一大锅菜,焖一大锅饭,然后分装成六份,吃一份,另外五份冻在冰箱里,每天带一份到研究所,作为中午饭。

他们对中国美食的喜欢,让我在离开巴黎之前,一狠心一闭眼一跺脚,请这十几个同事到里昂站附近的一家中餐馆(我后来的房东开的)吃了一顿自助中餐。他们称赞说,在巴黎他们从来没有吃过这么好的中餐。而在我看来,那家餐馆的菜品一般,唯一的好处就是便宜。

我们羡慕他们的法式大餐,人家羡慕我们的中国大餐。是啊,都说老婆是别人家的好,其实有时候饮食也是这样,这也算国际交流和友谊吧!

第一天,等着一拨儿同事都见完了,差不多11点了,主要人物,我的直接老板——普鲁埃博士终于出现了。

普鲁埃博士

让·普鲁埃博士两年前从图卢兹调过来，在托贝勒蒙所长的领导下工作。再之前，他曾到美国加州大学洛杉矶分校留学，是一种很重要的物质——血管内皮生长因子的共同发现者之一，在血管形成研究领域应属于泰斗级人物。

然而，在那天上午之前，我对他一无所知。到研究所之前，我从网上将有关托贝勒蒙教授的资料都检索出来，对他的光辉成就了如指掌，到了之后才知道，我只需要和他寒暄几句而已，他并不是我的直接老板，我的直接老板是让·普鲁埃博士。

普鲁埃博士60岁左右，面容和善，小卷发，有点酒糟鼻。他把我带到了办公室，问我是否介意他抽烟。我当然说不介意，因为说介意也没用，礼节我还懂。但他办公室的烟味实在太浓，对于从不抽烟的我而言的确有些刺鼻。也许是我可能做出了某个不太舒服的表情，普鲁埃博士抽完一支烟后，就抄起一摞资料，让我到西边的会议室谈。

刚一落座，他就给我介绍他正在主持的研究项目的背景，国际上最新的研究成果，我需要开展的主要工作，等等。真是劈头盖脸，一个小时几乎都没有停顿！我五年前就博士毕业了，这些东西与我在临床上每天接触的有些远，坦白地讲，尽管我频频点头，其实基本没有听懂。

然而他并不理会我迷茫的小眼神,讲完之后就领着我进了细胞培养间,让我给细胞换培养液。这真是出乎我的意料,还好培养细胞的工作我念博士研究生阶段做过,而且我还有无菌手术的经验,可以说驾轻就熟。只不过与当年我在协和医院老楼的楼道里做细胞培养的条件相比,资本家的条件太好了,天壤之别。

我总以为,对于我这只初来乍到、人生地不熟的菜鸟,资本家至少会给我一周甚至一个月的时间熟悉程序。没想到,他们完全没有我们礼仪之邦的规矩,刚一去就委以重任!

最初的研究工作很艰难,尽管我突击学习了半年多法语,但实际上也仅限于问路、问厕所等简单事项而已,一旦深入讨论就很困难了。我的同事们都用法语交流,只是在和我说话的时候才改用发音已经被改得面目全非的法式英语。工作紧张加上语言不通,我一个月之内体重掉了20斤,预留出来的最后一个皮带孔扣起来也松了。

过了一段时间后,我的工作开始有起色。普鲁埃对我在细胞培养和分子生物学方面的操作技术很肯定,因为在他看来,一个在手术台上能开肠剖肚的外科医生来实验室做瓶瓶罐罐的实验,简直是杀鸡用牛刀,大材小用。普鲁埃博士是生物学工作人员,不是医生,可能出于对法国医生的尊重,他对我这个中国医生也很尊重,对我比对他的博士研究生们要信任得多。这让我有些沾沾自喜,然而,我很快就犯了一个极其低级而且后果极其严重的错误。

那是一次非常关键的实验。我们花了半个月的时间培养了一批娇贵的细胞,用昂贵的药物进行了干预刺激,再用差不多半周的时间,从细胞里提出了蛋白质,然后在一种称为琼脂糖的凝胶(与果冻类似)中进行电泳,也就是让不同分子量的蛋白质分子在电流的驱动下移动,借助于分子量的差别,把不同种类的蛋白质分子分开,形成所谓条带。

法国老师让·普鲁埃博士（右一）

下一步，就是在这些有蛋白质分子的凝胶上面覆盖一层特殊的膜，同样在电流的作用下，将这些蛋白质分子自下而上转移到膜上（称为转膜），然后再用一些用特殊分子做荧光标记的抗体进行孵育（称为杂交），以检测和定量某些感兴趣的目标蛋白质分子，专业上叫作蛋白质（western）杂交。

没有想到的是，好几年都没有再做这个实验的我，在转膜过程中犯了一个极其低级的错误——把包装这种特殊膜的包装纸当成膜，压在了有蛋白质的凝胶上，尽管也经过24小时转膜，包装纸却不可能吸附蛋白质分子！基本上，就相当于本来是给手机贴膜，结果把膜扔了，把包装膜的纸贴在了手机上。

等普鲁埃博士发现"膜"上一片空白,什么蛋白质分子条带也没有的时候,为时已晚,我的大半个月时间和他的数千欧元瞬间消失!我当时真是无地自容,觉得太丢中国人的脸了。

当我涨红着脸向他解释和道歉的时候,普鲁埃博士连连摆手,说完全不用道歉。他说这种错误很多人都犯过,还说他自己在美国做实验的时候也犯过类似的错误。但是我知道,最后一句话多半是善意的谎言。

普鲁埃安慰我,只要是工作,就会犯错误,只有不工作,才不会犯错!他让我放松心情,从头再来。其实我知道,他肯定也心痛,因为即使对他而言,几千欧元也不是小数目,差不多是他一个月的薪水!

在接下来的一年中,我再也没有犯过同样低级的错误,高质量地完成了他交给我的很多工作。然而,每次当我得到希望的阳性结果向他汇报时,他在肯定之后的下一句话就是:"也许是偶然,再重复做两次!"如果重复不出来结果,他就不会接受。只有稳定重复三次以上,他才会在研究所的每周例会上报告。于是,我在研究所忙活了一年的"伟大"成果,最后只成为他的一篇文章中的一小块结果。毫不夸张地说,如果按目前中国很多文章的标准,将这些结果拆成四五篇文章都绰绰有余。

普鲁埃博士非常希望和中国合作,当他知道我的导师郎景和教授(当时还不是院士)是中国首屈一指的妇科肿瘤学家后,自己一个人从巴黎坐火车到布鲁塞尔来见郎老师,希望以后能有机会合作。

遗憾的是,由于种种原因,合作没有能够进行,而且当时留图留真相的意识极其不强,从大老远赶来的普鲁埃博士与郎大夫会谈的合影都没有。

然而,还有更遗憾的。

尽管普鲁埃博士对我的工作期望很高,但他特别支持我休假。一旦我提出休假,他就会一迭声说好。他说到法国不仅仅是做实验,还要感受法国的历史、法国的文化、法国的景色、法国的饮食、法国的美女!

他带我作为VIP贵宾参加了一次在他家乡大西洋海滨的拉布尔举行的法国全国性血管形成会议,资助我到荷兰马斯特里赫特参加世界子宫内膜异位症大会,还以项目合作的名义资助我回国参加了在海南博鳌举行的中国子宫内膜异位症大会。

曾经听说国外的人参加会议的时候,都是一个人一个房间,甚至为了达到这一要求,可以降低入住宾馆的标准,因为在某个年代,两个同性住一间屋有被指同性恋的危险。我一直对此持怀疑态度,因为那次到普鲁埃博士的家乡参加会议的时候,普鲁埃博士的几个学生都是两人分享一个房间。

但是我那次却是一个人住一个房间,而且是可以看到海景的大床房,而同事们住的是背面的街景房。普鲁埃博士的学生菲利普说,是博士让这样安排的。普鲁埃博士说我是远方的客人,当然要住得好一些。看来礼仪之邦,并非只有我们中国一个。

普鲁埃对我的生活也非常关照。为了帮助我夫人暑假到法国待三个月,他作为担保人给我提供了很多必需的手续,包括经济担保和安全担保。那个时候法国签证需要的手续比现在要烦琐和严格得多。

我太太需要办手续的那几天,他正在美国参加会议,接到我的邮件后,他将护照复印扫描后发给了我,然后让我到他家去找他太太取他的银行对账单和水电费收据。那个时候我才知道,普鲁埃博士的月收入并不高,几乎和我在法国的奖学金差不多。普鲁埃博士有两个女儿,太太很早就辞去工作在家相夫教子。普鲁埃博士告诉我,如果太太参加工作的话,交的税会更多,家庭实际收入和现在差不多。

普鲁埃太太是典型的巴黎女人,穿着非常得体,年轻时肯定很漂亮,上了年龄依然保持了良好的身材。我到她家拿到银行对账单后,普鲁埃太太执意请我在楼下的咖啡馆喝了一杯，作陪的还有她正在上高中的小女儿。

普鲁埃太太说她女儿对中国很感兴趣，正在参加中文补习班，希望我空闲的时候教她女儿中文。我当时满口答应，后来却没有时间实施。

普鲁埃太太和我一起去市政厅办好了邀请我太太来法国旅游的证明后，路过一个农贸市场时，她坚持给我买了一大块我说不出名字的鱼肉，让我回家自己烧来吃。她说我一个人在国外不容易，还说普鲁埃博士在美国留学时也不容易，让我有困难尽管和她说。

实际上，我和普鲁埃太太就见过这一次面，因为后来实在是太忙了，忙于完成研究工作，更忙于在欧洲大陆旅游。

2005年年底，我回国参加会议后，返回的时候带了一些青蒿素衍生物纯品到法国进行抗肿瘤的研究。那个时候，我才觉得"留给中国队的时间真的不多了"，所以想尽可能地利用资本家的条件获得更多结果。于是，在最后的两个月里，我拼命工作，在几个实验室"上蹿下跳"，恨不得把一天当作两天用，每天回去得比普鲁埃博士还晚。

普鲁埃博士提醒我停下来，想一想，而不是没日没夜地赶活儿。但是我没有听他的话，因为我真的想拿到更多的结果，尽管后来发现这些结果用处并不大。

2006年2月，离开研究所回国的时候，普鲁埃博士告诉我，回国后务必三个月内把文章写出来，否则可能就再也写不出来了。他的话不幸言中，回国之后，由于忙于临床工作，我忽略了对实验结果的及时整理，结果导致文章很久都没有写出来。

但是，让我最愧疚的，并不是没有及时把文章写出来！

由于没有按要求在三个月之内把文章写出来投稿，回国后我一直躲着普鲁埃博士，不及时回复邮件，更不敢主动给他发邮件。法国课题组的同事们进行网络讨论时,我总是潜水不说话,以至于很长一段时间,我和普鲁埃博士几乎失去了联系。

两年多之后的 2008 年春天,法国科学院的代表团前来访问中国科学院,我们十几个接受过资助的博士后,要依次汇报自己回国后的工作。法国科学院院长听完我的报告后,突然问我和普鲁埃博士之间最近有联系吗?

我知道院长是普鲁埃博士的好友,但不好意思直接在大庭广众之下说失去了联系,只好撒谎说上周还通过电子邮件。院长轻轻"哦"了一声后,把话题岔开了。

没想到的是,几天之后我接到了研究所同事的电子邮件。她发给我电子邮件特别告知我:"我们敬爱的老师,让·普鲁埃博士因为肺癌晚期,已经在一周前永远离开了我们!"

如此看来,那天法国科学院院长询问我是否和普鲁埃博士有联系的时候,普鲁埃博士已经是病入膏肓,甚至是在弥留之际了!

这件事让我痛苦了很久很久。与那次在实验中犯下的错误不一样,这次错误根本无法弥补。如果我有机会再去巴黎,无论如何,我也要找到普鲁埃博士家里,去看望普鲁埃太太,去感谢这些善良的法兰西人。

与年轻人争食

2005年在法国留学一年的收获其实是很多的,远远不是四篇文章就能够写完。可以说,只要给我时间,在数千张照片的指引下,我写本欧洲游记都够了。但是,对我而言,法国留学也有负面影响,那就是法国人认为优美无比的法语把我本来就根基不牢的英语击打得更加惨不忍睹、耳不忍闻。于是,我希望有机会到英语正宗的国家,比如美国和英国,进修一下,哪怕是短暂漂洗也行,以便能把我的英语水平挽回一些。

于是,2011年秋天,已经获聘了正教授和博士研究生导师的我,居然去与比我年轻十多岁的副教授和主治医师夺食,希望竞争得到协和医院"百人计划"支持,到国外访问学习。

不要以为我与这帮年轻人的竞争是以大欺小,其实是以卵击石!因为,选拔的规则极为简单——不考专业不论年资,只考英语水平。作为"70后"的头的我,英语水平与"70后"的尾及"80后"相比,基本不在同一个级别。

英语考试包括听力和口语。听力是统一考试,内容与托福和GRE差不多,但说话人的口齿很不清楚,而且很多的片段估计不是英美国家的人说的,更可能是西班牙、意大利或者法国人说的。负责这项工作的国际合作处马领导说，去国外交流，尤其是欧洲交流，怎么可能听到像英美播音员一样标准的英语呢，听到的更多的是考试题中的那些不同地方口音的人的英语！

感谢这位高瞻远瞩的马领导，这对我而言是利好啊！因为，如果是标准的美式或英式英语，平时英语水平高的同事可能就完全听懂，成绩自然会把这样靠蒙的人甩下一大截。而这种不标准的法式、意式或西班牙式英语，平时英语水平高的人可能就听不懂了。我在巴黎待了一年，对各色英语都有接触，听起来反而亲切些。

口语考试则是通过电话进行。国际合作处的人通知我们在特定的时间段，接听特定号码的电话。电话那头是北京外国语大学的外教老师，他们在规定时间内和我们谈理想、谈情操、谈道德……十多分钟之后，向国际合作处的人给出口语成绩！

结果，在这场与年轻人的不对等竞争中，我居然光荣出列。在12个英语上线的妇产科同事中，我排名第六！更令人大跌眼镜的是，有个平时在国际医疗部和外国人交流畅通无阻，每次外国专家讲课提问都很积极的同事，居然名落孙山了。

事情都过了这么久了，我还是坦白交代了吧，我，部分"作弊"了！

在半年前北京协和医学院博士研究生导师的遴选过程中，要求全英文答辩。我有自知之明，在答辩前的半个月，我到建外SOHO找了一个外教老师，每天下班后就去和他侃大山，和他一起把我的发言稿翻译成英文，我又像以前一样，把这篇四分钟的英语发言当成一首歌来反复练习，并与老师的朗读进行比对，直到老师认为我背得和他差不多才罢手。我还针对评委们可能提出的问题，和老师进行了模拟答辩。后来，我还和那个老外成了朋友，帮他制订了去五台山的攻略。

结果，在那次博士研究生导师的答辩中，我又像唱歌一样，把我的工作用英语陈述以后，居然没有一个评委用英文提问就很快通过了。我自己后来也当过类似的评委，如果觉得报告人的英语水平太高，评委们是不太会用英语去提问和交流的，反而会用中文交流，原因很简单，人都怕露怯嘛！

于是，在这次"百人计划"英语水平考试之前，我联系到了那个外教朋友，然后再次去突击。不过这次，他已经不在建外SOHO，而是搬到了望京。因此，有一段时间，我一下班就蹭医院的班车去望京找这个老外学习，同事还以为我在望京买房了。

是的，作为辣味稍重的老姜，我这种做法是有些不地道。但这个世界上，人们都是只看结果，并不看过程。反正，我通过这种方法，得到了医院"百人计划"的支持机会。然后，在一个维吾尔族师妹的帮助下，联系到了去美国斯坦福大学访问的机会。

美国医院访问见闻

2012年5月至8月,我作为高级访问学者,访问了美国西海岸和东海岸两所知名大学的附属医院(斯坦福大学医学院附属医院、哈佛大学医学院附属布莱根妇女医院)的妇产科,和美国肿瘤研究和治疗排名第一和第二的得克萨斯大学 MD 安德森癌症中心和纪念斯隆-凯特琳癌症中心。临行之前,朋友问我:"你都晋升了教授和博士研究生导师,出这趟国损失不小,何必凑热闹,而且四个月能学到什么?"我的回答:"尽管时间是短了些,但我不必像以前做博士后那样埋头于实验室,更多的是观察和感受,对比和思考。"

斯坦福大学医学院附属医院

2012年5月,我到了美国西海岸的斯坦福大学。斯坦福大学位于加利福尼亚州旧金山市南部的帕洛阿尔托,是闻名于世的硅谷的发源地。斯坦福大学建于1891年,是加州铁路大王老斯坦福为了纪念他死于意大利旅游途中的16岁独子小斯坦福而建。

斯坦福大学的主建筑群和纪念教堂为西班牙式建筑风格,一草一木、一砖一瓦,都饱含了父母对于儿子的怀念。斯坦福大学最初不太出

在斯坦福大学，2012 年

名，缘于 20 世纪 70 年代半导体和微电子工业的崛起，斯坦福大学的声誉迅速飙升，在 2012~2013 年《美国新闻和世界报道》的大学综合排名中，它与麻省理工学院和加州理工大学并列第五。

斯坦福大学的占地面积很大，是澳门的两倍，绿树成荫，环境怡人，被公认为全美最美的校园之一。斯坦福大学附属医院开放床位 477 张、年住院病人 24111 名、年住院手术 11996 例次（根据 2011 年数据）。进修期间，有三点给我留下了特别深刻的印象。

第一，严格的病人隐私信息保护。

病人的信息属于机密，没有一定权限和充分理由，不能获取和公开。此前我一直倡议，为了尊重病人，医生不能在公共平台尤其是微博谈论与病人有关的信息，到美国发现这是法律规定。无论是进入医院工作学习、研究访问，还是负责清洁的临时工作人员或志愿者，只要有可能接触病人信息，都要进行一种称为健康保险可携性及责任性法案（HIPPA）的培训。培训过程很严格，考核合格后发给证书，然后才能进入病房、手术室和门诊。

的确，患者的一些信息是很隐秘的，出于诊治疾病的需要也出于对医生的信任，才毫无保留地告知医生。一旦泄露，可能对当事人的任职、晋升、生活、感情带来影响，必须要加以保护，这与古老的希波克拉底誓言不谋而合。

第二，贴心的手术进程显示系统。

手术患者家属等候区有轻柔舒缓的背景音乐，墙上还有液晶显示屏，显示患者（以病案号和代号显示）的大致手术进程，如进入手术室、准备麻醉、麻醉完成、手术开始、主要手术步骤结束、进入恢复室等。这种设计能使度日如年的家属对手术有比较实时的了解，焦虑和担心也能有所缓解（2013年协和医院已经开始使用这一系统）。

第三，先进的肿瘤讨论会议系统。

斯坦福医学中心的学术活动很多，日程很满。每周一是妇产科的学术大查房，有多种形式的专题讲演，每周五是妇科肿瘤讨论。可能与其地处硅谷和斯坦福大学雄厚的财力有关，会议室三面墙都装备了大显示屏，一台用来汇报病历及文献等文字资料，一台供病理科专家讲解病理，还有一台用来展示动态影像学资料。与会者能从多角度获得信息，从而进行更充分的讨论或者会诊。

哈佛大学医学院附属布莱根妇女医院

2012年8月,我到了美国东海岸的哈佛大学。哈佛大学位于马萨诸塞州的波士顿市。本部位于波士顿市西北郊的剑桥镇,医学院则位于市中心长木医学园区。

哈佛大学建于1636年,是美国最古老和最著名的大学,有"先有哈佛,后有美国"之说。其医学院水平之高众所周知,2012年超过约翰·霍普金斯医学院,全美医学院排名第一。其附属医院之一的布莱根妇女医院(Brigham and Women's Hospital,BWH)建于1832年,是一所重量级的研究型医院,就在哈佛医学院院内,全美综合医院排名第九,妇产科排名第二。医院开放床位793张、年住院病人45995名、年住院手术19195例次(根据2011年数据)。

布莱根妇女医院的妇科肿瘤主任罗斯·贝尔科维奇(Ross Berkowitz)教授是著名妇科肿瘤学家,"新英格兰滋养细胞中心"首席专家。前任主任唐纳德·戈尔茨坦(Donald Goldstein)教授非常赞赏北京协和医院在滋养细胞肿瘤方面的成就,办公室存有宋鸿钊教授主编的《滋养细胞肿瘤的诊断和治疗》。斯坦因教授告诉我,他与宋鸿钊教授既是学术对头,又是个人朋友。正是因为宋鸿钊院士等前辈的成就,与同期在该科进修的其他国家的访问学者相比,我明显受到更多重视和尊重。

与国内一样,布莱根妇女医院的病人都是冲着知名教授而来,当然希望教授亲自手术。但作为哈佛医学院的教学医院,他们的教学意识很浓厚,多数手术都是由Fellow(相当于主治医生)完成,教授们在台边指导。他们认为,对某一病人而言,或许有些歉意,但对于医生培养,

在哈佛大学布莱根妇女医院

利大于弊。

曾经观摩过一台腹腔镜手术，住院医年资低，操作不熟练，我在旁边都着急，但主刀非常耐心，不断用完美（perfect）、真棒（great）等正面词语鼓励，并未贸然代劳。事后我赞扬他们的耐心，贝尔科维奇教授说："这些医生百里挑一，未来会成为领军人物。我们需要有耐心，让他们感到工作的快乐。这样，他们未来才会同样宽容耐心地对待年轻医生！"

BWH 手术室的腹腔镜监视器也是悬挂式，不同的是他们在监视器的边缘包裹了厚厚的海绵。我们知道，医护人员被手术室悬挂的仪器（包括无影灯）碰伤的事儿屡见不鲜，这一细节处理有碍观瞻，却体现了对医务人员的人文关怀。

为了最大限度减少体内残留异物的风险，手术纱垫中除了有不透射线的显影条外，还有条形码，清点纱布时用条形码扫描仪扫描纱垫进行自动记录，同时人工复核。他们认为，人都是会犯错误的，尤其是在疲劳和干扰的情况下。这种被戏称为"超市收银台"的设备当时使用了一年多，反映很好（2013年协和开始使用）。

每间手术室都有一张房间内仪器设备布局图。护士说这张布局图非常重要和实用，不同的人员使用该手术间时，按图索骥就能清楚仪器设备所在，手术结束后物归其位即可。这种依赖良好的系统设计，而不依赖记忆的做法事半功倍（2013年协和医院开始在地面标注仪器存放位置）。

同样在贝尔科维奇教授安排下，我随同他到哈佛大学的丹娜法伯（Dana-Farber）癌症中心出诊。丹娜法伯癌症中心在全美癌症研究与治疗机构中排名第四，与BWH以天桥相连。尽管地处波士顿市中心，但癌症中心就诊空间相当宽敞。由于诊室较多，他们建立了病人和医生定位系统。医生的胸牌和病人的腕带上有特殊定位芯片，护士站和各个转角处设有显示屏，可以看到某个医生或病人的定位，减少了"通信基本靠吼"的喧嚣，并减少通播暴露病人信息的危险。

每间妇科检查室除了设备齐全外，特别设有独立的小卫生间。妇科检查需要排空膀胱，患者出诊室上厕所再返回很不方便。这种设计细节为女性减少了很多尴尬。

在BWH访问期间，还参观了其伙伴医院——2012年美国最佳医院排名第一的Massachusetts General Hospital（麻省总院，MGH）和与BWH一街之隔并以天桥相连的波士顿儿童医院（美国儿童医院排名第一）。MGH也是哈佛医学院的附属医院，与BWH共用住院医生和共享资源。与协和的低调截然不同，在MGH和波士顿儿童医院最显著的地方都有全国排名第一的标志（1# in the Nation）和对员工的感谢，连波士顿儿童医院门前一处维修工地的围栏上都赫然有美国排名第一的标志！自豪无处不在，也毫不掩饰。

得克萨斯大学 MD 安德森癌症中心

MD 安德森癌症中心（MD Anderson Cancer Center，MDACC）位于美国南部得克萨斯州的休斯敦市，是美国和世界上最著名的医学城——得克萨斯医学中心的重要组成部分。它是一所超大型的研究型公立医院，医学水平非常高，连续 11 年雄踞美国癌症研究和治疗最佳医院第一名，开放床位 594 张、年住院患者 23322 名、住院手术 8534 例次（根据 2011 年数据）。

1941 年，由得克萨斯州政府和美国的"棉花大王"安德森（MD Anderson）共同出资在休斯敦创建了以他的名字命名的肿瘤医院，历经 70 余年发展，MD 安德森癌症中心的规模之大令人叹为观止。尤其是近六年其扩展超过一倍，新建了住院大楼、临床研究大楼、门诊大楼、教师办公大楼、病人家属旅馆、质子治疗中心、基础科学研究大楼、急诊门诊大楼、癌症预防中心和新南区研究所等，拥有 18000 多名职工。

MD 安德森癌症中心的优势在于与肿瘤相关的基础研究和临床试验，它的口号是"让癌症成为历史"（making cancer history），根据恶性肿瘤基础研究的最新进展对患者进行基因检测和分型，并开展有针对性的靶向治疗，鼓励患者进入各种新药的临床试验。

MD 安德森癌症中心的卫生间的门上有提示条，上有电话号码和卫生间编号，依次用英文、西班牙文、中文、阿拉伯文、德文和越南文写着：如果您在厕所发生意外或弄脏衣物，请拨打×××（电话号码）向

在 MD 安德森癌症中心，2012 年 2 月

前台寻求帮助，并告知您所在的卫生间位置。我们知道，多少心血管意外，都是发生在厕所，上至领导，下至贫民！多少大小便失禁的老人，都会在厕所发生弄脏衣物，呼天天不应的尴尬！

　　MD 安德森癌症中心除了负责得克萨斯州和美国南部的肿瘤患者外，还有来自美国各地甚至世界各地的患者。其国际医疗部很有特点，它不是特定的病房，而是一个类似联络中心的机构，负责接受有治疗意愿和有经济能力的患者的转诊。国际医疗部提供多国语言翻译服务，专家评估后如果确定有转诊价值，会开具正式的转诊证明用以申请签证。

纪念斯隆-凯特琳癌症中心

2012年8月中旬，我来到了纽约的纪念斯隆-凯特琳癌症中心（Memorial Sloan-Kettering Cancer Center，MSKCC）。斯隆-凯特琳癌症中心位于市中心曼哈顿岛，中央公园的东侧，是美国最早和最大的私立癌症中心，在肿瘤的手术治疗方面尤其是在妇科肿瘤手术方面，独执牛耳。医院开放床位470张、有职工1.1万名、每年住院病人数24346名、住院手术11303例次（根据2011年数据）。

他们的医生对手术充满激情，强调手术的彻底性，认为这是给还能做手术的肿瘤患者最好的礼物。访问期间观摩了两台全盆腔廓清术（就是切除盆腔的所有器官），尽管该手术的价值存在争议，但它可以体现一个医院手术科室的综合实力，因为需要妇科、泌尿外科、普通外科和整形外科的密切合作。

他们的Fellow培养期为四年，其中半年轮转普通外科，半年轮转泌尿外科，一年做研究，最后两年才专门进行妇科肿瘤手术培训。经过如此全面的培训，其妇科肿瘤医生的手术能力很强，能够从容处理手术中遇到的各种困难。

MSKCC医院的一体化手术室配备七台大小不等的显示器。墙面上的两台大屏幕显示器，一台实时转播手术供参观者和台下人员观看，另一台显示患者信息及麻醉医生、手术医生信息，手术进度、病理回报信息。其下两台小显示器，供术中调用动态影像用。另三台监视器悬挂于手术台上方，供不同位置的医生使用，这样手术中医生就不用扭头看屏幕，减少了医生的颈椎与腰肌的劳损。可以说，纪念斯隆-凯特琳癌症中心真是好钢用到刀刃上，将手术室武装到了牙齿。由于地处闹市，医

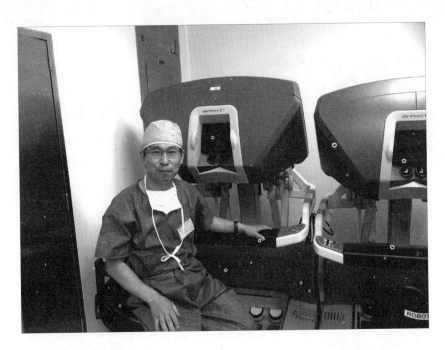

在纪念斯隆-凯特琳癌症中心

生的工作空间就相对局促了些。欣慰的是，2013年投入使用的协和新手术设备系统和他们的级别相当。

MSKCC在2012年已经拥有十套达芬奇机器人辅助的腹腔镜系统。我曾和他们讨论，限于经济水平，机器人辅助的腹腔镜在中国受到很多限制，短期内很难推广，而且很多操作不需要机器人辅助即可完成，有些大材小用。可是他们不这么认为，说传统的腹腔镜就像手动挡汽车和老式相机，最终会被类似自动挡汽车和自动数码相机的机器人腹腔镜取代。他们认为，随着技术的成熟和普及，价格自然会下降，普及完全可能。

感谢协和医院的"百人计划"项目，使我能在多年不间断的临床工作后，有机会停下忙碌的脚步，静下心来去观察和记录，去对比和思考。可以说，无论是病人资源、手术例数，还是手术技巧甚至硬件设备，协和医院并不弱于这几家医院，但他们的确有值得我们学习的地方，很多设计理念都是以人为本，既是以病人为本，也是以员工为本。一些需要耗费大量资源的做法我们无法效仿，但有些理念和细节我们可以做到，只是没有想到。

儿童安全座椅

2008年冬，我家小朋友出生。出院时我开车接，姥姥抱着裹得严严实实的小孩子坐后排，我小心翼翼开回了家。小朋友一岁后，开始生病感冒，我多次开车带他去医院，都是短途，倒没有觉得有什么大问题。

2010年夏，小朋友一岁半，我们一家三口自驾游山东半岛。小朋友在后座很不老实，上蹿下跳，我一路上提心吊胆，非常紧张。2011年夏，小朋友两岁半，我们自驾去了张北草原和大连，很多时候小朋友都是在后排躺在妈妈怀里睡觉。

那个时候，我们的常识是：小孩子不能坐副驾驶，但后座似乎相对安全。然而，国庆节后，惊闻我院整形外科主任遭遇车祸身亡，据说出事的时候她在后排睡觉。痛心和惋惜之余，感到后排也不安全，必须买儿童安全座椅了。

进商场一看，见到的儿童安全座椅都在2000元左右！而且只要和小朋友一说以后要坐安全座椅，他的头就摇得像拨浪鼓似的。根据他此前在后座上"放荡不羁"的表现，要把他乖乖捆在座椅里，我们实在没有信心。于是，暂时放弃了购买念头。

这以后开车带小朋友外出时，更加小心谨慎。即便如此，有一次还是因为躲闪一辆"横空出世"的电动自行车，稍稍急刹了一下，结果小朋友的嘴唇就磕破了。尽管如此，还是没有下决心买儿童安全座椅。

2012年5月，我到美国斯坦福大学做访问学者，计划让小朋友和她妈妈暑假到美国待两个月。到美国之后，我才真正体会到"汽车轮子上的国家"的含义，有车十分方便，无车寸步难行，尤其是在公共交通很不发达的西海岸地区。美国的高速多半不收费，油价折合成人民币也比中国便宜。于是我决定，他们到美国后我要租车开。

在当时，用中国驾照可以在加州申请临时驾照开三个月，但为了证明自己的能力，更为了了解美国的汽车文化，我还是去考了美国驾照。据说中国有开车经验的司机，在美国考驾照平均要考三四次，甚至有一位老兄，十次都没有过关。某些司机惯用的那些小聪明，在老美考官看来都是致命错误，会直接让你下场。

我很幸运地一次考过。因为我是一个守规矩的驾驶员，美国的有些交规，正是我认为中国交规中应该有却没有的。

在加州的交通管理局考交通法规时，我看见了墙上的提示。大意为：加州法律规定，儿童乘车必须坐儿童安全座椅。有很详细的说明和图示，结尾写道：如果你驾车时未让儿童坐专用座椅，可能会以蓄意谋杀罪被起诉。

至此，我感到了问题的严肃性和严重性。

我向房东借儿童安全座椅。房东说，他们孩子都上大学了，儿童安全座椅早已处理。邻居可能会有，但可能不会借给我，因为这属于安全用品，若出了事故，责任不清。房东还告诉我，租车时可以租儿童安全座椅，大概每天十多美元。如果经常用车，还不如买一个。

他问我的小孩多大，我说三岁半。他说三岁以上的儿童安全座椅便宜，三四十美元可以买一个。于是，我搭房东的便车去了旧金山湾区的一家超市，花34美元买了一个儿童安全座椅。

万事俱备，只等入座！

6月底，我回北京参加一个国际会议，然后一家三口飞往旧金山。朋友开车带着我新买的儿童安全座椅来机场接我们。

在飞机上和等待进关的时候，我们就开始给小朋友打预防针，说到美国一定要坐儿童安全座椅，否则警察叔叔会把爸爸妈妈抓走！与开车接我们的朋友也提前进行了沟通。

出机场上车后，我将小朋友放进了儿童安全座椅，干净利落扣上安全带。没有任何反抗言行发生，初战告捷！

美国国庆也放假，我们报了一个黄石公园和大峡谷的大巴旅游团。按照建议，我们拎着儿童安全座椅上了大巴。小朋友在里面老老实实坐了半天后，突然发现大人们不系安全带，于是抗议。

我们问司机和导游，他们说欧洲早就要求大巴上的所有人员包括儿童都必须系安全带，美国到2013年也会实行。于是，我们不得不重视小朋友的抗议，但是明确告诉他，坐大巴不用，坐小车必须要坐专用座椅。

美国的医生同行多半起得早，小医生5点半就到病房，7点开始学术讲座，8点钟进手术室。但是他们收工也早，下午4点后除了值班大夫很难见到人了。于是，我充分利用每天下午4点后和每一个周末，领略美国西海岸的自然景色，自己驾车去了优山美的国家公园、17英里海岸、半月湾、一号公路、旧金山金门大桥和索萨利托小镇、洛杉矶迪士尼乐园……

在这些旅途中，小朋友会老老实实坐在安全座椅里。每次上高速前，我就学空中乘务员的提醒："我们要上高速了，请确认安全带是否系好？"小朋友欢快配合："系好了，可以起飞！"

7月底，我按既定计划到东海岸的哈佛大学和纽约的癌症中心访问，他们母子随同前往。离开时，房东一家在外度假。考虑到8月底还要返回旧金山，总不能提着安全座椅去赶飞机，于是将它放在了房东的车库。

驾着租了有一段时间的车前往旧金山机场，由于没有儿童安全座椅，我们只好将小朋友横放在后座上。一路上，我看见闪着灯像警车的车辆就发毛——我可不想以蓄意谋杀罪被起诉。

到租车行还车后进入机场办理乘机手续才发现，好几对夫妇都是拎着儿童安全座椅办手续。后来才明白，在美国，拎着儿童安全座椅带着孩子乘飞机司空见惯，因为很多人一下飞机就租车，每次都租用座椅很不合算。

在波士顿和纽约期间的周末，租车游览了著名的常春藤联盟八个大学中的六所，也算名校膜拜和文化之旅了。租儿童安全座椅一共花了60美元，比买一个还贵。

8月底，从纽约飞回到旧金山，到租车中心取车。工作人员看我们有小孩，就问我们是否有儿童安全座椅，说如果没有，门卫是不会让车出车场的。因为已经有一副安全座椅在房东车库，而且我们很快就要回国，就不想再租。于是，我把行李放进后备箱，让他们母子步行到大街上，我租好车再开车去接他们。

三天后，我们从旧金山回到了北京。其中的一件行李，就是那个用了两个月的儿童安全座椅。回国之后，小朋友已经完全习惯儿童安全座椅了，而且在没有被系好安全带前，绝不会让我开车。

2013年3月，我去洛杉矶参加美国妇科肿瘤学会年会。会议结束后，我请假两天自驾独游南加州直至圣地亚哥。但实际上，有大半天我是在洛杉矶长滩附近的超市"游览"。因为我想给小朋友买一个四岁以上可用的安全座椅，其实就是增高坐垫。

转了几家超市，都没有找到单卖 4 岁以上的安全座椅。那种可以从出生一直用到 12 岁的几件套豪华装，昂贵不说，体积庞大，无法带回。但功夫不负有心人，在热心黑人大妈的帮助下，我终于找到了一家儿童用品商店。进行性价比分析后，买了某个牌子的增高坐垫。标价 24.99 美元，当天搞活动，20 美元一个。体积不大，我买了三个，自留一个，另外两个送了朋友。

现在，小朋友俨然把儿童安全座椅当作他的私有财产严加保护了。每次上车，都会自觉地系上安全带，无论路途多远，都不会贸然解开，已经很习惯了。

这就是我们与儿童安全座椅的故事。

写这么多，是想告诉大家，儿童安全座椅的重要性是肯定的。如果有机会出国，不妨留点时间，不买包包不买表，淘一个回来。如果暂时没有机会海淘，几万、几十万元的车都买了，就一狠心一跺脚一闭眼一咬牙买一个吧。

我还想说的是，很多人担心小孩对儿童安全座椅不依从。但您已经看到，只要大人统一口径，并痛下决心，小孩毕竟是小孩。成为习惯后，就很自然了。

我再想说的是，不要自恃驾驶技术好，就认为儿童安全座椅多余。道路之上，风云莫测。国外强制使用儿童安全座椅，来源于血的教训和科学试验。

最后，呼吁对儿童安全座椅正规立法而非道德倡议，希望对相关企业减免税费，降低价格。儿童安全座椅，不应该是王谢堂前燕，早该飞入寻常百姓家。

如网友所说，要带孩子经历世界，而不是带孩子经历危险。

一副拐杖

协和妇产科办公室有一副拐杖,我是第二个使用者。前几天一位同事寻找拐杖,说家里人要用。求助信息在微信群发酵不到半个小时,八年前我用过的拐杖居然找到了。

我使用拐杖的时间是 2007 年春天。

头年 9 月,我受部委委派,支援西部某医院半年。男女授受不亲的观念在那个民族地区根深蒂固,而当地医院妇产科就我一个男的,所以在差不多半年的时间里,没有异性同事请我吃饭或出游。而一同支援的其他同行,不说夜夜笙歌,隔三差五总会享受当地人民热情好客的款待。

支援即将结束前的某一天,科里的民族领导对我说,很抱歉这么久都没有请我出去玩,周末科里组织了滑雪,请我一定赏脸参加。

其实那几天正是我每月一次才思泉涌的时候。我想在支援结束前把荒废的时间找回来,复印了一大堆文献,准备赶出几篇论文。于是婉拒,但后来提到了民族团结的高度,就盛情难却了。

那天是周六,天气比较阴沉。到了大山脚下的滑雪场后,科里指派一名女研究生负责我的人身安全。

我从小爱运动,拿大顶、鲤鱼打挺之类是我的绝活,平衡能力也很好，之前有过滑雪经验，所以很快就抛开她，到山坳那边的高级滑道去了。来回滑了几圈，有些意气风发。

突然前方有人倒地，我本能躲闪，重重地飞了出去。我不知道翻滚了几圈，只听咔嚓一声，右边的膝盖撕心裂肺般的痛，其余记忆就没有了。

整个过程大概就一两秒钟。后来我想，除了那句经典的 No Zuo No Die（不作死，就不会死）之外，老天要废掉一个人，瞬息之间就可以搞定。

恢复知觉后，我的第一反应是右腿肯定没了！一看腿居然还在，有些欣喜若狂，但试了几次都没能站起来。

山坳远离了人们的视线，摔倒的人已经远去。除了我之外，没有第二个人。

过了很久，我终于站了起来，拖着滑雪板，一瘸一拐向大部队休息的地方挪动。那时候比较年轻，一是没人可求救，二是不想求救，总觉得自己应该还行。

大概过了一个小时，大部队的人才见到我。女研究生当场就吓哭了，我笑着安慰她，不用大惊小怪，休息一下就好了。

他们把我送回宿舍，下车时我才发现，休息了一个多小时后，疼痛不但没有减轻，右腿完全使不上劲了。

骨科大夫对我进行了检查，初步诊断：右侧膝关节内侧副韧带断裂，或者手术，或者固定。我再也笑不出来了！一个月前，我刚刚贷款买了车，回北京后正好取车，而油门和刹车都得用右腿。

鉴于我身份的特殊性，当地医院决定立即送我回京。又鉴于活动的特殊性，科室领导非常紧张，于是统一口径，说我是在上班途中滑倒受伤。我说反正是集体活动，不如实话实说，遗憾的是，没有被采纳。

人在江湖，身不由己。我理解当地医院的苦衷，只是隐隐有些担心。

由于我是支援干部，又是"上班途中受伤"，协和医院方面当然重视。一行人经由国宾通道，捧着鲜花，从飞机上把我架了下来，还有人摄影，留图留真相。

到医院后紧急安排核磁共振检查并组织会诊，确诊为内侧副韧带部分断裂。稳妥起见，不使用现代的轻便支具，仍用传统的石膏固定。有时候我在想啊，对于医疗这个特殊行业，贵宾享受的是最贴心的服务和最灿烂的笑容。至于治疗方案，虽然是最最保险的，却未必是最优选的。

医院特别从中医科调配出一张床。领导和同事们先后前来看望，正在北京出席两会的当地医院院长专程前来探望。领导们亲切问候，同事们强烈安慰。只有一位同事幽幽地说："你这条腿完了，我们在兔子身上做过实验，只要关节被固定一周以上，肯定得骨性关节炎！"忠言，的确逆耳啊。

科里的教学秘书给我送来了一副木制的双拐，恭喜我荣任为它的第二任主人，它的前任是一位髋关节受伤的同事。晚上我试着撑着双拐上厕所，但极其不熟练，差点儿就摔进了坑里。

次日我被救护车送回家，同事们连扶带抬把我弄上六楼。两天后，拐杖的首任主人送来一张可以在沙发上写字的折叠桌。她说桌子很好用，但她用过的已经脏了，就去家具店买了个新的。

一位前辈还给我送来了从新西兰带回来的小毛毯，她说春天乍暖还寒，可以盖住膝关节保暖。这位以严格和严厉著称的前辈，几个月前曾因收治病人的问题劈头盖脸骂得我差点还嘴。

之后的半个多月，由于下楼很不方便，我几乎足不出户，成了名副其实的"宅男"。说实话，我不喜欢这副笨拙的拐杖，能不用它就不用它。

人只有失去了自由，才知道自由的可贵。从那以后，我对街上乞讨的残疾人，或多或少都会给些零钱。有人说他们是故意示伤骗钱，但是我想，残疾和不便总是真的。

同事们一拨拨到家里来看我，聊的都是科里的旧事和趣事，一聊就是一晚上。尽管如此，那段时间还是很漫长。我没有像刚受伤时计划的那样借机恶补一辈子让人肝肠寸断的英语，也没有心思继续写已经构思好的论文，而是自学视频编辑。我给夫人录了一段像，用蒙太奇的手法剪辑到一名清凉模特所做的广告中。远看和背影是人家模特，转过身就是敝人夫人。

那时科里每年举行春节联欢晚会，每个病房要出演一个节目。妇产科的人都很有才，节目的内容和创意往往会在国家级春节联欢会上原音重现。我曾经是编故事的人，这次却成为了故事里的人。

在同事们口中，我受伤原因的版本不下十个。最为传奇且大家乐于接受的版本是，在一个月黑风高的夜晚，我到某年轻女性家中"国事访问"，不幸时机没把握好，跳窗出逃，腿摔断了！还有一个大家同样乐于接受的版本是，我去追一名高挑的美女，由于步幅比人家短，只好加快频率追赶，一着急，腿摔断了！

这帮家伙还准备把诸多版本搬上联欢会舞台，名曰《腿是怎样摔断的》。不巧被总支书记紧急叫停，说不能把欢乐建立在别人的痛苦之上。其实，书记哪里知道，对于喜欢编排同事的我，岂会介意这些调侃？

其实我更介意的，是受伤的真实原因。我一直相信，世界上没有不透风的墙。

我的介意是有道理的。两年之后晋升正高职称，我没有因为支援

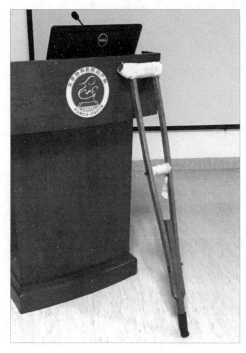

一副帮我渡过难关的拐杖

被加分,反而由于受伤原因被质疑而搁置一年。回头看来风轻云淡,怨恨不再,但当时还是要求当地医院写了情况说明。当然,不可能改变结果。

打石膏的最后几天,我的用拐技术已经炉火纯青,不仅可以自由下楼,还去了菜市场和书店。我甚至有些相信,金庸笔下那些使用双拐的武林高手,功夫真的可以出神入化。那段时间,我都有些喜欢这副拐杖了。

然而不幸的是,如那位忠言逆耳的同事所言,拆除石膏后,我的右膝关节完全僵硬,稍微弯一点就会钻心地痛。

最初的功能锻炼异常艰难,没有任何进展,我仍然需要借助双拐才能上下楼,甚至不如解除石膏之前。我开始厌恶拐杖,看见它就烦,但又不得不用。

那段时间我几乎崩溃。我一直认为，无论环境多么恶劣，只要身体好，我就能活下去，但现实却如此残酷。我打电话给骨科同事，得到的是科学而现实的回答：不行咱就再手术！

老师郎景和主任建议我去物理治疗科看看，当时理疗科的主任是我师母。她和风细雨地和我谈了一个小时，举了若干个熟悉的人的例子，目的是让我相信所有人都能回到伤前状态，还亲自给我示范膝关节功能锻炼的关键动作。

看到从无戏言的师母如此坚定，我的天空终于有些放晴。后来，在与病人的交流中，如果需要，我都会坚定鼓励，尽管我转身会向家属说明实情。当了病人之后我才知道，有些时候，病人最需要的是医生毋庸置疑的安慰和鼓励，甚至比药物还管用！

我开始了正规的功能锻炼，一点一滴，每天都有进步。终于，半个月之后，我可以不用拐杖上下楼了。再过了半个月，我差不多行动自如。但其实影响还是很大，现在受凉或劳累后，一站起来膝盖就会疼痛，要靠止痛药镇压。爬山之类的运动，只好被迫减少。至于滑雪、滑冰之类，听着我就腿疼。

丢掉拐杖之后没有几天，教学秘书说一位同事的妈妈受了伤要用拐杖。我归还拐杖时开玩笑说，让同事妈妈用完之后把拐杖扔了吧，这样会更吉利些，否则还会有人接手。的确，拐杖的后任主人至少有四位。

其实我当然知道，就如得病一样，谁都不想得病，但并不是绕着医院走就会不得病。没有人愿意受伤，但总会有人受伤。

是啊，拐杖不美也不招人喜欢，但却能给需要的人提供帮助。

这副拐杖，带有温度。

来自老区的礼物

一天下午，门诊即将结束时，一位患者送给我一份礼物——两双精美绝伦的鞋垫。它让疲惫的我陡然精神焕发，回到办公室后，我发了一条微博并配了图。

微博引来了不少转发和评论。我半开玩笑半认真地说：这其实是医患互信互助的典范之作，如果患者同意，我可以在不暴露隐私的前提下，与大家分享这段"动人"故事。出乎我意料的是，很长一段时间我都没有得到这位原来在微博上和我互动过的患者的回复。一天下午，我终于通过电话征得了她的同意。

她是一位来自山西吕梁地区的年轻妇女，一所山区小学的老师，患的是子宫内膜异位症。这是一种主要累及生育年龄妇女的常见病，以月经期腹痛、不孕和盆腔肿物为主要表现。尽管是良性疾病，但会反复复发，与恶性肿瘤类似，严重影响妇女的健康和生活质量。两年前她在当地医院做了盆腔肿物的切除，但一年前肿物复发，已经有七八厘米大小，疼痛也加重了。

检查完毕后，我跟她说需要手术，但在协和医院等待时间太久，可回当地医院做。她说当地医院的医生不敢手术，推荐她来协和，说她在网上看到了我的介绍。解释无效，我只好给她开了住院证，让她回家等入院通知。

一晃三个月过去,她在微博上留言,说她天天开机,但一直没有接到入院通知,现在腹痛越来越重,都无法给孩子们上课了。我与病房住院总医师商量,调整出一张床位后给她打电话。我以为她会欣喜若狂,没想到她在那头很着急,说要坐十多个小时的火车,两天后才能到达北京,恳求我们能提前通知。这其实很难,因为协和床位紧张,做长远计划很有难度。大约又过了半个月后,住院总医师在周末通知了她,安排在周二手术。

没想到的是,由于旅途劳累或着急上火,周一下午她发烧咳嗽,经检查为急性咽喉炎。由于手术是全身麻醉,需要气管插管,麻醉科要求延缓手术。我告诉她情况后,她表示理解并带着药物出院。她在微博中留言,说她心里很难受,但都是她的错。我回复说没有对错,治疗好后再联系。其实我同样难受,因为周一下午才取消手术,出于医疗安全,无法更换病人,好不容易挤出来的床位和手术台都被浪费。但这些是行内苦衷,与病人说不着。

大概一个多月后的周末,她再次接到通知入院,仍然安排周二手术。她很高兴地对我说,用药后很快就不咳了,这回总可以手术了吧。但周二早上我刚到病房,值班医生就告诉我病人昨天晚上突然提前来月经了!按照医疗原则,为了避免感染和并发症,女性月经期间不能手术,于是手术再次取消!

查房时我看到她脸色很不好,想缓和一下气氛,就开玩笑说:您知道吗,医生和患者之间也是有缘分的,也许您和我的缘分还没有修到。没想到她听到这句话哭了起来,问我是不是再也不给她做手术了。我赶紧安慰她,说等她生理期结束后尽快给她做手术。

十多天之后,手术如期进行,如预料的一样困难。在她术后恢复期间，有一天我下手术晚了，将白大褂交给门卫后直接去了医院东边的小饭馆。当我心满意足地喝完最后一口面汤，才猛然想起我的钱包在办公室背包里！更不幸的是，我光顾了七八年的小店刚换老板，双方一点友谊也没有。我有些狼狈地去柜台跟老板说明情况，老板笑了笑，说已经有人结了，他刚出门口。我奔到门口一看，正是那位折腾了几次才做上手术的患者的丈夫。

我追上他道谢并一起从饭馆走回病房，路上和他聊起了他妻子的病情和工作。他说妻子的学校很小，就几个老师，如果她生病请假，孩子们的学业就撂荒了，所以她一直扛着。同行期间，我感觉他好几次在看我的脚。我知道我的皮鞋很久没有擦油，满是灰尘，有些尴尬。没想到他是在看脚的尺寸，于是有了前文提到的漂亮鞋垫。山西同事告诉我，在吕梁地区，这种鞋垫是用来送给最亲爱的人，是"很特别很特别"的礼物。

的确，在20多年的行医生涯中，这是我收到的很特别的礼物之一。之所以说是之一，是因为五年前我还收到过一份类似的礼物，历史总是惊人的相似。

那是一位来自山东沂蒙山区的中年妇女，走进诊断室的时候气色很差，肚子隆起得和孕妇差不多。原来她患有子宫肌瘤，五年前已经开腹手术剔除过一次，复发后每月的月经量很多，严重贫血，丧失了劳动能力。她去了几家医院，都说不排除恶性的可能，只能切除子宫。辗转来到协和医院后，排了两夜的队终于挂上了号。她没有像其他患者那样说是慕名找我就诊（因为几年前我不可能达到让人慕名的程度），她以为我只看门诊，希望我给她推荐个医生做手术。她说她还没有孩子，无论如何也要留住子宫。感触于她的痛苦，更感动于她的朴实，我决定给她做手术。

她的瘤子很多也很大，完全改变了盆腔正常的解剖结构，而且由于有前次手术历史，肠管广泛粘连，手术十分困难，但子宫总算保留住了，病理检查也排除了恶性。然而，术后恢复并不顺利，持续发热好几天，让我担惊受怕了很久，我都有些后悔了。

三个月后，她到门诊复查的时候气色很好，几乎跟换了个人似的。复查完了以后，她从包里拿出了一双布鞋，说我查房的时候她瞅了瞅我的脚，给我纳了一双布鞋，昨天在来京的火车上赶完，让我试试合不合脚。

也许是那时我还年轻，我不仅仅是激动，还有一种想落泪的冲动！因为这种情景和这种礼物，我只在文学作品中才见到过——那通常是老区的大姑娘小媳妇们给上前线的战士们的礼物。而那位大嫂来自沂蒙山区，这种感觉越发强烈。

除了感动之外，更感到了责任。作为妇科肿瘤医生，我面对的病人都是女性，多是人妻人母。就在收到那双鞋不久，我读到了白剑峰先生的文章《没有情感的医学是苍白的》。文中有这样一段描写：著名医学家裘法祖早年从医，曾在老师的带领下，为一名中年妇女进行开腹手术。术后没几天，那名妇女就去世了。经解剖发现，患者的死因是感染，与手术并无关系。当时，裘法祖的老师轻轻说了句："她是四个孩子的妈妈。"文章说：就是这句简单的话，让裘法祖念念不忘，他知道那句话包含了多少情感，懂得了医生的责任有多重大。

当我读到"她是四个孩子的妈妈"这句话时，则想起了我的母亲。我的童年无忧无虑，尽管农村条件不好，但我有一个疼我爱我的母亲。然而我12岁那年，母亲因为妇科肿瘤去世，在她离世两个月之后，在县城寄宿读书的我才知道消息。我的金色童年戛然而止，在痛苦中我萌生了当医生的想法，经过努力和争取后，最终成为了一名妇科肿瘤医生。而那双布鞋，正是我离开了学习和工作十年之久的子宫内膜异位症组，执意进入妇科肿瘤组工作不久之后收到的。沂蒙大嫂的一针一线，再次让我感受到：每一张病床上的妇科肿瘤患者，牵挂的都是一个家庭，身后都可能藏着一个像我当年那样的半大小孩。所以，我从心底愿意为这些女性提供帮助。

诚然，当前的确存在一些骗人钱财的医院和医生，一些负面的医患矛盾案例被现代传媒无限放大，更有某些不负责任的媒体煽风点火，但我相信，大多数情况下医患关系是正常和良性的，大多数医生是负责和尽心的，大多数病人对医生是信任和感激的。尽管目前提倡医患平等，患者不是医生的上帝，医生亦非患者的恩人，但在几千年的传统文化中，医生的标志就是驱病除魔、悬壶济世。患者疾病得到根除，健康得以恢复后，自然会心生感激。

收受红包和礼物一直是被公众诟病的不良行为，我不想去讨论这种行为背后的体制根源，但或许可以说，完全没有收过病人礼物的医生很少；甚至有人说，从来没有接到过病人谢礼的医生多半不是好医生。这话过于绝对，但也有些道理。比如我的一位同事，医术和口碑都很好，门诊回来总拎着各种特产。他说这不是礼物，是病人的"心意"，很多时候他没法拒绝——总不能让病人千里迢迢带来再千里迢迢带回去吧？

颇有意思的是，我收到的两件礼物都来自老区——吕梁地区和沂蒙山区，都是患者手术几个月之后来院复查时送的。患者在手术前送钱送物，未必是真心感谢，多半图个放心而已。手术后数月甚至数年还赠送礼物的，应是真正的感谢。尽管后者也不值得提倡，但与红包风马牛不相及，它承载的，更多的是患者与医生的友情！

枫叶女孩

一

2016年12月21日，冬至，我接诊了14岁的女孩小嘉（化名）。小嘉是中学生，典型的北京女孩，有些傲气，不太爱理人。我询问病史的时候，小嘉偶尔和妈妈顶嘴，比较有主见。

小嘉的肚子高高地隆起，我的第一反应是排除怀孕的可能性。

青少年怀孕的情况时不时会遇到，前段时间一个高中生不来月经，结果发现怀孕四个多月了。那个学生之前去看了几家医院，都没有发现问题，因为她看起来特别单纯，在妈妈面前绝对是乖乖女。

我很谨慎地询问小嘉有没有男朋友，小嘉和妈妈断然否定。小嘉妈妈说，已经查了人绒毛膜促性腺激素，结果是阴性，但CT检查发现肚子里面有个"小问题"。

我给小嘉做了检查，发现哪里是小问题。肚子里的瘤子太大了，张力很大，随时都有破裂的危险。

我让小嘉到外面等着，不料小嘉却说她不要到外面去，有什么事儿可以直接跟她说，没有关系。

我初步判断是卵巢恶性生殖细胞肿瘤或黏液性囊腺瘤。青少年的卵巢恶性生殖细胞肿瘤通过手术以后配合化疗，效果通常不错，很多人还能保留生育功能，生儿育女。

我给小嘉开了术前检查，让她下周三复查看结果。小嘉离开诊室的时候，我和她开玩笑，让她先好好过圣诞节，向圣诞老人许个愿。

二

12月27日，小嘉计划第二次看门诊的前一天晚上，她因为剧烈腹痛急诊住院。值班医生检查后判断可能是肿瘤破裂，准备急诊手术。但小嘉自己不愿意手术，小嘉父母也想先看一晚上，第二天我给她手术。

12月28日，周三。上午是我们妇科肿瘤专业组每周的讨论时间，雷打不动。我把小嘉的病情提请专业组讨论。讨论认为，既然都怀疑肿瘤破裂了，当然急诊手术，其他检查以后完善。

小嘉被手术室接走，我离开了讨论会会场前往手术室。

我告诉小嘉父母，最好的情况是黏液性囊腺瘤，一种良性肿瘤，切除患病的卵巢就可以了；最可能的情况是恶性生殖细胞肿瘤。如果是后者，我们会把肿瘤切了，留下子宫和另外一边健康的卵巢，然后化疗，治愈还是很有希望的。

三

我到达手术室的时候，麻醉还没有开始。让我欣慰的是，小嘉非常镇静，比成年人都要镇静。我夸她勇敢，我说我拔牙的时候就很害怕，要是在新中国成立前一定是叛徒。小嘉难得地笑了。

小嘉问我手术以后多久才能上学，说再过几个月就要到加拿大去上学了。说这句话的时候，小嘉的脸上洋溢着幸福。

我告诉小嘉手术后很快就能上学,我问她还有什么担心的。小嘉说有医生在,她就不担心了,语气中充满了信任。

然而,我却有些担心,因为我不知道小嘉腹腔里面到底是一个什么样的状况,而且是急诊手术,准备并不特别充分,包括备血。由于临近春节,献血的人少了,血源紧张,血库正在和中心血站协调。

四

手术开始。打开腹腔以后,我发现情况比想象的要复杂得多。

小嘉的肿瘤已经破了,肿瘤大部分都是实性的,由此判断肿瘤是良性的可能性极小。从术中情况来看,肿瘤曾经可能破裂过,昨天是再次破裂。

直觉告诉我,这是一种性质非常恶劣的肿瘤,很可能是卵巢癌肉瘤。这种肿瘤对化疗不敏感,预后很差。

我们取出一部分肿瘤送冰冻病理检查,同时继续进行手术。我们将肿瘤破口先缝合了起来,免得肿瘤扩散。我们分离了肿瘤与肠管之间的粘连,终于把瘤子切了下来,装了整整两大盆。

我心情沉重,有一种无力感。因为,如果真是癌肉瘤,手术再彻底也没有用,结局都不好。

我们把子宫和左侧卵巢留了下来,切除了肿瘤破裂后扩散到盆腹腔的转移瘤。创面出血比较凶猛,我们用纱垫进行了压迫,效果不错。

差不多过了一个小时,护士电话催问了几次后,冰冻病理报告仍然没有出来。病理科说不是特别好判断肿瘤类型,希望主刀大夫能到病理科沟通一下。

我让助手继续压迫止血,我到了手术室旁边的病理科。主诊医生问了我手术中的情况，说肿瘤的性质难以判断，初步判断卵巢恶性上皮性肿瘤，可能是癌肉瘤。

后面的关腹操作由助手完成，我需要做的，是向家属交代病情。向家属告知坏消息是医生最艰难的时刻之一。

五

我端着满满一大盆肿瘤，拿着病理报告来到了家属谈话区。隔着窗口，小嘉父母热切地看着我，目光中充满了担心和期待。

我遗憾地告诉他们，结果并不乐观，肿瘤不是良性的黏液性囊腺瘤，而应该是一种很恶性的肿瘤，快速冰冻病理说是癌肉瘤。

小嘉妈妈听了之后，瘫倒在地上，小嘉爸爸搀扶她起来靠在窗台上。小嘉妈妈泣不成声，不停问为什么，为什么会这样，为什么是小嘉。

我很难过，没法告诉她为什么。作为医生，我看到的是总有人遭遇不幸，说不清为什么。所以，我无法安慰她。

小嘉的爸爸坚强一些，他扶着小嘉妈妈趴在窗台上，轻轻抚摸着她的头发。等小嘉妈妈平静下来后，我接着告诉他们我们计划继续进行的手术步骤的利弊，让他们考虑。小嘉父母说小嘉太小了，能不能先不切除子宫和卵巢，等正式的病理回来再说。

我知道正式病理也不会太好，但我尊重了小嘉父母的选择。

六

手术结束后，小嘉回到病房观察。小嘉父母请求我们暂时不要告诉小嘉真实病情，只简单地告诉她是良性瘤子，切完了就没事儿了。

我答应了他们的要求，给病房所有的医生和护士打了招呼，让他们不要在小嘉面前讨论病情，病情发布由我来做。

小嘉恢复得很好，术后第九天如期拆线出院。

七

2017年1月4日，小嘉妈妈申请加我微信，说一般情况下不会打扰我。我犹豫了一下后通过了。我告诉她没关系，有事儿可发微信或短信给我，但我可能回复很简短。

她发微信给我说病理结果出来后给她打电话，或者当面告诉她，不要发短信和微信，因为小嘉经常看她的手机。

我回复她病理报告还没有出来，有消息我会在第一时间打电话给她。

1月6日，小嘉到医院来做中心静脉插管的护理，小嘉妈妈发微信给我："谭老师我来医院了，方便去找下您吗？"

我当时在做手术，没有看到微信。一个小时后，小嘉妈妈又发来微信："您一定在忙吧，或者我先走了，您帮我约一个下周一的号，好吗？那时病理报告也应该出来了。"

又过一个小时后，小嘉妈妈发来微信说："看到不用回了，因为稍后小嘉可能看我的手机。"

我下手术后才看到这些信息，打电话给病理科同事询问小嘉的病理报告。他说病理情况复杂，主诊医师初步判断肿瘤是卵巢颗粒细胞瘤，但是还需要等免疫组织化学结果，最后可能还需要全科讨论。

我非常高兴，因为如果是颗粒细胞瘤，小嘉的结局就比较好。我立即给小嘉妈妈打电话，但对方一下就挂了，我猜可能是孩子在旁边。果然，小嘉妈妈发微信给我："手写可以吗？孩子在车上。"

我回复："初步是好消息，方便的时候再联系。"

小嘉妈妈立即回复了："太好了，半个小时后可以随时打我手机。"

八

大约半个小时后，小嘉妈妈给我打来电话，我告诉她初步诊断倾向于颗粒细胞瘤。我说如果是颗粒细胞瘤，接着进行化疗，就可能获得较好的结果。小嘉妈妈在电话中激动得哭了。

我之所以急切地告诉小嘉父母初步结果，是想让他们在被痛苦的阴霾压迫了漫长的十多天之后，能够看见一线希望——也许事情没有我们在手术室讨论的那么糟糕，这样他们就可以好好过个周末。但我反复强调，这只是初步结果，最终结果还需要等待。

晚上，小嘉妈妈发来微信："感谢您周末带来的好消息，让我们可以稍微缓一口气。活命之恩，我们一家永远铭记在心。其实，包括之前去门诊找您又不敢进去，或者每天写微信草稿又不敢发，这种痛苦远比近乡情怯沉重百倍千倍，这是我和女儿生与死的结局。我只跟您说，如果她有事，我绝不独活。"

我简短回复："别，会好的。"并加了一个拥抱安慰的表情。

九

在接下来的妇科肿瘤专业组讨论中，我将小嘉的病情和初步病理结果进行了汇报。组里的一位老教授提醒我，让我以私人名义请一位对妇科肿瘤特别有研究的 G 教授复核切片。她说根据我的手术描述，不太像颗粒细胞肿瘤。

我给 G 教授发信息:"小孩 14 岁,巨大盆腔包块,我术中怀疑是卵巢癌肉瘤,她的甲胎蛋白和人绒毛膜促性腺激素水平都正常,CA125 稍高,400(u/ml)多。病理科的初步结果是颗粒细胞瘤,正在做免疫组化,非常感谢!"

G 教授回复:"OK!肿瘤部位明确?第一次手术?我明天看吧,不客气!"

我回复:"肿瘤部位很明确,来源于右卵巢,术前一周可能有囊内出血,然后自发破裂,破裂后与膀胱顶部和周围肠管有粘连。谢谢 G 老师!"

+

1 月 10 日。G 教授发微信给我:"之前科里讨论为颗粒细胞瘤,还做了免疫组化,但我不同意这种诊断,我想可能是恶性原始神经外胚层肿瘤,累及大网膜,我已经开出新的免疫组化检查,让患者家属来补交费用。"

随后 G 教授又打电话给我,说瘤子绝对不是单纯的卵巢颗粒细胞瘤,她从片子中看到了一些特殊成分,应该是原始神经外胚层肿瘤。她告诉我需要等待最后的免疫组化验证实,但是她说她的感觉应该没有错!

我被 G 教授的阅片水平惊呆了!因为恶性原始神经外胚层肿瘤极其罕见,全世界报告的例数加起来也不过十几例。

我暂时没有将这个消息告诉小嘉父母,因为我不忍心告诉他们如此残酷的结果,我想让他们的希望多持续一段时间,等最终的病理结果出来再说。

十一

然而，一天以后，1月11日早上，小嘉妈妈发来短信："谭老师，病理会诊结果今天是否能出来？"

我回复："最后结果还没有出来，您是否接到电话通知来补交费用？"

小嘉妈妈："我们马上去交。这个周日是女儿的生日，我打算下周一住院化疗，我们今天来医院护理静脉插管。"

我回复："好的，先好好给小嘉过生日。"

小嘉妈妈："太煎熬了！"

其实对我而言，也很煎熬。如果真的是原始神经外胚层肿瘤，我该以怎样的方式向小嘉父母告知呢？毕竟他们以为是颗粒细胞瘤，都准备来化疗了。

十二

1月13日，最后的病理报告出来了：原始神经外胚层肿瘤！我让我的研究生结合病例进行了文献复习。她检索了世界上与这种肿瘤治疗有关的所有资料，分析发现结果很悲观，几乎没有治愈的报道，无论继续做什么样的治疗，几乎都不会改变结局。肿瘤通常迅速复发，暴发性生长，患者差不多都是在一年以内甚至几个月就离开了。我第三次将小嘉的病情拿到妇科肿瘤专业组讨论。

事情到了这个地步，我不能再拖下去了。我给小嘉父母打了电话，把我们目前掌握的信息和讨论结果毫无保留地告诉了他们。我之所以没有让他们到医院来而是通过电话告知，是因为我实在无法面对面和他们交代。作为同龄人，我无法给他们实质安慰。

我根据专业组讨论意见，从医生角度建议按照文献上的方案进行化疗，如果有效，三个月后再次手术，然后继续化疗，但治疗完全无效的可能性很大。

由于专业组讨论中有教授认为从生活质量上考虑，积极干预可能得不偿失，于是我从个人角度，建议他们如果可能，可以带着小嘉去加拿大旅游，去她心仪的学校走一趟，或者旁敲侧击地问问小嘉有什么心愿，再尽力地帮她实现。

我坦白地告诉他们，如果不继续治疗，就失去了博一把的机会，但也有可能让小嘉有限的生命过得舒服些。一旦启动化疗，几乎没有回头路可走，小嘉可能被化疗打垮，而且还不能获得理想结果，能够舒心地活一小段的机会都没有了……按专业组讨论意见，我建议小嘉去做全身PET-CT检查，看其他地方有没有肿瘤转移。

电话那头是长时间的沉默。过了很长一阵，小嘉爸爸哽咽着说："能不能让我们再想想，商量好了回您电话？"

我同意了小嘉父母的请求，让他们先给小嘉好好过生日。

十三

1月15日。小嘉生日的当天下午，小嘉妈妈发微信给我："我们明天上午去做PET-CT，不知道您是否出诊？我想让女儿见一下您，因为我向女儿解释这是术后两周的正常复诊，医生建议按惯例做PET-CT检查，否则她不愿意做。还有，不知道PET-CT结果什么时候能出来？是不是要出来后再定治疗方案和住院时间？如果不是迫不得已，可否春节后入住？我想让她过一个快乐的春节，写到这里，我实在控制不住自己的眼泪……"

下午，我见到了小嘉。小嘉气色很好，心情也特别好，比手术前爱说话了，她对做PET-CT检查一点儿都没有提出疑问。

晚上，我打电话给小嘉妈妈，让他们商量好以后，如果决定化疗，尽快和我联系，不必等PET-CT结果。

十四

很快一周就过去了，再过几天就是春节，小嘉父母还是没有跟我联系。1月21日，周六，小年，小嘉妈妈发短信问我能否见一面。我那天正好参加一个会议，于是约好中午在会议中心见面。

中午小嘉妈妈来了，陪她来的不是小嘉爸爸，而是孩子的舅舅。我的直觉告诉我，小嘉父母关于治疗的意见可能存在分歧。

果然，小嘉舅舅说孩子爸爸比较理性，倾向于不再治疗，希望陪孩子到处走走，但小嘉妈妈不甘心，所以请他一起来听听我的意见。

其实这种两难情况，我很难做出倾向性建议。他们问我国内除了我们医院，还有哪家医院对小嘉的病比较有经验。我心里很清楚，小嘉的肿瘤极其罕见，经验都不多，但是我不想让他们完全失望，我说上海一家医院的妇科肿瘤比较强，如果需要，我可以帮他们联系。

我看出小嘉妈妈有尝试的意向，于是立即给那家医院的妇科肿瘤主任打了电话。主任爽快地答应了，让小嘉父母把肿瘤病理切片带过去会诊。

临走，小嘉妈妈递给我一个盒子和一个信封，说过年了，是点心意。我坚决推掉了信封，我告诉小嘉妈妈，你们有心情要表达，我有原则要坚持。盒子我没能推掉，是两瓶红酒。

十五

第二天，1月22日，周日。由于接下来是春节长假调休，那天正常上班。早上小嘉妈妈发来了很长的信息："如果今天（22日）住院，能否保证27日出院？女儿术后来月经了，应该是好事吧？月经期做治疗有影响吗？化疗前的检查是否要禁食？如果可以，今天我们能住院吗（我对女儿解释的是肚子不舒服来复查）？明天您见她的时候，能否说PET结果显示是未成熟畸胎瘤？因为我带她做PET检查时曾告诉她结果周一出来。然后，您当面建议我们做三个疗程的药物治疗（请避免使用化疗这两个字眼），说目的是巩固手术效果，加个双保险。不当之处，请您指正！对您的感恩和依赖无以言表……"

我当时在出门诊，只好简短回复："好的，稍等，先来住院。一种化疗方案是五天，另一种是一天，先禁食，方案再商量。"

门诊结束后，我向主管国际医疗部的负责人汇报病情，她说马上就是春节长假了，现在做化疗，假期正是副反应最重的时候，处理起来比较困难，容易出事。

正在这时，小嘉妈妈发短信给我："我们大概一个小时后到，刚跟孩子做通工作，只说住院做术后复查。"

我赶紧回复："先不住院，领导建议春节后再打，或正月初五以后打，您决定吧。"

小嘉妈妈："那我们先回家！如果其间没事儿发生，就定初六吧。给您拜年了！"

十六

1月23日。我以为真的要初六才能见到小嘉了，没想到小嘉妈妈一早就发短信给我："明天上午您能抽时间见一下小嘉吗？我们对她说是让您看PET结果。"

我正在纳闷小嘉父母为什么突然想让小嘉见我，结果小嘉妈妈发来一条长信息："明天见面的目的：1. 由您告知她病情结论，说没有之前判断的那么简单，但也足够乐观。比如就像上次说的一样是畸胎瘤，即便她自己上网查，也是可以治愈的病症，这就是我们想要达到的效果；2. 如何向她解释会出现病情诊断的反复？如果可能，此处尽量模糊淡化。但如果她非要强调要求知道，我之前做的一处铺垫或许有用，供您参考：手术后我曾对女儿说过，术中因为包块有溃破，医生曾建议切除被压迫的一侧卵巢，但是被我拒绝了，现在PET结果显示该卵巢或许存在被感染（侵犯）的隐患，为保险起见，医生建议预防性药物干预。或者您告诉她下面括号内的内容，是她爸爸拟的。（今天看术后效果，总的来说恢复不错，但是由于你的囊肿比较大，与其他部位有粘连，一次手术不可能完全清干净，上周的PET检查显示就有一些。在过去，这种情况即使小的囊肿也要再次手术切除，但现在科技进步了，可以用药物治疗而不再需要手术。）由于知识局限，词不达意，仅供您参考，或者由您提供更为专业合理的解释，那就再好不过。总之，要避免使用化疗这两个字眼，而用药物干预。"

随后小嘉妈妈又发来一条信息："之所以急于赶在明天上午见您，是因为22日接到了加拿大安省名校桑希尔中学的录取通知，必须赶在25日下午前汇出学费，我们希望借由您之口将病情告知她，既合情理（因为上周一做PET时我告诉她结果这周一出来，周三找谭医生看结果），又足够可信，而我们亦装作和她一起初次知道这个消息，然后下午再一起去汇款，似乎更多一些可以治愈的乐观预期，无形中增加她的信心。还有就是治疗时间，不知道您假期如何安排，如果可能，我们初三就可以住院。总之，一切拜托！"

我同意了小嘉妈妈的请求，找了一间环境不错的诊室，与小嘉交谈了很长时间。我尽量显得轻松，不时和她开句玩笑，小嘉妈妈也在旁边"开心"附和，小嘉对我的话一点儿都不怀疑。

晚上10点，小嘉妈妈短信我："太感谢您了！无以言表……医病医德，仁心仁术，祝新春快乐，好人一生如意，我们还是决定先好好过春节，初七住院。"

十七

2月5日，正月初七，春节长假的最后一天。小嘉妈妈发短信给我："我们大概9点半到医院，不知道这次是否还是住11楼一病房，如果是，千万拜托嘱咐医生、护士隐瞒病情。千万别说化疗这些字眼，就说打药或注射。"

我根据专业组讨论意见并结合文献，与小嘉父母商量后，选择了对小嘉生活状态影响最小的化疗方案，每次打一天化疗，三周重复一次。

我向病房医生和护士通报了小嘉妈妈的请求，请大家配合。护士按照小嘉父母的要求把化疗药物的原始标签撕掉，写上所谓增强免疫功能药物。

隐瞒病情的工作非常艰难。因为小嘉太聪明了，她要是一个劲儿追问，我很难没有漏洞。好在小嘉的性格还和术前一样，不爱多说，也不多问。

为了真实一些,我每次查房都要表现出轻松愉快的样子。我跟小嘉说,她即将前往读书的那个加拿大城市我去过,秋天特别漂亮,我让她有空给我们寄枫叶。小嘉愉快而简单地回答:"这没问题,一言为定!"

十八

小嘉化疗结束后当天晚上就回家了,准备休息一段时间后进行第二次化疗。

化疗药物会引起恶心呕吐,我让小嘉父母从外面药店购买了目前效果最好但还没有进入医院的止吐药。我还让小嘉爸爸去买特别好的脐橙,让小嘉恶心的时候闻闻橙子皮,可以减轻症状。

但是化疗引起的脱发我们却无法阻挡。于是我对小嘉说,免疫增强剂的主要副作用就是掉头发,我安慰她用药结束后头发会长起来,比以前黑而且是自然卷,都不用烫。

其实我知道有些话站不住脚的。这个年代的小孩很聪明,任何问题都可以从网上找到答案,但是小嘉从来没有和我们正面交流过病情,我们很默契。

小嘉父母的痛苦我能理解。小嘉好不容易出落成大姑娘,却遭遇如此巨大的不幸。小嘉妈妈说,小嘉从小到大都受家里重视,几乎说一不二,所有的要求都会被满足,可以说到了娇生惯养的程度了。现在碰到这样的情况,他们该怎样面对小嘉?

我问小嘉妈妈小嘉的情绪有变化吗?她说好像没有什么变化,她还像以前一样爱耍脾气。我说这很好,说明她对自己的情况不是特别悲观,要是突然特别懂事,反而糟糕。

小嘉妈妈说，她希望出现奇迹。

十九

遗憾的是，奇迹没有出现。第一次化疗之后，小嘉的血常规就出现了问题，白细胞持续降低，用了四针特殊的药物后白细胞才勉强回到正常值。更糟糕的是，包括影像学和血液指标的检查显示，肿瘤对化疗一点反应都没有，病情恶化很快，小嘉的腹腔里面出现了复发的肿瘤。

更不幸的是，第二次化疗时小嘉出现了药物过敏，这样一来，化疗只好暂时停下来，准备讨论后换方案。

小嘉父母非常着急，他们知道我曾经到美国几家肿瘤中心学习过，就问我这个病在国外有没有办法，可不可以到美国治疗。

尽管我们检索的文献都是国外的，但我不想阻止他们前往国外看病，我甚至希望国外医院能对小嘉的诊断或治疗提出一种不同于我们的意见。

2月27日，小嘉妈妈发来信息，说他们联系上了一家出国看病的中介机构，中介推荐了几家医院，她想发给我参谋一下。

我看完她发给我的邮件后短信回复她："资料中提到的三家医院，分别是纽约、波士顿和休斯敦的医院，我2012年到美国进修的时候，这三家医院都去过，只要能联系上，都可以。"

小嘉妈妈："哪家医院对小嘉的病治疗最权威？"

我如实回复："由于病例很少，没有权威不权威之分。相对而言，纽约纪念斯隆-凯特琳癌症中心手术强，癌症治疗一直排名第二。休斯敦的MD安德森癌症中心化疗强，长期排名第一。波士顿布莱根妇女医院丹娜法伯癌症中心是哈佛大学的附属医院，排名第五。"

我推荐他们去 MD 安德森癌症中心。小嘉父母很快联系上了 MD 安德森癌症中心。由于有专业中介协助，又是出国看病，很多手续可走绿色通道。3月27日，小嘉一家顺利获得了美国签证，订好了4月8日前往旧金山的机票。

二十

我提醒小嘉父母，即使小嘉去美国，也未必有理想的结果。但小嘉父母说还是博一把，否则会留下遗憾。我对小嘉父母的选择表示尊重，我让主管大夫把小嘉的部分病历译成英文，帮忙准备就诊资料。

美国医生特鲁多说："有时是治愈，常常是帮助，总是去安慰。"然而有的时候，当这几种可能都没有的时候，我们唯一能做的，可能就是尊重。

我尊重小嘉父母的选择，只要不违背医学原则和法律法规，我都会尽量给他们提供帮助。

二十一

4月初，离出国的日子越来越近，小嘉的病情却突然加重。

4月3日，小嘉妈妈发短信给我："小嘉昨天开始出现腹胀，是否要去医院就诊？"

我让她尽快到医院急诊。

小嘉妈妈说："孩子抵触去医院，可以自己用点药物吗？"

我回复说："如果能缓解还行，否则赶紧到医院。"

4月4日，小嘉妈妈发短信给我："小嘉腹痛还是持续，准备明早去医院，可是我们8日的机票，她现在的身体状态我很担心，怎么办呢？"

我回复："先来医院对症支持，然后再说。"

我对小嘉父母说，小嘉在国内我可以尽力帮她，至少我们之间的交流没有障碍。出国之后，就会处在一个完全不熟悉的环境，语言不通，很多要求连表述都难，更不用说得到满足。我感觉小嘉父母的英语一般，难以达到和医生交流的水平。

小嘉父母还是决定克服一下，博一把。

二十二

4月5日晚上，也就是我切除同期住院患者小昭腹腔巨大肿瘤的前一天晚上，小嘉妈妈发微信询问我病理的事情。

她说："收到MD安德森医生团队的回信，病理医生看了染色切片以后觉得诊断不太明确，希望尽快拿到蜡块（再做进一步检查），我这有20张白片，今天寄出，也差不多要8日才到。您看我是寄过去呢，还是随身携带，8日下午到休斯敦后直接送往国际部？"

我回复："切片随身携带更妥。"

小嘉妈妈发来了小嘉最近的检查结果，是十几张化验单的照片。

我回复："肝肾功能还可以。说实话，我希望美国医院有不同的诊断，并有更好的治疗方法。明天上午有一个包块比小嘉还大的患者要手术，所以，我可能后天才能回应您。"

二十三

4月6日，我做完了那台腹腔巨大肿瘤的手术后看到了小嘉妈妈的短信："小嘉的腹部隆起来了，感觉就像术前的那种情况，怎么办？"

我回复："估计是瘤子在长，希望后天能成行。如果腹胀很重，就来医院吧。"

小嘉妈妈："改签了明天走，早走一天是一天！就怕飞机上出状况，有没有应急的意见和建议？"

我如实回复："如果是逐渐发展，应该没有大的状况。但实话实说，如果出现状况，就飞机上的条件，几乎没有应对措施。"

小嘉妈妈："假设今天突发状况，该怎样处理？二次手术吗？"

我回复："如果你们要求，可以二次手术，但能否下手术台，结果如何，完全无法预料。"

小嘉妈妈："了解了，由命吧。"

4月7日，小嘉妈妈发短信问我："昨夜纠结，没有改签！"

二十四

4月8日，小嘉前往美国的日子。早上小嘉妈妈发短信给我："昨夜小嘉腹胀憋闷，干呕，睡眠不好，怕是承受不住飞行颠簸。如果不赴美，如何缓解痛苦？"

我给小嘉妈妈打电话，但响了一声就断了。可能小嘉在旁边，她不方便接电话。于是我给小嘉爸爸打了电话。小嘉爸爸告诉我，他其实一直都不太同意去美国，但孩子妈妈想去……

我当时在高铁上，信号不好，就给小嘉爸爸发短信："小嘉爸爸，我不支持也不阻拦，否则小嘉妈妈不甘心。如果最后决定成行，您在前往首都机场的路上，可提前通过机场热线申请绿色通道，让小嘉少遭些罪。"

我又给小嘉妈妈发短信："我已经和小嘉爸爸联系。如果今天不能成行，周一上午去看宁晓红教授门诊，她是舒缓医疗专家。您可从网上搜微电影《最后一程的温暖》。"

然而，小嘉妈妈却问我："还有手术希望吗？"

我回复："手术后呢？发展太快了呀。当然，我会提请专业组讨论，但讨论结果我能预料到。"

小嘉妈妈回复："美国医生刚才有回复了。"

我问："是什么？"

小嘉妈妈："大意是说，很遗憾疾病有进展，这也是我们让您尽早过来的原因。我们还没有得到最终诊断，但是不要认为最终诊断一定与现在中国的诊断相同，新寄来的切片的病理评估正在进行中，我们会根据结果制订计划。可能会包含手术之前再进行化疗，化疗方案可能与中国的方案不同。但是，目前没有最终确定诊断，我们还不能给出确切方案。"

她给我发来了英文信件，然后问我："手术有没有可能争取点时间，希望下次去能用得上。"

我回复："这需要专业组讨论，并行术前准备。目前只能对症支持。"

二十五

我一直在想到底小嘉最后起床前往机场了没有，但我预感多半不能成行。因为如果10点钟都没有出发，中午的飞机肯定误了。

10点半左右，小嘉妈妈发来短信："今天小嘉情况更糟，一直在昏睡，不愿意起床，都两天没吃东西了。"

我和小嘉爸爸通了电话，他说小嘉情况太差，去不了机场了。

二十六

下午3点，小嘉妈妈发短信给我："小嘉很痛苦，什么姿势都不舒服，干呕、疼痛，到医院有方法缓解吗？"

我回复："可能要插胃管，禁食，周一看宁晓红教授。"

小嘉妈妈问："这两天没有办法吗？孩子痛苦。"

我回复："去急诊吧，收住院。我已经和总值班说过。"

半个小时后，小嘉妈妈发短信给我："住院之后，措施就是插胃管、禁食？还有其他什么措施？是不是意味着就不会再回到家了？"

我回复："那倒未必。"

二十七

小嘉当天没有来住院。三天后，4月11日，小嘉妈妈突然给我发来一张图片，是小嘉的微信截图。图片我一时半会儿打不开，我预感不好，忙问小嘉怎么啦，是不是出了状况？

小嘉妈妈回复说，她今天第一次看小嘉的朋友圈，发现了这张图片，是小嘉在大年三十的时候发的。小嘉在朋友圈中说，她喜欢您这样身高和她差不多的主治医生，没有违和感……

我建议给小嘉找一家临终关怀医院。小嘉父母对临终关怀医院很抵触，因为这样就几乎宣告了小嘉的最终结局，他们无法在那样的环境面对小嘉。她说即使是到我们医院，小嘉现在也不愿意。

我语音回复："我跟小嘉爸爸联系了，让他去看疼痛门诊。上午是黄宇光教授，麻醉科主任。下午是主治大夫，如果挂不上号，就联系我。"

我再次告诉小嘉父母，任何时候都可以来医院，我负责协调。

小嘉妈妈："谢谢您的意见。孩子爸爸明天一个人去香港看诊，带PD-L1回来，我在找哪里可以注射。"

我问："疼痛门诊看了吗？"

小嘉妈妈："看了，孩子爸爸去的。"

二十八

4月12日，小嘉妈妈发短信给我："小嘉用药后痛苦得到缓解，非常感激您！我们在这方面知识和经验都很匮乏，幸而得到您的帮助。我现在只想不惜任何代价救她，如果实在没有希望，尽量减轻她的痛苦，不惜一切。我会一直陪她！"

我问小嘉妈妈方便接收微信吗？她回复说方便。

我转发给她我发给黄宇光主任的求助信。

"黄主任好！首先感谢您上周四的全程支持，病人术后恢复很好，非常感谢，回头我将心路历程写出来给您！又有一事相求：我的一个病人，14岁女孩，巨大卵巢恶性神经外胚层肿瘤术后，很罕见，预后极差，平均存活期就几个月。她化疗副反应重，又过敏，故停止了治疗。家属本准备去美国治疗，但因病情进展，前天未能登机。现在小孩疼痛很重，又不愿住院。我推荐家属来找您门诊。我记得您在肿瘤医院讲过，不能让恶性肿瘤病人痛着离开。"

过了很长一段时间，小嘉妈妈才回复我："孩子睡了，我刚有机会和时间仔细看您的留言，感动，感激，感恩，遇到您，是小嘉不幸生命里的一抹温暖。她喜欢您，感谢被她重视的人同样重视她，我替她谢谢您，我稍迟些再去看黄教授门诊。"

二十九

4月13日，小嘉妈妈发短信给我："刚才小嘉爸爸给您打电话关机了，他在香港，因为网络问题到酒店给您打的。下午去玛丽医院看医生，被告知不允许带PD-L1回来，打算明早再去养和医院碰碰运气。现在小嘉状况一天不如一天，腹部胀大，基本吃不下东西。今天MD安德森医院反馈回来的病理是高钙血型小细胞癌，不知和神经外胚层肿瘤比较，预期可有乐观一点点？PD-L1对其可否有效？非常不好意思的是孩子一刻离不开我，所以我不能及时回复您的信息。"

我说我已经和小嘉爸爸通过电话，情况已经了解了。我遗憾地告诉小嘉爸爸，卵巢小细胞癌的预后与原始神经外胚层肿瘤一样差，甚至更差。

三十

4月17日，周一。小嘉妈妈突然发短信给我："还有手术可能吗？"

我回复："如果你们有要求，我提请妇科肿瘤专业组讨论。"

4月18日，周二。小嘉妈妈发短信给我："小嘉的情况极度糟糕，腹部肿胀比术前更甚，非常痛苦！"

我回复："理解，但我能做的真的有限。在这个阶段，舒缓医疗专家宁晓红教授更有经验，我已经和她联系。"

小嘉妈妈："我在想，与其没有任何希望，不如放她走！因为我一直对孩子说月底再手术，孩子还是充满信心，虽然痛苦，至少没有绝望。就让她带着希望走吧，在手术台上！"

我回复："这不可能，减少痛苦的舒缓治疗有很多方法，不能采用这种方法！"

小嘉妈妈："看完宁教授后能住院吗？在家实在扛不住了，孩子再不愿意，也要去住院。"

我让他们尽快住院。

然而，过了一周，小嘉也没有来住院。

三十一

4月24日，小嘉妈妈发微信给我："小嘉病情恶化，腹部极度膨胀，肚脐都要溃破了，想做手术，可以吗？"

我回复："专业组讨论的结论是不能再手术了，建议您到舒缓治疗医院。"

小嘉妈妈："先不说一时之间找不到合适的地方，问题是小嘉只对您和对你们医院信任。"

我发微信问她能接电话吗，她说能。于是我给小嘉妈妈打了电话，我说尽管小嘉的病情很重，但无法判断她还能坚持多久。我建议不要让小嘉住国际部，如果时间长，花费就太大。如果需要，我可以协调普通病房。

小嘉妈妈得知普通病房是三个人一个房间，而且探视比较困难后，坚持要求住国际部。她说费用不用考虑，他们就这一个孩子，只要小嘉能好受些就行。

小嘉妈妈在电话中哭着告诉我,如果小嘉走了,她自己不会再活下去!我苍白地进行了劝慰,说刚刚争取到床位,让他们赶紧到医院来。

然而,我们等了一天,小嘉也没有出现。

三十二

晚上 7 点左右,小嘉妈妈发短信给我:"小嘉已经不能出行了,整个下午都处于昏迷状态,呕出大量咖啡色液体。"

我回复:"最后一程了!无论如何,我想劝您:你对小嘉的心痛和不舍,是因为您养育了她 15 年。同样,您父母也是看着您长大的,他们像您爱小嘉一样爱您,您要想想他们。"

小嘉妈妈:"和天下父母一样,子女是咱们的命。但小嘉对我的意义不止于此,她是我的爱,只有在她面前,我会撒娇,会冒傻气,会变回没有伪装的、纯粹的我;她是我灵魂停驻的所在,这十几年,我们去过无数地方,都是我们俩一路相伴相依,她离不开我,我也离不开她,我无法想象没有她的日子,活着和死有什么分别。我一直无法原谅自己,因为我未能及时发现,让孩子病情严重至此才就医;因为我常识匮乏,让孩子无端多遭许多罪;因为我的犹豫未能早一点去美国就医,以致延误治疗。也许术后就走,结局会有不同。但一切都晚了,她有这样父母,是她的命,也是她的劫……"

"还有就是非常感恩能遇到您,小嘉喜欢您,她也应该感到安慰,她重视的人也重视她、关心她。"

我承认,我流泪了!

三十三

4月25日，周二。小嘉妈妈发短信给我："非常抱歉，昨天因为孩子太虚弱没能来住院。不知道今天还可不可以？如果行，我们叫救护车！"

这个时候，我却有些犹豫了。因为小嘉妈妈太爱小嘉了，说她要与小嘉共进退，一旦孩子有个三长两短，她绝不独活。

小嘉妈妈的这种情绪让我很担心。如果小嘉在医院走了，小嘉妈妈再失去理智，在医院发生不测，我作为主管医生，怎么说都难逃其咎。

我和小嘉爸爸和小嘉舅舅进行了沟通，坦承了我的担心。小嘉舅舅表示，一定会去做小嘉妈妈的工作。

我给小嘉妈妈发短信："刚才已和孩子爸爸沟通，来住院吧。"

我们再次为小嘉留出了床位。然而，小嘉仍然没有前来。

三十四

4月26日，周三。小嘉妈妈说，小嘉终于同意住院了。

小嘉父母希望我们尝试抽一下小嘉肚子里的腹水，让她呼吸稍微舒服一些。

事实上，病情发展到这种程度，任何操作都有危险，都可能导致呼吸心跳停止，包括抽腹水，但我还是答应了小嘉父母的要求。但我提醒他们，小嘉的肚子里面多半是包块，未必有多少水。

下午，小嘉妈妈发短信给我："小嘉已经住院，不过是1床，不是以前的20床。"

我回复:"20床清静,但离护士站太远,我晚点过来。"

小嘉妈妈:"刚才B超医生说腹水不够穿刺,小嘉问那肚子怎么这么胀,我问B超医生难道是胀气太多?医生也附和。小嘉问如何解决,B超医生说少吃东西多走动。小嘉自己很担心,问我这是好还是不好,我安慰她说等下您来会处理。"

"还有,我对她这次发病迟迟未做治疗的解释是:1.医院规定两次手术间隔最短18~20周,她上次手术是12月28日,这次手术最快也要排期5月初;2.我们去香港采购了一种新型注射药物,可以不用手术,但需要各项身体指数达标才可以。所以这次到医院就抽腹水、补液、调理好状态,再注射药物或二次手术!"

出完门诊已是晚上7点,我到病房去看望小嘉。

三周没见,小嘉的情况非常不好。腹部胀得像小山一样,把皮肤撑得跟纸一样薄,肿瘤向上把肺压迫得差不多了,需要持续吸氧才能维持基本的血氧饱和度。

尽管如此,小嘉还是很努力、很礼貌地和我打招呼。

我按照进病房前小嘉妈妈的嘱咐,轻松地告诉小嘉,我们决定了,这次住院就是做术前准备,五一节后给她做手术。

小嘉努力地回答:"好的,快点排期啊!"

三十五

晚上10点,小嘉妈妈发短信给我:"刚才小嘉爸爸和小嘉舅舅对我转述了你们之间的谈话内容。首先,我正式向您一直以来对小嘉倾注的关心和超乎职责的爱护表示无以为报的感激!孩子舅舅讲了您对我的关怀,我感动的同时亦觉惭愧,我在恣睢悲己时没有考虑到这可能给家人或医护人员造成困扰,而这困扰我想都未想,却是你们职业顾虑中的一个客观存在。您放心,我现在心情较之前平静些,不会有过激行为,而且即便是有,也绝不会是针对医院和医生的任何质疑问责。对医院和您,我只有感恩。"

我回复:"理解理解,您自己抽空好好休息吧。"

小嘉的家人很善良,很通情达理,这也是我愿意帮他们的原因。

三十六

4月27日,小嘉妈妈发短信给我:"小嘉昨夜以来腹胀痛苦加剧,难以入眠,疼痛亦有不受药力控制的趋势,请会诊时酌情考虑。"

我回复说舒缓医疗专家和镇痛专家来会诊时,我会强调这个情况。

小嘉的父母很痛苦,我也很痛苦——眼睁睁地看着小嘉的病情一天天加重,我却无能为力。然而,我仍然像以前一样,查房时假装轻松、面带微笑地和小嘉聊天,尽管可用的句子越来越少。

我感觉小嘉可能已经知道真实情况了,但她就是不问。这很可能是小嘉的聪明之处,她早就知道大人们在骗她,所以她也配合在演。其实很多绝症病人与家属之间的关系都是这样,不想揭穿,保持默契。

我建议小嘉父母告诉小嘉真相,我觉得这样一直瞒着她太残酷。小嘉一直活在我们编织的谎言中,尽管是善意的,对小嘉而言并不公平。

但小嘉爸爸坚持不愿告诉小嘉真实情况。小嘉爸爸说,孩子太小了,对死亡会充满恐惧,希望能把这种恐惧留在成人世界中,让小嘉带着希望离开。

我再次尊重了小嘉父母的选择。

三十七

4月28日晚上，小嘉妈妈发短信给我："小嘉刚才说想吃米饭炒菜，可以少量进食吗？"

小嘉腹胀很重，已经肠梗阻了，需要禁食禁水，按原则是不能进食的。但撇开医生的角度，我想小嘉都这样了，想吃点什么就满足她吧。然而作为医生，我不敢这样直接建议。

我回复："医嘱肯定是不让吃。"

小嘉妈妈："吃了会有什么后果？"

我回复："腹胀加重。"

小嘉妈妈："好的。"

我不知道那天晚上小嘉到底吃上了米饭炒菜没有，第二天查房时我也没有忍心问。

三十八

4月30日，小嘉妈妈发短信给我："我想最大限度减少小嘉的补液量。她胀得太痛苦了。"

我让值班医生减少了输液量。

我对没有告诉小嘉真实情况很内疚，我请教伦理学专家，是不是要再次建议小嘉父母告诉孩子实情。我一直在尊重小嘉父母的选择，却一直在对小嘉撒谎，这是不是不人道、不道德？

专家说这倒未必，因为小嘉毕竟还没有成年，还是尊重小嘉父母的选择为好。

三十九

五一假期，小嘉的病情继续加重，神志时而清楚，时而不清楚。

小嘉父母要求不做任何有创伤的检查，后来连抽血化验都不愿意做。

我最后一次尊重了他们的选择，很理性的选择。因为，正如小嘉爸爸所说，化验结果不好又能怎样？

5月4日下午，我接到病房医生的电话，说小嘉的情况很不好，说想见我。我赶紧停下门诊赶到病房。小嘉已经处于弥留状态，喃喃地说："叔叔抱抱，叔叔抱抱！"

我俯下身，拥抱了小嘉。但小嘉的肚子胀得太大了，我抱不过来。小嘉似乎有回抱我的冲动，由于手上有输液管，她动不了，但她的嘴角露出了一丝笑容。我忍不住转身逃出病房。

晚上9点多，值班大夫打电话给我，说小嘉已经走了，很平静，小嘉父母也很平静，不需要我过来。

但我还是从家里赶到了病房。我揭开小嘉身上的白单子，对小嘉说："对不起，叔叔没能帮上你。"

我和值班大夫一起，站在小嘉的床前，深深地鞠了一躬。

那天是5月4日，青年节。

四十

三周之后，5月25日，小嘉妈妈发微信问我："您回京了吗？直到现在，对您的感恩无法言表。曾经一段日子，您是我们的精神支撑，如果不见外,有事可找我们。"

我回复:"很高兴您能给我发来微信,因为这说明您已经挺过了最艰难的一段。保持联系,互相帮助!"

6月26日,我的文章《一台手术背后的故事》在微信公众号上发表之后,小嘉妈妈给我发来微信:"刚看了您的文章,仿佛又回到那段梦魇般的日子,想到您对孩子的爱和怜惜。只是小嘉没她的好运气。对于您的每一段文字、每一个担心、每一次斟酌与犹豫,我都有强烈地感同身受……"

我回复:"其实小嘉的故事更感人!但是我不敢写。如果您愿意以这种特殊形式来纪念小嘉,我倒是真的愿意写。"

小嘉妈妈回复:"为懂得流泪。我正在整理孩子的文字、漫画作品,希望可以付梓成集,如果能够收录您撰写关于她的文章,是纪念,也是荣幸!"

四十一

尽管获得了小嘉妈妈的同意,我却迟迟没有动笔,因为写起来太沉重。

8月4日,《中国青年报》发表了《切除的肿瘤,弥合的裂痕》一文,说的就是与小嘉同期住院的一个患者的故事。我将文章链接发给小嘉妈妈,因为文末提到了小嘉,我这样解释:"您看一下文章。希望文末的内容不让您过分难受,很抱歉没有征求您的同意。报社想采访您,被我拦住了。"

小嘉妈妈回复:"能感受到您的善意,有温度的文字。锥心之痛,非死不能终。还有,我想让您知道的是,小嘉是真心喜欢您的。她这一生心性高傲，师长类让她心生喜欢的只有三个人，您是其中一个。您知道，她是一个多么吝啬说爱的孩子啊！"

我回复："谢谢小嘉，谢谢您！有机会我一定会好好写出来！"

这就是我整理出这篇长文的原因。尽管冗长，但我不想过多删减，相反，我希望尽可能保留小嘉父母和我的原始交流记录，以此作为对小嘉的纪念，也作为对小嘉父母的安慰。

一台手术背后的故事

一

小昭很年轻，娃娃脸，笑眯眯地和妈妈一起进入诊室。

刚进诊室，我的助手就说："这儿不是产科，您是不是走错啦？"

"没错！"小昭妈妈很干脆地说。

等小昭把衣服撩起来，连我都惊呆了——腹部膨隆，整个就像一个即将分娩的孕妇，而且是双胎孕妇！

更让人崩溃的是，检查起来肿物周围一点缝隙都没有，丝毫推不动！

小昭说她29岁，两年来一直在减肥，但效果不好，最近一个月，走路越来越沉重，晚上不能平躺，连呼吸都困难。

小昭先看的外科，但CT报告说这个肿瘤直径有30厘米，可能来源于妇科，于是她从网上抢到我的号。

凭直觉，我认为应该是良性的。但无论什么性质，手术风险都不会小——突然从腹腔中搬出这么大个东西，血压会维持不住，搞不好就会呼吸、心跳停止！

果然，小昭说她去过好几家医院，都建议她到协和看看。

我告诉小昭，我最近要出国开会，近期不能安排手术。我建议她去

作者在《面对面》节目中

找其他医生看看，如果需要，我可以帮她推荐医生。

这个时候，小昭妈妈才说她和我中学同学的妈妈是亲戚，在网上查了我很多资料，就信任我，还说我同学曾经给我发过微信。

我翻看微信，发现旅居美国的同学前段时间的确给我发过微信，只是我默认已经阅读回复了。

我有些内疚，但隐隐有些犹豫。行医这行当，似乎有一个攻不破的魔咒：越是熟人，越容易出问题，而且都是大问题！

虽然如此，我很难让她去看其他大夫了，我无法拒绝小昭妈妈那信任的眼神。

二

我让小昭去查大便常规和潜血。如果大便潜血阳性，就有可能是胃肠道的肿瘤。我还让小昭到麻醉科会诊，做术前评估——后来证明，这一步是最明智的一步。

大便潜血回报阴性，很大程度上排除了胃肠道肿瘤的可能。按惯例和规则，我将小昭的病情提交妇科肿瘤专业组讨论，请老教授和同事们共同拿主意。

我特意让小昭来到讨论现场，因为我有一个小小的心思。

近年人们对医学的期望值越来越高，一旦出现问题，有时难以接受。大大小小的医患纠纷越来越多，医生们的胆子越来越小。在某些医院，高风险的手术能不做就不做，这大概是那几家医院不接收小昭的部分原因吧。

所幸协和仍然坚守有一线希望就付出百分百努力的信念！但我感觉，大家的勇气似乎也有些打折扣。

因此我担心，如果不让小昭到现场，只根据影像学片子判断，讨论结果有可能是不做手术。但是如果大家看到一个活生生的年轻人，就可能改变主意。

事实证明我完全多虑了！

小昭进来之前，讨论就达成了共识：手术一定要做，否则病人没有活路！

三

我告诉小昭，床位紧张，需要等很长一段时间，如果情况加重，只能去急诊。小昭说，她家经济条件还可以，希望住国际医疗部。

这倒是解了我的围，但我并不希望她住国际医疗部。一是肿物的良恶性都不清，如果是恶性，在国际医疗部花费很大；二是手术难度可能很大，一旦发生意外，花费更难以估算；三是一旦结果不好，或者医疗过程有瑕疵，追究起来，后果更严重——诉求通常是和付出呈正比的。

然而，小昭丈夫执意要住国际医疗部。

两天后，麻醉科主任黄宇光教授在走廊遇到我，说："小昭的麻醉风险非常高，但不做手术太可惜，到时候麻醉科会全力配合！"

这让我吃了一颗定心丸。

四

3月29日，清明小长假前的周三，小昭住进了医院。

由于CT报告肿瘤压迫输尿管，所以计划30日上午放置输尿管支架管，防止术中损伤。然后再进行血管造影，阻断肿瘤的供血动脉，减少术中大出血的危险，3月31日，也就是周五手术。

然而，周五的手术已经排了不少，小昭的手术可能要在下午晚些时候才能开台。一旦前面的手术不顺，小昭的手术就有被取消的危险。

正在四处协调的时候，我接到了黄宇光教授打来的电话。他说小长假前做这样大的手术很危险，如果出现意外，搬救兵都困难，建议假期后再做。他说，如果需要，他亲自保障。

我感动得差点落泪，为我自己，也为病人。

于是，小昭暂时先出院了。

五

4月4日，周二。清明小长假的最后一天，小昭再次住进了医院。

4月5日，周三。上午如期放置了输尿管支架管。

按理说我的心可以放下了，但事情出现了一些变化。

前来会诊的外科医生警告我，肿瘤已经把下腔静脉完全压瘪，这种对静脉的长期压迫和对肠管的长期压迫，可能导致粘连和异生血管，搬动肿瘤过程中可能撕破大静脉，导致难以控制的致命性出血！

我当然害怕这种情况，病人死于台上，无论如何是难以交代的。

我的压力陡然增加。

不仅如此，由于小昭在国际医疗部手术，医务处接到病情汇报后，要求我们进行术前谈话公证，目的是让家属知道病情的严重性和我们的严肃性。

程序是必需的，但时间来不及了。律师说要第二天11点半才能来医院，而小昭的手术10点左右就会开始。前一天输尿管支架管放置之后，小昭出现了血尿，而且很痛。下午小昭还要去做创伤更大的血管造影和栓塞，之后可能会发烧，所以手术不能后延！

于是我在出门诊的过程中，自己和律师沟通，公事私办，恳求他们第二天8点半做术前谈话公证。

六

4月5日，周三下午，血管造影如期进行，我同时得到了一个好消息和一个坏消息。好消息是肿瘤血供来源于髂内动脉，这基本肯定了老教授和我的判断——巨大子宫肌瘤；坏消息是从造影中无法判断肿瘤与下腔静脉和肠系膜血管有无交通，而且肿瘤和周围器官似乎有粘连。

我再次和小昭的丈夫和妈妈谈话。小昭妈妈对病情的严重性似乎很理解，只是显得非常焦急。小昭丈夫却似乎很淡定，不停安慰岳母，说医生总会有办法的。

这让我有些不安。我给美国同学发微信询问这家人对手术的期望，更直接地说，一旦手术失败甚至病人死于台上，他们能否真的接受。

同学回复说小昭丈夫人很好，之所以"淡定"，是不想让一家人都陷入混乱状态。

七

忙完后回到家，已经晚上7点多，敲门无人应答。进家门后我看见闹钟上别了一张小纸条，上面写着：饭在锅里，菜在微波炉里，自己热一下吃。烤箱里有一只虾，别忘吃！我俩出去遛弯儿，一会儿回。

我突然心一酸！是啊，我不是扁鹊、华佗，只是一个普通医生而已。病人需要活下去，我也需要工作，需要养活家人。

但是现在，医生已经几乎是一个完全不允许失手的行业，我如此冒险，值得吗？

四年前，同样是同学介绍，同样是浴血奋战，同样是出于好心，同样是在国际医疗部，因为规则问题，我得到了一次大大的教训。

病人输不起，我同样输不起！

于是，我在朋友圈发了一张图，并配了这样一段话：1. 家人：这也是家常便饭！2. 病人：开弓没有回头箭！您信任我，我便全力以赴。天佑病人，天佑我！共同博一把！

回复的朋友很多，有安慰、有理解、有鼓励……

一位知名电视栏目的编导再三希望实时报道，被我婉言谢绝。

我需要心无旁骛！

八

其实，我更需要的是有人帮我分担压力，或者更确切地说，是分担责任！太太不是医生，对我们这行的难言之隐完全不懂。这个时候，我想起了老师——郎景和院士。

我给郎大夫打电话，不通。前几天他去了英国，也许没回来。我只好试着给他发短信，问周四上午他是否在医院，有事求助。他回复："好的，上午在呀。"

随后我给他发了一条比较长的信息，简单叙述了病情和我的担心。郎大夫很快回复："到时候叫我。"

九

忙完这些后,我对正在收拾书包的小同学说:"爸爸明天有一台很困难的手术,咱们早上可不可以麻利些,这样爸爸送你到学校后,就能到医院好好吃顿早餐!"

小同学爽快地答应了。

我一直认为自己心理素质不错,尽管考试前会紧张,但一上考场就没有问题。我很长一段时间都是一上床就睡着,但那天晚上我脑海中却一遍遍预手术,想象可能发生的危险和对策,前半夜居然睡不着了。

我起来从冰箱里拿了一听啤酒,喝完后很快睡着了。睡眠时间不算长,但质量颇高,起来神清气爽。

小同学没有忘记前一天晚上的承诺,穿衣刷牙洗脸一气呵成,我们提前到了学校。在校门口,小同学歪着头对我说:"爸爸,你好好手术吧!今天我很乖,是吧?!"

我摸了摸他的头,骑着前一天刚买的电动自行车,前往医院。

不到两年,我丢了两辆电动自行车。心疼之余,我安慰自己:破财免灾!是啊,对于外科医生,手术意外就是灾难。果真如此,自行车丢得也值啊!

十

4月6日,听起来很吉利的日子,至少比清明让人感觉舒服。连续雾霾了几天的北京,居然清朗了不少。

7点半,我到郎大夫办公室,向他详细汇报了病情,郎大夫让我手术开始后通知他。他说上午有讲演,但可以随时电话,手术优先!

临走郎大夫告诫:"第一,切口不要贪小,否则一旦出血,止血很困难;第二,如果能把瘤子完整分离出来,就基本成功了;第三,任何情况下,都不要慌乱,有我在呢!"

从郎大夫办公室出来之后,我走路都轻快了很多。

8点整,查房。我问病人睡得如何,她说后半夜睡不着,还问我是不是也没有睡好。

我肯定地回答我睡得很好!因为我要让她相信,我是精神百倍地给她做手术。

精神百倍一点不假,因为一种称为儿茶酚胺的物质已经在起作用,它让人投入战斗!

十一

8点半,律师到达病房。小昭妈妈对公证的烦琐程序有些不高兴,认为这些程序"侮辱"了她对我们的绝对信任。

万事俱备,只等开台!

十二

9点半,第一台手术结束。患者是一名4个月大的女婴,生殖道恶性肿瘤。这就是医生眼中的"人生":有不幸的,还有更不幸的!

10点整,小昭被接进手术室,黄宇光主任和病人打了招呼后,回头重重地拍了拍我的肩。

他亲自给小昭输液,开局很顺利。

然而小昭很快说头晕，她问是不是低血糖。其实，应该是仰卧位低血压综合征。病人的腹部像小山一样隆起，比足月妊娠更壮观。这样大的包块压迫到下腔静脉，血液不能回流，血压自然就低了。

所幸小昭很快被麻倒。

由于担心手术中大出血危及生命，麻醉后需要进行深静脉穿刺，以便于快速补液，还要进行动脉穿刺监测动脉压力。

静脉穿刺比较顺利，但动脉穿刺遇到了困难。小昭的血管都瘪了，黄主任亲自上手，也遭遇到了麻烦。

"不要再等，消毒开台！"黄主任手一挥。

十三

10点35分，再次核对病人和病情之后，宣布手术开始，巡回护士通知了郎大夫。

一刀下去之后，我此前所有的紧张和不安都消失了！关于可能出现的医疗纠纷的担心，也不知道去了哪儿。我的全部精神，刹那间集中了！

这个情景我并不陌生，作为曾经的学霸，每次考试一打开试卷，我就不会再紧张了。

瘤子的确是太大了，血管非常丰富，和周围真有粘连！我们细心地一处处将粘连分解后，瘤子被完整地从腹腔中搬了出来。

我们将情况简要汇报给郎大夫，告诉他可以继续讲演。

我和助手一层层剥离瘤子表面的包膜，一根根结扎血管，居然一滴血都没有出，瘤子被完整地剥了下来，子宫留下了。

黄主任和我一起端着这个比两个足球还大的瘤子到家属等候区，小昭妈妈双手合十，当场就哭了……

十四

病人离开手术室后，我和主管大夫抱着瘤子拍了一张"庆功照"，笑容灿烂，皱纹都出来了。

然而，进入医生休息室，我一下瘫坐在沙发上。

是啊，我并不是一个优秀的医生。因为，我不够单纯，想得太多！

但我似乎又是一名合格医生，因为，我敬畏生命，尽心尽力！

既然答应给小昭手术，只能想办法，创条件，精心准备，寻求帮助……

就像一支已经满弓的箭！

我拿起一张废弃的麻醉记录单，写下了这样几句话，作为对这段协和医事的记忆：开弓没有回头箭，千方百计总向前。幸有良师左右扶，一箭中的终延年！

补记

我将文章的初稿打印出来交给导师郎景和院士指正。郎大夫在南下长沙讲课的飞机上，写下了如下点评：

谭先杰大夫为我们细腻地描述了一个有惊无险的病例，如同一幅朴素的工笔画，几个人物栩栩如生，跃然纸上。

有情理、有磁力；有情景、有思想。

这也是爱的图解，对病人，对职业；医患间、同事间。

就从医而论，也体现了"不打无把握之仗""有备无患"的基本原则和策略——最后的具体手术似乎并不那么复杂惊险了，这正是之前充分准备的结果，否则一定会荆棘丛生、危机四伏！

这里，也还证明我常说的另外一句话：外科手术，决策占75%，技巧占25%。

决策、设计、计划是决胜的关键。

郎景和

二〇一七年六月九日

于南下途中

> 潭先生大夫为我们细腻地描述了一个
> 有惊无险的病例，如同一幅朴素的工笔画，
> 几个人物跃然纸上，跃至纸上。
> 有伦理、有磁力；有情景、有思想。
> 这也是爱的闺阁，对病人、对职业；医患
> 同、风事同。
> 况乎医为论，又体现了不打无把握之
> 仗——"有充患"的是原则和策略——而
> 后从具体手术几乎手术不那么复杂惊险，
> 这正是了号充分准备的结果，否则一定会
> 辣辛丛生、危机四伏！
> 这里，还记得我常说的另外一句话：
> 外科手术，决策占75%，技巧占25%。
> 决策、设计、计划是决胜的关键。
>
> 郎景和
> 2012年6月九日
> 于南下途中

郎景和院士的点评

行医感悟

妇产科的男神们

阳春三月，妇产科主任、妇儿科党总支书记沈铿教授交给我一项任务，让我负责拍摄一部微电影，参加北京协和医院"95协和，医路记忆"微电影大赛。总支副书记曹卫华立即组建了微电影筹备组，我担任组长。

刚"上任"的我有些激动，给妇产科的名誉主任郎景和院士发短信，说我构思了一部微电影，名字叫"妇产科的男神们"。所涉人物有：林巧稚大夫旗帜下的宋鸿钊大夫，中国工程院第一个妇产科院士，攻克绒癌；吴葆桢大夫，亦师亦友；郎景和大夫，目前妇产科领域唯一的院士；沈铿、孙大为、吴鸣等学术和手术大牛，同时还是小提琴手或歌手；向阳，国际滋养细胞学会执委会主席；万希润，跪着为病人手术的"最美姿势"大夫。然后写集体：写每年3月给宋鸿钊、吴葆桢、王元萼扫墓，写1993年和2015年两次妇产科男声小合唱。

郎大夫很快回了短信："很好！"

我将题目拿到筹备组，大家讨论后认为这个故事容易写，拍摄起来难度大。人物众多，很难出彩。我其实也没有底，于是也没有坚持。

很快筹备组提出了一个新的设想——《今天为您查房》，讲一个疑难病患者，在门诊挂了普通大夫的号，然后住了院。妇产科组织了全科

《妇产科的男神们》海报

大查房，有院士、知名教授、全国三八红旗手，阵容庞大。患者手术后顺利出院，而背后的一切她并不知道。出院的时候，很多大夫与她打招呼，因为他们通过病情早已认识了病人。

创意很好，但拍摄同样困难。一是需要有会表演的病人和医生，二是虽然对于圈外的人来说题材很好，但对于同行就太普通了。的确，在协和，大查房是家常便饭，很难吸引同行眼球。

转眼一个多月过去，曹书记第三次组织筹备组开会，提出了《第一张处方》的设想，题目来源于郎大夫的名言：医生给病人的第一张处方是关爱！计划用三个或四个故事展现主题，包括高危产妇、临终病人和被家人忽略的病人。

筹备组拿着构想咨询了来医院指导微电影拍摄的专家，得到了一些很好的建议。不幸的是，筹备组成员都是临床一线大夫，一忙起来就"飞"了，无法将构思落成文字。

同时我隐隐觉得，在五分钟之内要讲清楚四个故事很有难度，所以不是很主动。更糟糕的是，那段时间一直在忙我的医学科普《子宫情事》的出版。我试图将"宝座"让给筹备组的一个成员，没有得逞。

一晃就到了5月中旬。曹书记说她要集中精力组织"两学一做"活动，微电影让我多费心。她说有的科室已经拍摄完毕，进入后期制作阶段了。

5月31日，曹书记提醒说6月9日是最后交片期限，妇产科不能没有作品。

接着我收到了宣传处一位朋友的微信，她说医院很重视微电影，劝我别撂挑子，到时候妇产科交不上来片子，就太难看了！

这个时候我才意识到了问题的严重性！我请曹书记召集筹备组开会，但成员们先后出了状况：一位怀孕的出现了紧急情况回家卧床，另一位接到了十万火急的临时任务去了外地，还有一个近期不在医院本部。"在一起"的诉求变得异常艰难，只好用微信联系。

我给宣传处的一位负责人发微信，说临床工作太忙，真的没有时间，恐怕只能放弃。她回了微信：非常理解，各科室都存在人员紧缺问题，包括机关。"时间嘛，就像乳沟，挤挤总会有的……"

最后一句让我瞬间石化。破"涕"为笑之后，没有退路了！

拍故事片显然来不及，我再次提出了最初的构思——《妇产科的男神们》。曹书记拍板说行，需要什么她来统筹。

我准备以最简捷的方式解决问题——下载已故男医生的照片，再让"活蹦乱跳"的男同事每人发几张照片。串起来，配个音，齐活儿！然而，我很快发现，即便如此，我也难以做到。

我需要救兵！

情急之下，我想起了两年前曾经给我拍摄微纪录片《致母亲》的李导——一位完全可以靠脸吃饭，却偏偏选择靠技术吃饭的美女。

我立即充满希望地给李导打电话。电话那头传来了似乎刚从睡梦中被扰醒的声音。果然，她在德国蜜月旅行，当地时间是午夜！

我瞬间绝望。无奈之下我还是在国际长途里说了我的困境，请她找人帮忙。她说她6月4日启程回京，我可以把故事梗概先发给她。

我立即将曾经发给郎大夫的短信稍微扩展后发给了李导。然后我就开始盼星星盼月亮地等她的消息。

6月5日，周日，我值夜班。李导短信说她已经降落首都机场。于是，我冒昧约她和她爱人从机场直接到医院附近的餐馆见面——她真真正正是"从天而降"的救兵。

我着急忙慌地把我的计划给她讲了，强调不去想得不得奖，能交差就行。

李导听我说完后，悠悠地说，这么好的素材，交差有些可惜。她说9日交片来不及，如果能往后推三五天，应该可以。

我立即给让我"挤挤"的负责人打电话。她说如果真能"挤"出来，可以宽限三五天。

接着，李导说出她的第二个想法——一个只有专业人员才可能提出的想法！

李导问我，能否请动郎景和院士接受采访，承上启下串讲故事？

我立即给郎大夫打电话。坦白地说，做了郎大夫20多年的学生，最敢造次的地方，就是有急事随时打电话。

郎大夫说他在外地，下周二才回北京，但他答应尽力配合。

细节的敲定就容易多了。最后决定周一看场地，周二集中拍摄和采访，周三补充个别镜头。我们只有三天时间，因为周四就是端午小长假。

我将情况第一时间汇报给曹书记，她说调动一切资源，全力支持。

于是，一部后来在全国妇产界流传很广很久的片子开拍了……

6月6日，周一，第一天。云高气爽，好日子。7：30，李导带着摄像到达医院，顺利开机！

先抓拍了正在出门诊的几个男大夫的镜头，然后临时申请进入手术室，拍摄了刘俊涛教授的剖宫产手术。宣传处和手术室一路绿灯。

6月7日，周二，第二天。同样是7：30，李导到达医院。我拿着妇产科男大夫的名单，转战门诊、病房和手术室，抓拍镜头。天公作美，一上午忙活之后，科室里男大夫几乎都拍到了。

郎大夫接受采访之前，主动题写了片名"协和妇产科男医生"和"男妇产科大夫"。这两幅墨宝现在都被我收藏在一个只有我知道的地方。

李导问我要不要给郎大夫准备采访材料,我说绝对不用,郎大夫对科里的每位大夫都了如指掌,能用两三句话对每个人进行精辟点评。我只写了一串需要郎大夫讲到的男大夫的名字,都是年资比我高的大夫。

到办公室找郎大夫谈事的人很多,而他作为旁白的声音质量极为关键。于是,我站在门口充当"门神",将一切企图进入郎办的行为"扼杀在摇篮之中"。

意外的是,原定两个小时的采访不到一小时就结束了。原来,手术室打电话请郎大夫上台指导。郎大夫的原则是,来自四个地方的电话必须响应:产房、手术室、急诊室和国际医疗部!

这就是很多有"光辉事迹"的资深大夫在片子里没有被郎大夫点评的唯一原因。这些大夫是刘俊涛、郁琦、孙爱军、田秦杰、马水清、孙爱军、樊庆泊……对不起了,老哥哥们!

至此,还有一个重要镜头没有拍摄,那就是关于齐唱《革命人永远是年轻》的画面。

这是一段跨越了22年的故事。

1993年,医院举行纪念毛泽东同志诞辰100周年活动,妇产科的21名男大夫在东单三条小礼堂(泰戈尔访华时作演讲、国人送别孙中山的地方),以一曲《革命人永远是年轻》获得二等奖,当时宋鸿钊院士还健在。活动只留下来一张模糊的照片,而我只拍到半边脸。

22年之后,2015年,医院举行"我与协和同行"会议汇演,妇产科的男大夫在专业老师的指导下,重温了这一旋律。队形和扮相洋气了很多,歌名改为《协和人永远是年轻》。

郎大夫通知当年在小礼堂参加演出的大夫到妇产科学系办公室,按照照片的队形,重唱歌曲。

6月8日,周三,第三天。早上7:20,当年参加演出的部分"老同志"们准时到场，激情献唱。

本来李导还安排郎大夫接受补充采访，但郎大夫临时接到任务离开了医院。

于是，影片只好遗憾杀青！

我按照名单回顾了一遍，除了在美国开会的万希润之外，其他33名男大夫的素材都有了。我让老万挑几张照片发过来，但很长时间没有回音。我理解，不是路途遥远，不是时差，而是像老万这种和我一样"主要看气质"的人，要搞几张拿得出手的照片比考研究生还困难。

6月9日，周四，第四天。端午假期开始，李导等人加班加点，对几十个小时的海量素材进行剪辑，最后在五分钟之内讲完故事。

6月13日，周一，第八天。李导如期发来了片子。我立即请郎大夫、沈铿主任、曹书记审看了片子。影片得到一致肯定后，我上交了宣传处，几个负责人在肯定了片子的同时，提出人物介绍的字幕过多，影响画面美感。我申请再缓一天，大幅删减字幕。

6月17日，医院组织了来自中央电视台、北京电视台等业界专家的评审。修改意见与时俱进——将片名由《男妇产科大夫》改为《妇产科的男神们》。保胎休息的筹备组成员杨洁制作了精美的海报。

6月29日，在"95协和，医路记忆"协和微电影节上，影片被宣布获得"最佳纪录片"大奖。

这就是《妇产科的男神们》的"炼成"过程。

影片拍摄过程中，沈铿书记和曹卫华副书记统筹全局，我则全程跑龙套。我问李导，在圈内我算什么角色，李导说可称执行导演！于是就有同事戏问我，作为导演，有没有潜规则演员？我惨然地说，主角、配角都是男的，而我取向正常！实际上，从郎院士到刚进科的"小弟"，无论何时、无论何地、无论形象，都倾情演出。有位老大哥说，只要能通过审查，即使在更衣间拍摄，也可以配合！

　　无论如何，短短的一周之内，从一个想法变成一部片子，我和筹备组都感动了。有酸甜苦辣，有几度放弃，更有咬牙坚持。有年轻人的拖延，也有年轻人的爆发。既然协和人永远是年轻，缺点和不完美应该是必需元素。

　　有遗憾吗？有！片子中缺了几位过世的男大夫的镜头。其中有：赵志一大夫（编写了中国第一本关于性的读物《性的知识》），以及我不熟悉的王文彬教授和蔡正元大夫（因游泳意外身亡），但王元萼教授没有单独镜头就很不应该。因为，每年3月，我们都会在郎大夫的率领下前往西山脚下，看望长眠在那里的宋鸿钊院士、吴葆桢教授和王元萼教授，23年风雨无阻。这些前辈们的故事，郎大夫一年又一年、一遍又一遍，不厌其烦地传讲给后辈。

　　一些离开了协和妇产科的男大夫也没有能够加进去，他们是：谷祖善（"文革"中被"发配"新疆）、倪百善（去了中日友好医院）、石永恩、陈勇、戴东海、娄连娣、耿甲猛、张淳、袁久红、毕学军、毕明达、焦庆胜、高杰、王清德、李建军、龚晓明、丁西来。郎大夫说他们尽管离开了协和，但妇产科永远是他们的娘家。

　　有担心吗？有！很多老大哥翻来覆去被摆了半天姿势，浪费了很多表情，结果片子中只有一闪而过的镜头。另外，"妇产科的男神们"这个名字也容易招人反感。活儿大家干，凭什么只说男大夫？郎大夫在全国妇产科新进展大会上解释了这个问题。他说：称"男神"只是为了参加比赛的需要；只拍男大夫，是因为男大夫较多可以说是协和妇产科的一大特色，更容易出彩。这并不意味着对女性和女同事的不尊重，恰恰相反，这是一群在超级"女神"——林大夫旗帜之下，专门为女同胞们服务的特殊男人。

有偏心吗？有！之所以有段时间我对微电影拍摄不太上心，部分原因是我最初的创意被否决后，我对其他题目有些抵触。我固执地认为，《妇产科的男神们》不仅是一部微电影，更可以为协和、为妇产科、为兄弟们留下一段记录，我潜意识里一直都没有放弃过。

　　有私心吗？有！按照年资和成就，我在片中不应该有超过五秒的镜头，更不应该被特殊介绍。我告诉摄像不用专门拍我，但由于摄制班子是我以朋友的名义召集的，负责后期的郭先生从两年前给我拍摄的素材中剪了镜头。而我，忐忑地默许了他们的偏袒行为！因为，我太热爱协和，太热爱妇产科，所以，我希望自己并不伟大的形象能永远刻入这个光荣集体之中。

　　请原谅我的自私！因为，我并非"男神"，只是一名普通的男妇产科大夫。

医生品牌

医生品牌的建立

在微信公众平台首页，有这样一段文字：再小的个体，也有自己的品牌。这已经是不争的事实！

我从什么时候开始意识到需要建立个人品牌的呢？这要从开通和启用"好大夫在线"说起。

2008年12月，我和同事们一起开通了"好大夫在线"个人网页。然而我一直没有启用。为什么？因为不需要！

我当时是副主任医师，被派往协和医院的西院区，主管妇科肿瘤病房，成为第一批"做大做强"西院的医务人员。我主要负责管理上级医生的病人，不给上级医生挖坑是我的主要工作。

我自己也出门诊，但积极性不大。因为床位和手术空间有限，病人住院困难，而妇科肿瘤问题很多需要手术解决。"北京协和医院"这个大庙的招牌，让我从来没有感受过门可罗雀的尴尬。

后来为什么启用了"好大夫在线"呢？这和一段"凄婉"的职场故事有关。

2009年12月9日，我参加了协和医院的主任医师竞聘。我准备充分，将之前五年的工作成绩如鲜花一样呈现给评委们，时间和节奏掌握得近乎完美。

然而，我落选了！当我陈述完毕，一个声音很有特点的老教授温柔发问：谭大夫，你科研很多，文章也不少，但你知道，你年门诊量是多少吗？

我知道900多人次，应该不算多。实际上，我从来没有考虑过这个问题。

然而，评委们的目光一下子就被吸引到每人手中的门诊量表中。我倒数第二！

我后来也做过评委，知道在这种都很优秀、难以取舍的场合，任何一点负面声音都会成为被各种优秀折磨得死去活来的评委们的救命稻草——一个不打钩也不用内疚的绝佳理由。

从落选的愕然中恢复过来后，我意识到来年的评审多半还是这些人，我必须就门诊量问题有一个交代，甚至要给他们一个惊喜！

然而，事情并没有想象的轻松。我增加了门诊单元，病人却没有如潮而至！病人知道协和好，妇产科牛，但谭某某是谁，不知道！

这个时候，我想起了"好大夫在线"。

于是，我启用了"好大夫在线"，发表了第一篇文章：《关于我的诊治领域》，妥妥的硬广告。然后，我开始免费回答患者的咨询。还请接受过我诊治的患者去网站实事求是的评价。接着，我连续发表了近60篇科普文章。几乎都被网站首页推荐过，多篇文章在不同渠道的优秀科普文章评选中获奖。

很快网页人气飙升，我的门诊量随之暴涨！

第二年竞聘，我有惊无险过关。遗憾或者有趣的是，门诊量问题并没有被人问起。

塞翁失马，焉知非福。可以说正是这段职场波折，才促成我开始意

在"品牌医生风云汇"会上发言,2016年

识到医生品牌的重要性。我不仅要让病人知道协和医院这座大庙,而且还要知道在一群"大小和尚"中间,有一个颇有特点的"小和尚"。

医生品牌的传播

以前,医生品牌的传播途径非常有限,很多时候都靠病人之间的口口相传或者有限的传统媒体,如报纸、广播、电视。在"互联网+"时代,品牌的传播相对容易,电脑和移动终端成为最广泛的途径。尤其是自媒体平台诞生后,人人都有话语权,人人都是传播者。只要遵守法律法规,是可以加以利用的。

在同事的鼓动下,我开通了新浪微博和博客。我将科普文章移植到博客和微博中,人气很快上升。后来微博降温,微信兴起,我开通了微信公众账号,用于发布科普文章。

我在自媒体平台发布了近100篇医学科普。我将这些文章集结成册,出版了章回体女性健康科普《子宫情事》一书。我还加入了北京协和医院自媒体、新浪健康自媒体和搜狐健康自媒体联盟。

互联网对我的科普工作也给予了认可。我先后获得新浪健康最具人气的专家奖、第八届中国健康年度总评榜最受欢迎在线名医、第七届健康中国健康风尚人物奖……在这些评选中,我除了将评选消息发到了中学和大学同学的微信群之外,没有恶意拉票行为。

然而,这些奖项今天是第一次展示。并非是看不上这些荣誉,而是害怕被安上"网络红人"这个词。尽管我是靠熬更守夜码字,用良心和责任撰写科普文章换来的认可,而不是靠脱和露。

幸运的是,在自媒体平台的医学科普工作,引起了传统主流媒体的注意。

我在网络上发布的多篇科普文章被《健康时报》《生命时报》《健康报》《光明日报》和《人民日报》等主流媒体刊发。随后我还应邀到江苏卫视《万家灯火》,湖北卫视《饮食养生汇》,腾讯健康,北京卫视《我是大医生》《养生堂》等栏目录制健康节目。

科普活动让公众了解了我的专业背景。有的甚至可能是先对我个人感兴趣,然后再去看背后的医院。即先是看到某个和尚不错,再看庙也很强,信任度自然增加。当然,如果我背后的执业医院是某个名不见经传的乡村卫生院,自然会大打折扣。所以,作为体制内医生,我一直认为平台非常重要,后面我会专门谈到。

我一直认为,医学是一种需要情怀的职业。我崇拜手术的冷静潇洒,也喜欢文字的温暖湿润。如果病人能对大夫有基本的了解,沟通起来会容易一些。

我是一个来自三峡库区的放牛娃,12岁的时候,母亲因为妇科肿瘤去世。这一磨难让我成为医学生,成了妇产科医生,最后成为妇科肿瘤医生。经过反复思考后,我将这段经历写了出来,获得了北京协和医院《我的梦·协和梦·中国梦》主题征文一等奖,随后一些媒体进行了报道。

患者了解这些信息后,对我的信任也增加了。毫无疑问,这些工作对医生品牌的传播是正面的,但负面影响或者代价也是明显的。

首先,这些活动,尤其是医学科普创作,需要用心、用情和用时间去完成,一定程度上影响了科研工作和科研论文的写作,让我需要在未来几年奋力追赶,甚至怎么追赶也追不上了。

其次,作为一名普通医生,年资和成就都不够高,还达不到那种说什么都对,讲什么都深刻的地步,或多或少都有些自我炒作之嫌。

而且,有些电视节目为了提高收视率,对演讲内容进行选择性剪辑,结果说出来的话让同行嘲笑,甚至不齿!还好随着时间的推移,越来越多的同行有接触媒体的机会,到时候他们会理解的。

是啊,我是借助平台的品牌抬高了自己,占了平台品牌的便宜。但扪心自问,我只是像雨中没有带伞的孩子一样,为了少淋雨而拼命奔跑而已,并没有贬低旁人。于是我坦然了。

因此,对于医生品牌而言,互联网也是双刃剑,既要用其锋芒,又要有受其伤害的思想准备,需要用心去维护。如何维护?

医生品牌的维护

除了严谨、求精、勤奋,活到老学到老,努力提高为病人服务的专业技术水平之外,个人认为普通医生借助互联网建立和传播品牌需要注意以下问题。

第一,维护医生个人形象。医生是受过高级教育的知识分子,不是地痞流氓,需要理性思考。可以适当用网络流行词调节气氛,但不宜满嘴脏话和说话偏激,尽管后者更不适宜。

即使在微博最兴盛的时候,我对此也比较清醒。我曾这样回应中央电视台关于微博伦理底线的提问:群众不造谣,官媒不说谎,显摆要有度,争吵不骂娘。我认为这是普通网民的底线。

第二,注意保护患者隐私。医生的很多故事都与患者有关,无论是医学科普还是从医经历,都可能涉及患者隐私。有一段时间某些医生大V频频发布患者故事,而且用的是调侃和嘲讽口气。我应邀写了一篇《微博时代的医学科普与患者隐私保护》的文章,提出了八点建议:态度端正,语气恰当;选题慎重,征求同意;处理图片,移花接木;慎选平台,隐私优先。

文章在《北京协和医院院报》发表后,先后被《健康报》和《光明日报》转载。2015年9月30日,《人民日报》理论版刊发了这篇文章。观点能得到权威媒体的认可,颇为欣慰。

第三,维护所在医院形象。我是体制内医生,可以在互联网中精神戏水,但吃喝拉撒还得在现实中,所以维护供职单位的形象,不给主管领导找麻烦是必须的。如果对于医院的大政方针以及与医院密切相关的政策有意见和建议,可以通过正规渠道反映,而不会在公共平台进行议论,否则容易被人断章取义。对于身边的突发事件,官方权威发布之前不宜做任何评论。"网络红人"大多是远香近臭,"网络斗士"则大多是远伐为龙,近斗为虫。这应该都能理解。

另一方面,无论迎合还是逃避,"互联网+"、移动医疗和多点执业是国家政策趋势,即使未来多点执业政策能够落地,我也会秉承:只讲该讲的话,只开该开的刀,只用该用的药!我会坚持所在医院的原则和理念,不让所在执业平台的品牌打折扣。

第四,维护医疗行业形象。医生是医疗行业的一员,当整个行业都被舆论扭曲时,个体很难独善其身,所谓个人品牌,亦是空谈。所以,对于涉医的热点事件,尤其是被个别不良媒体歪曲的事件,我会以理性的立场,摆事实讲道理,发出自己的声音。例如贵阳护士耳光门、八毛门和缝肛门、天津奶粉事件、湘潭产妇羊水栓塞事件等等,我都顶着风险发声,消除人们对医护的误解。

特别是那篇《一名妇产科医生谈"产妇死在手术台上,医生护士全失踪"不实新闻背后的医学知识》文章,多次被国家卫生计生委相关负责人和科学传播专业人士在不同场合表扬,说这篇文章在众说纷纭的风口浪尖,以专业视角切入,用理性的语言向公众传播了医学知识,甚至成为舆情扭转的拐点,使公众从怒骂全体医护转而批评个别不良媒体。

当然也有负面反馈:不务正业,就你事多,显摆知识……可是,我一直想问:邻居有难你淡定,一旦自己有难,振臂一呼,真的会应者云集? 未必! 我始终认为,人是应该有一点血性的,即使这样做会吃亏。

第五,处理好与执业平台的关系。作为留在体制内的医生,需要正确看待与平台的关系。因为,再强的个体,也要有平台支撑。平台的高度,决定个体的眼界。站得高,才能看得远。即使是勇敢离开了体制的同行,也是先有平台的培养,才有离开的勇气和底气。

同时我也想说,再大的平台,也是由个体组成。个体的强度,影响平台的强度。就像一群抬着巨石上山的民工,如果其中一个人和多个人力气不济,都可能造成人员伤亡的灾难。平台品牌和个人品牌其实并不矛盾。

最后我想对正在利用或准备利用互联网建立品牌的年轻同行说几句话。

面对汹涌而来的互联网浪潮,面对移动医疗,面对各方博弈中的多点执业和自由执业困境,对于大多数留在体制内的医生,如果一味忽视或者回避，认为酒香不怕巷子深，尽管这种淡定坚守值得尊敬，但或许有一天会像我当初一样茫然无措。

所以，需要勇敢面对，不怕湿身；更需要遵纪守法，不违规矩。唯有这样，才能既不错过互联网浪潮、建立医生品牌，又不至于在互联网中迷失方向、毁掉医生品牌。

医患接触的第一界面

英国医学家威廉·奥斯勒认为医生有三大敌人：傲慢、冷漠和贪婪。中国工程院院士、北京协和医院妇产科主任郎景和教授说，所谓看病人，是既要看病，也要看人。如果医生只看病，不看人，那就是机械和冷漠。如果只看人（的钱财），不看病，就是贪婪。如果认为悬壶济世，病人有求于己，则可能会傲慢。在医患交流中，医生需要战胜的正是这三大敌人。

医疗行为目前被认为是一项服务，但它是一项很特殊的服务，涉及健康和生命！与其他服务行业标榜"顾客是上帝"不同，在医疗行为中，病人不是医生的上帝，医生也非病人的救星，医生和患者之间是平等的，需要相互尊重。而在最初的医患交流中，只有病人感觉到受到了尊重，才能建立对医生的信任。作为有 20 多年临床经验的妇科肿瘤医生，在此谈几点细节，供同道和公众指正。

第一，给予病人简短的问候。

通常而言，门诊病人进入诊室后，不管我手头有多忙，不管前一个病人问题之多令我如何狼狈和局促，我的第一句话都会是："您好！请坐！"——一句很简短却很重要的话！在西方发达国家的医院，如果患者第一次就诊，医生会很正式地和患者打招呼，在妇产科通常都是以某某女士尊称。如果是复诊患者,场面则比较轻松或者说壮观,通常会握手甚至拥抱!国内公立医院的普通门诊条件差,病人太多,往往这句话就被省掉了。但是设想一下,病人千辛万苦挂上号,被叫进诊室后医生连一句问候和请坐都没有,可能会无所适从,站也不是,坐也不是。所以,短短的一句问候,会在第一时间让患者感觉自己作为人,受到了医生的尊重。

第二,进行一场专注的交流。

眼睛是心灵的窗户,人的所思所想、喜怒哀乐都会体现在眼神中。有的医生(尤其是一些年资较低需要自己写病历的医生)工作量太大,有时候只顾埋头写记录,询问病情中都顾不上抬头看患者一眼。尽管作为医生,是出于尽可能为更多患者服务的无奈之举,但作为患者,则会有被忽视和轻视的感觉。所以,在与病人交流时,我一定会注视患者的眼睛,让患者感受到面对面交流的直接。

接诊过程中除非必需,我不会接听电话。如果是病房或手术室的紧急电话,我会先向病人简短道歉,然后尽可能迅速结束通话。我不会在病人面前讨论周末出游、买房买车、买基金股票(很遗憾没有理财观念)等问题。因为我清楚,如果我饶有兴致地长时间接听这类电话,回头和病人讨论病情表现出仓促和不耐烦,病人就会觉得自己的人、自己的病都没有受到重视,远远不如电话中的话题让医生感兴趣。

交流过程中,如果患者是良性疾病,或者我认为病情很轻,我会表现得轻松,甚至开上一句玩笑。如果是恶性肿瘤,或者我认为病情很重,我会表现出严肃和同情。但无论如何,我希望患者感受到我对她的关切,我在倾听和思考。专注的交流,是对交流双方的尊重。

第三,优先讨论重要的问题。

寒暄和问候结束后,和很多医生一样,我提出的第一个问题就是

"您哪儿不好"或者"您哪儿不舒服"？患者的回答其实正是病历记录中的患者主诉，即患者这次就诊希望解决的主要问题。遗憾的是，由于种种原因有些医生询问病史的时候采取的还是查户口的方式。例如，在接诊妇产科病人时，边问边记录患者姓名、年龄、孕产次、避孕方式、末次月经等等。这些问题对于疾病的诊断和治疗不是不重要，但可以留出空档，稍后再问。设想一下，病人千里迢迢来排队挂号、排队候诊，终于见到医生后，第一想法是什么？当然是想告诉医生自己的病情，希望得到明确的诊断和有效的治疗！如果按病历记录需要的顺序询问而总不进入正题，患者可能会渐渐烦躁起来。而且在患者看来，有些信息对于诊断并不重要，也不想让人知道。因此，优先关注患者的主要诉求，再选择时机补充询问基本资料，是对患者就诊目的的尊重——是来看病的，不是来受审的。

第四，避免不堪和隐私泄露。

患者的很多资料都是属于隐私，尤其在妇产科、男性学、心理医学科。这些科室的病人中，很多信息涉及个人生活、性和感情，是极度隐秘的，患者可能一辈子都不愿意与旁人甚至亲人提起，仅仅出于诊治疾病的需要和对医生的信任，才毫无保留地告诉医生。医生没有权利故意或无意泄露患者隐私。我曾经写过一篇探讨医学科普与隐私保护的文章，说的就是医学科普要注意对患者隐私的保护。实际上，在门诊与病人交流中，也要保护患者隐私，尊重患者的历史。

我想举两个例子来说明这个问题。接诊有怀孕历史甚至已经有小孩，还有继续生育要求但怀孕有困难的妇女时，一个很重要的问题就是：曾经的怀孕或者曾经的生育是否与目前的伴侣有关？因为这涉及一些不孕原因的排除，比如男女双方免疫因素导致的不孕。在有其他病人的情况下提出这个问题显然不妥，患者的伴侣在场的时候，问这个问题也需要技巧。通常在问这个问题前，我会先说对不起，为了明确您怀孕困难的原因，我需要问一个私密的问题……这会让患者和她的伴侣对即将回答的问题有一个心理预期。

另一个例子仍然与不孕患者有关，我们需要知道她以前是否曾经怀过孕，这涉及原发性不孕（从来没有怀过孕）与继发性不孕的鉴别诊断。同样需要注意提问技巧，最好让陪同她的男性暂时回避。如果伴侣回避后患者说怀过孕但与目前伴侣没有关系，我会询问能否在病历本上如实记录怀孕次数。如果患者回答为否，我会在孕次一栏用某种方式标记。有时患者不让伴侣回避，但随后独自返回告诉真实情况。实际上，从她回答问题时的某些犹豫中我通常已经知晓答案，但不必说破。每个人都有历史，不能因为看一次病而毁掉一个家庭。我要尊重的，首先是我服务的患者，其次才是她的伴侣，也算两利相权取其重吧。

"有时是治愈；常常是帮助；总是去安慰。"这是美国医生特鲁多说过的话，表明了医学的人文性，也体现了医学的局限性。但是，面对晚期恶性肿瘤患者，治愈已经不可能，帮助也很有限，甚至连安慰也苍白的时候，医生唯一能表达的，或许就是尊重！郎景和院士有句名言：医生给病人的第一张处方是关爱。我斗胆引申：医生给病人的第一份服务是尊重。作为妇科肿瘤医生，我需要对女性作为人、作为病人、作为有社会关系的人表示尊重——尊重她的人格、尊重她的倾诉、尊重她的要求、尊重她的历史。这其实也是"关爱"的内容。以此为开端，才有更多可能建立健康的医患关系，才有更多可能开展顺畅的医疗行为。

最后，我还是想"跑题"地表达一下我的看法。我始终相信，很多时候不是医生不想尊重病人，而是没有时间、没有条件表达出尊重——一小时接诊两个病人和一小时接诊十个病人，医生和患者的感觉都会完全不同。若医者继续被某些不良媒体无情妖魔化，医者知识价值不能通过诚实劳动体现，三级医疗体系不能建立，大医院门诊如菜市场般混乱，单凭医者的人文努力而改善医患关系是困难的。更需要政策的支持和国家的投入，需要有责任的媒体和正确的舆论引导，需要公众对医学复杂性和局限性的理解……

医学科普与隐私保护

网络上常有与病人相关的医学科普故事，这些故事大多形象生动、引人入胜，科普效果较好。但由于网络传播快速而广泛，患者身边的人有时能猜出故事的主角，并从中挖出一些个人隐私。这往往引起当事人的极大不满。

其实，每个医生都有很多患者故事，但通常不宜公开分享。这些故事对医生本人，是总结提高的重要资源；对需要的人，是科普知识；对普通网友，是新鲜，是猎奇。无论怎样，每一个故事后面都有特定患者。对患者而言，个人隐私被公开是一件不愉快甚至痛苦的事。

诚然，向公众普及医学知识是非常必要的，也是医生职业良知和社会责任的体现。优秀的医学科普作品对于提高公众医学基本素养、促进医患关系和谐具有积极作用。长期以来，人们多是从有限的科普书籍或影像资料中获取医学知识的。网络时代，医学知识的易得性大为提高，特别是微博、微信等网络社交工具出现后，人们获取医学知识更为便捷。读者中既有真正需要医学知识的人，也有八卦猎奇者。这些网络社交工具信息传播速度快、范围广、防控不易，一旦泄露患者隐私，很可能来不及修正和删除。

实际上，无论是专业医学论文，还是医学科普文章，甚至医学小说,都有可能泄露与病人有关的信息。有人说,写作时隐去患者的姓名和面部特征即可。这是最基本的要求,但远远不够。因为越典型的案例,病人的识别度就越高,人们就越容易从叙述中找到现实中的人物。国外一些医院要求,医生写与病例有关的科普作品或小说甚至专业论文时,都需要征求患者意见。如果患者不同意披露某些与病情相关的细节,再有价值的素材也不能用。

网络时代,医生在进行医学知识科普时应如何最大限度地保护患者隐私呢?

态度端正,选题慎重。利用网络平台进行医学科普的主要目的,是传播真正有用的、重要的医学知识,而不是为了博眼球、赚粉丝,也不是为了显摆专业知识或贬低同行。就选题而言,涉及急救、常识、救灾、避险等的案例不但重要,而且涉及隐私的情况不多,或者隐私部分容易被忽略,不易引发争议。而涉及个人经历、工作、情感等的案例,处理相对困难,需要慎重。毕竟这些案例涉及个人隐秘信息,患者出于求医的需要和对医生的信任才无保留地告知。因此,医生有不泄露患者隐私的责任,这也是对从医者的基本要求。

语气恰当,征求同意。医者仁心。医生应用同情、悲悯至多是善意幽默的语气去写科普文章,而不能用嘲笑、调侃、指责、批评的语气。患者是需要医生提供帮助和服务的对象,医生不应该也没有权利进行道德评价。如果觉得某个医学知识点很重要、对公众警示作用较大而需要发布,应事先征求患者意见,患者同意后再发布相关信息。

处理图片,移花接木。一些医生看起来稀松平常的手术照片或病例图片,公众可能会感到不适,需要适当处理,如在解剖图谱上勾画示意,或以漫画形式表现。医学科普作品还可在时间上做些变动,如延期发表。病房或门诊上午发生的事,中午就发出来,病人和亲属会难以接受。如果沉淀一段时间后仍觉得有说的必要,不妨虚实结合,将年龄、职业、籍贯、就诊时间等具体信息嫁接处理。

选择平台,隐私优先。短短140字的微博很难说明白专业、深奥的医学问题,而且容易引发歧义,而博客、微信等可以说得更透彻一些。而且阅读这些文章需要花费较多时间,也能滤掉一些纯粹猎奇的读者。医生的职业较为特殊,需要有一定的自我约束意识。毕竟医生的首要任务是对具体病人负责。如果在某一知识点上需要在医学科普和保护患者隐私之间做选择,则应侧重后者。

进妇科诊室别带闺蜜的N个理由

妇科门诊中经常见到女性朋友就诊时带着闺蜜(注:此处泛指要好的朋友,未必真是从小到大的玩伴),闺蜜始终陪伴左右,形影不离,画面温馨感人。但是作为妇科医生,我的建议却是:除非病情特别紧急,进妇科诊室最好不要带着闺蜜!N个理由,并不牵强,容我一一道来。

第一,关于是否有过爱情故事?对于年轻妇女的停经、腹痛和阴道出血,医生通常需要首先排除妊娠相关的急诊情况,包括自然流产和宫外孕(胚胎长在子宫腔之外),后者是目前妇产科能迅速引起死亡的两大疾病之一。这时,医生就会询问患者是否有性生活。于是,问题就来了。

对于大多数已婚女性,这个问题其实不是问题。但如果是法律上未婚但事实上有已婚行为的女性,又或者老公长期在外的女性,有时当着闺蜜的面就可能打死也不说Yes,尤其是那些一贯以清纯玉女形象示人者,有时会硬着头皮说No!不要小看这个谎言,它会误导诊断，甚至闹出人命。迎合科普时尚，也讲段故事吧。

20多年前，我还是"菜鸟"医生，急诊夜班，来了一名停经、腹痛的女大学生，亭亭玉立，楚楚可怜，一名女同学陪她来的。患者都有些休克症状了，我非常怀疑是宫外孕破裂腹腔内出血，需要紧急手术。然而当我问她有无性生活时，她一直否认，但我从她躲闪的眼神中，得到了肯定答案。

我让护士进来，委婉地请她的同学出去一下。这时患者告诉我，她的确有性生活，但是由于与送她来的同学太熟，不便说出口。我和护士一起对她进行了妇科检查。随后很快进行了手术，腹腔内的出血接近2000毫升，身体一半的血都流掉了，好悬啊！

还有一次类似情况，我问一名年轻女孩有没有过性行为，并告诉她这对于医生判断病情非常重要。女孩想了一会儿后，犹犹豫豫地说：好像有过吧！哎，姑娘，这又不是中午吃没吃饭，就因为闺蜜在旁，就变成"好像"啦？

除了闺蜜之外，长辈在旁边时有时也得不到真实信息，我通常会让长辈短暂回避。当然，很多时候经过"严刑拷打"，证实的确与父母眼中的乖乖女是一致的。这里主要说闺蜜，所以与长辈的话题就不展开了。

第二，关于是否有过爱情结晶？对于因为不孕就诊的女性，医生询问病史时，会问患者以前是否怀过孕，因为这涉及不孕的诊断思路和治疗策略。如果从来没有怀过孕，称原发不孕，有女性自身的原因，同时要考虑男方因素，但通常不会首先考虑输卵管堵塞。如果曾经怀过孕甚至有过小孩，但目前怀不上，则称继发不孕。原因也很多，其中之一是要考虑输卵管是否堵塞，因为一次或多次流产之后，可能导致输卵管堵塞。

而且，对于曾经有孕育历史的女性（包括但不限于再婚女性），医生还要进一步了解情况，以判断不孕的原因是否在男方。于是，问题又来了。

医生需要知道曾经的那一次或几次怀孕到底是和现任伴侣的爱情结晶，还是和前任伴侣、婚前好友的激情产物？如果最近一次怀孕的确是现任，而且时间并不遥远，可以初步判断现任没有大问题。如果结晶是和前任，现任的担子就重了，就需要做检查了。

对于再婚女性、真的只有唯一现任的女性，闺蜜在旁边通常不会有影响，她会大大方方告知实情，这应该是绝大多数情况。但是有的时候，有的女性会闪烁其词。地球人都知道，没有必要因为一次看病就把自己的历史告诉给了旁人，包括闺蜜。如果阅读到这篇文字的您，恰巧是经常陪人看病的闺蜜，奉劝您主动回避吧。因为，恕我直言，过度关心与猎奇八卦是亲戚关系。。

第三，关于爱情故事的某些细节。还是以不孕为例吧。为了明确不孕原因，有时候医生需要知道两人性生活的某些细节，如性生活时间、频率，男方有无功能障碍，甚至惯常姿势，等等。曾有段子说有一对不孕的高知夫妇，以为两人搂搂抱抱就能怀孕。真假姑且不去深究，但无论如何，当闺蜜在旁边的时候，回答医生的这些问题的确有些难堪。不善意地推测，此时此刻的闺蜜，关心之中可能有好奇的成分。所以，除非是后面提到的"极品闺蜜"，还是不带闺蜜为好。

第四，关于爱情故事的可能主角。在社会主义核心价值观的框架下，这个问题应该非常小众，主要是指那种在排卵期（两次月经的中间）的前后分别和不同男士上演故事，而又想知道到底谁是主角的情形。尽管根据生殖医学的某些原理我能大概说出个子丑寅卯,但准确率仅50%!所幸这种情况的患者,就诊时会避开熟人,包括普通的闺蜜。但对于"极品闺蜜",则另当别论了。

本文的所谓"闺蜜"或"普通闺蜜",是指双方的确是好同事或好朋友,但在某些问题上仍会有所保留者。所谓"极品闺蜜",则是指双方知无不言、言无不尽、事无巨细都要知心分享者。影视作品中那些和闺蜜讨论另一半的种种功夫和细节,说者意气风发,听者血脉贲张,观者心潮澎湃,则是极品中的极品。现实生活中有吗?我只能说世界太大了。来段故事,是否真实,您猜!

同样将镜头拉回20年前,同样是月朗星稀的夜晚,同样是忙乱的妇科急诊室。两名穿戴洋气时尚的年轻姑娘走进诊室,一名是患者,另一名是闺蜜。病情其实相当简单,就是怀孕了有些先兆流产出血而已。但是两人之间的亲密对话却让我大跌眼镜。

我埋头书写病历记录的时候,两位美女聊开了,哇,全英文对话!原来她们在讨论到底是 Peter 的,还是 David 的。尽管我当时还是"菜鸟",但基本也见怪不惊了。然而,那闺蜜的一句话却仍然让我瞬间石化!只听那闺蜜对患者说:不对!绝不可能是 Peter 的,那几天 Peter 一直与我在一起呀,怎么可能?!My God!姑娘们,这"分享指数"也忒高了点吧。

石化融解之后我有些气愤(千万别说是羡慕嫉妒恨,太老套!),我觉得她们太欺负人了——欺负我的英文,欺负我的机构。于是,我淡淡地对她们说:两位,请不要在这里讨论这个问题。请注意,你们的每一句话每一个单词我都能明白,OK?

当然,这样的"极品闺蜜"其实很罕见,绝非主流!但无论如何,鉴于种种原因,有些时候进妇科诊室带着普通闺蜜,是弊大于利的。如果可能,不妨短暂分开。因为,有一种财富,叫作隐私;有一种关爱,叫作回避!

男医生与他的《子宫情事》

作为一名妇产科男医生，我经常会被问到这样一个问题：你为什么要当妇产科医生？非正式场合，我通常以玩笑化解，比如说组织分配。但在正式场合，我的回答都是：母亲的病故，让我走上了从医之路；由于她死于妇科肿瘤，我选择了妇产科！这是 30 多年前一名 12 岁少年对母亲的承诺，这段经历被北京电视台拍摄成微纪录片《中国梦 365 个故事之致母亲》。

母亲到底得的是什么样的妇科肿瘤，我和家人一直都不清楚，直到母亲去世 30 年后才有了可能的答案。2012 年夏天我到哈佛大学进修学习，一天傍晚，我观摩完手术之后躺在哈佛医学院的草坪上，从头到尾对母亲的病进行了分析，最后觉得是子宫内膜癌。这种病如果发现得早，治疗效果很好。如果母亲当时有一些医学常识，能够早些就诊，也许不会那么早就离开。无奈和遗憾中，我的心一阵刺痛。

从医的头 20 年，我一直在兑现向母亲的承诺——上医学院，当医生；到大医院，当什么病都能治好的医生。一路走来，住院医生、主治医生、主任医生、教授、博士生导师、科技新星……然而，随着资历和光环的增加，我越来越明白，什么病都能治好的医生并不存在！对于很多晚期疾病和肿瘤，医生和医学依然苍白无力。但是，如果人们具有一定的医学知识，在疾病初起甚至未起时就发现苗头，早期就医，结果就大不一样。其实这并非新的观念，只是那次哈佛医学院草坪上的思考让我真正体会到这一观念的含义。

哈佛医学院的健康教育也让我很受触动。面诊过程中，医生们用的语言非常浅显，几乎没有深奥的专业词汇，如果患者不明白，会变换方式打比方。面诊结束之前，医生还会给病人小的插页，上面印着深入阅读的科普文章网址。我突然醒悟，这才是医生要给病人提供的服务：让病人从权威专家那里得到准确的资讯，而不是自己通过鼠标点击得到难辨真假的信息。我决定回国后也试一试。

我先在自媒体平台上发表了多篇女性健康科普短文，然后应邀到电台和电视台做健康节目，并在报纸杂志上发表科普文章，还与向阳教授一起主编了《协和名医谈妇科肿瘤》。尽管人们对《协和名医谈妇科肿瘤》的评价不错，但我个人认为其风格偏于传统。相反，我在微博上发表的诙谐科普文章多次被转载，于是我萌生了写一本供健康女性（而不是患者）阅读的科普书籍的念头。但是，如何从传统科普中剥离出来却让我有些为难。

以故事的形式写行医感悟、人文关怀固然好，但如果用来写医学科普，尽管生动活泼，但有可能暴露患者隐私；若以北京协和医院的实名实地写，情节虚虚实实，人物真真假假，更可能引起公众困惑，甚至误会。而网络上用夹杂有不雅字词的新潮语言写成的科普文章引人入胜，点击率很高，我是否也能采取这种方式呢？

然而我很快发现，男医生写男人的事儿，可以得心应手，即使用词有些过分也很潇洒、酣畅；女医生写女人的事儿，可以无所顾忌，甚至用词再过分都被认为前卫、新潮。唯独男医生写女人的事儿不可以为所欲为，用词稍微不当就会被认为流氓、猥琐……所以，我不能太过自由，太过新潮。能否反其道而行之，稍微复古呢？

我来自土家族山寨，我的族人有的能歌善舞，有的擅编顺口溜。童年和母亲一起为生产队放牛时，她很早就教我背《三字经》。也许是这个原因，我很小就能编些顺口溜。而我看过的古典小说，如《三国演义》和《红楼梦》，还有金庸的武侠小说，都是让人欲罢不能、一气读完的章回体结构，于是我萌生了借用章回小说的套路写一本女性健康科普读物的念头。

何处切入？我很自然就想到了子宫。"它是每个人都曾住过的黄金居室，温馨私密；又是女性每月生理现象的源头，忠实无比。它给万千家庭带来天伦之乐，让人惊喜；它又是某些女人心中的伤痛，难以平息……如果说红颜如花、女人似水，那它就是花之蕊心、水之灵魂！"于是，我决定围绕子宫向女性讲述怀孕分娩和生殖健康相关的问题。

我花了一整天的时间将妇产科的专业知识梳理了一遍，再用一天的时间将回目写了出来，然后就断断续续写作。写的时候基本没有看书，而是凭借在协和20多年的工作经验，顺着思绪和记忆，一口气往下写。后来在对每一章进行修订的时候才去查资料、核实数据。付印之前，特别邀请同事进行了把关。

斟酌书名的时候到了。中学时我看过《一千零一夜》，也被译成《天方夜谭》，讲的是200多个有趣的故事。于是我想借其形式，将书取名为《子宫夜"谭"》，并勉为其难地写了一首现代诗，希望以此作为引子，为女性朋友营造一种静夜阅读的气氛！然而将书名发到网上之后，却不招网友喜欢。有的说过于自恋，有的说不够响亮，有的说不吸引人……几经推敲，取名为《子宫情事》。此处的"情"，乃是与子宫相关的病情、母子相连的亲情和男女之间的爱情。子宫是女性的生殖器官，承载这些"情"，实属理所当然。

《子宫情事》的理想阅读对象不是已经罹患了疾病的病人,而是身体完全正常或稍有不适的女性,当然还有她的丈夫、男友或家人。我对很多的知识都点到为止,只讲述概念性问题,并不深入讨论具体的诊断和治疗方法,后者应该是医生们的工作。

全书分为上、下两册,章回体结构,共112回。上、下册的回目各由七首"诗"组成,较为贴切地概括了主要内容。数字"七"与"妻"谐音,《素问·上古天真论》云:"女子七岁,肾气盛,齿更发长;二七而天癸至,任脉通,太冲脉盛,月事以时下,故有子……七七任脉虚,太冲脉衰少,天癸竭,地道不通,故形坏而无子也。"

每一回我均以一段100字左右的文字为引,然后对涉及的器官和常见疾病进行评书式讲解。有时会使用新潮的网络语言,还会打些俗气的比方。行文看似信马由缰,实则也有逻辑,语言或许通俗,道理力争科学。目的只有一个——把问题说清楚、讲明白,使读者能够理解深奥的医学知识。坦白地讲,即使是医学生,很多知识也需要在一定的时间里才能领会。

我有时用一场战争的方式来演绎女性子宫及周围的故事。因为人与疾病的博弈就是战争,病人是主力,医生是友军。有时候我又有意无意地用男女之间的事儿来打比方,尽管没有达到弗洛伊德那种将万事万物都以性来解释的程度,但是我认为,男女之事确是人世间最能吸引人的事物之一,否则八卦情色何以总是夺人眼球?

2014年《子宫情事》(上册)出版。书出版后得到了读者们的肯定,收到了很多书评,有的是应我之约,如老师郎景和院士、师弟畅销书作家冯唐、原央视主持人郎永淳等;有的是自己主动写的,如素未谋面的原《三联生活周刊》主编朱伟先生,文字令人感动。

为了配合出版社推广图书,我在微博和微信中写了一些介绍《子宫情事》的文章。《中国青年报》《健康报》《健康时报》《北京青年报》等进行了专题报道，我还到北京电视台《我是大医生》和《养生堂》做了节目。

对于书的推广而言，这些工作当然很好。但对我而言也有负面影响——所作所为，似乎就是为了去卖书，实际上书的销量与我没有直接关系。于是出于种种原因，我完全停止了响应任何与《子宫情事》相关的话题，拒绝了与这四个字有关的科普节目录制，甚至产生了放弃继续写作下册的念头。

然而，总有读者拿着书来找我签名，并询问我下册到底什么时候出版。触动我最深的一次，是一个读者拿着那本书，上面记满了笔记，来找我咨询，并和我热烈讨论。从她真诚的目光中，我感受到了"责任"二字的分量。不低调也罢，炒作也罢，扪心自问，我的心是善的，我的行为能帮助他人，这就足够了。于是，2016年年初，我重启了《子宫情事》（下册）的写作。写作地点是在租住房屋附近的一家咖啡馆，时间是每天晚上孩子作业完成、入睡之后。

其实，鼓励我继续写作最积极的，居然是我儿子。

当时儿子刚上小学一年级，对我能开刀做手术非常惊讶。他喜欢摆弄我的手术练习器械，我编辑手术录像时，他总会在旁边看，妈妈轰他都不走。另外，大概是看过几次老乡聚会时我签名赠书，他对我能"写书"也比较惊讶，于是总是问我第二本书什么时候出。

儿子很淘气也很黏人，但有时他会说"爸爸我不烦你了，你写书去吧"。我知道，儿子所在的班级，家长中有能力和有资源的很多，且能经常参加班级活动，而我非常惭愧——因为职业原因，我很少能在学校出现，不能给他带来"爸爸来了"的自豪和激动。于是，他可能认为，爸爸唯一"有出息"的地方，就是"会开刀"和"会写书"。

除此之外，还有两件事也是我重启写作的动力。

第一件事是一名医学生从微博上给我发私信，告诉我她很感谢我的《子宫情事》。说她在准备研究生考试的阶段看了这本书，面试的时候，她就是用书中的句子回答老师的，结果得了高分，顺利被录取。

这让我高兴之余也很吃惊，但很快我就理解了。我应邀到北京大学为医学博士生讲授"科学概念的传播与普及"，备课时我学习到，科学传播的受众分为三类：一是普通公众（对于医学科普，就是患者和健康人）；二是其他行业的科技工作者（非医学专业的知识分子，包括高级知识分子）；第三是非本专业的同行（非妇产科专业的医生和护士）。在当前专业划分越来越细的趋势下，隔行如隔山的感觉就更明显了。所以，我甚至认为，《子宫情事》适合医学生、基层医生和非妇产科专业的同行阅读。他们可以通过阅读本书了解妇产科学的脉络，然后用教材加以巩固。

第二件事是我到基层医院做教学巡讲时，总有当地的医生说看过《子宫情事》。我最初以为不过是面子话，不以为意，没想到对方能背出书中大段大段的文字。他们说读了《子宫情事》后，给患者和家属解释病情方便多了，书中几乎都可以找到通俗答案。这让我倍感欣慰——此书让我觉得做到了广义科普的目的。

全书为什么不是120回，也不是80回，而是112回？这与《子宫情事》写作提纲的完成时间有关。2013年12月，在北京协和医院妇产科每年一次纪念林巧稚大夫诞辰的会议期间，我完成了写作提纲的编写，而那年恰好是林巧稚大夫诞辰112周年。因此，有以此作为纪念之意。"科普是科学家的责任"，林巧稚大夫教导郎景和院士做科普，郎景和院士又指导我们做科普，我们都是这种精神的传承者。

感谢老师郎景和院士和北京协和医院的前辈和同事们。感谢郎景和院士为《子宫情事》作序。其实,书中的医学知识都是前辈们和同事们的成果,只是经我之口、以我的风格讲述出来而已。如果对某些知识把握不当,非前辈们传授有误,乃是我理解偏差。感谢我的家人,包括已经作古的父母,没有他们的支持,《子宫情事》的写作无法完成。

作为妇产科的男医生,我愿意为女性讲述"子宫情事"。因为,每个女性患者的背后都是一个家庭,说不定身后就藏着一个像我当年那样的半大孩子。希望《子宫情事》能帮助女人认识自己,帮助男人关爱女人,让更多女性拥有健康,让更多家庭少些遗憾!

后记

经过三年多的酝酿和整理,《致母亲》一书终于定稿了。

2014 年春天,《三联生活周刊》刊发了付晓英老师采访我的文章:《谭先杰:一个妇产科男医生的从医故事》,引起了很大的反响。两周以后,三联书店的唐明星老师短信我,问我有没有可能将我的故事写成一本书。我回复说,其实我已经有十多万字的素材,只是没有整理。于是我们约定在 8 号线回龙观附近的一家咖啡馆见面。

见面后,我立即拿出电脑,迫不及待地给她读我 2013 年春节期间一口气写出来的文字。我读得感情充沛、兴致盎然,但我很快看出唐老师是耐着性子在听。果然,唐老师坦率地告诉我,这些事对您而言很重要、很有感情,但普通读者很难按照时间表,像读悬疑小说或名人传记那样一口气读下去。

是啊,我不够出名,不够有成就,还没有资格写传记,而这些凡人小事的确很难让别人感兴趣。我上网查了一下,我离三联书店的出版要求还有一定距离,于是就放弃了出版的念头。

然而,我对这些素材是有感情的,毕竟它是我 40 多年的人生经历,酸甜苦辣都有,我不忍丢弃。于是我将素材一段一段进行整理,每形成一篇文章之后,就分享到网上。

没想到的是，我贴出的每篇文章都能得到大量网友们的喜欢。2015年父亲节时，我在微博和微信平台发布了《父亲和他的三个女人》，引起了很多读者的共鸣。后来我整理出的十多篇《华西记事》也很受同龄人的欢迎。受到鼓励后，我劲头大增。每贴出一篇文章，我都会转发给唐老师。她认为这种独立成篇的散文式的书写，比没有标题的小说式书写可读性更强，于是她让我尽快整理，尽快出版。然而发布了一些文章后，我感觉有些不对头。喜欢我的人不断点赞，但也有朋友提醒我写这种有自传性质的文章有自我炒作之嫌，对职业生涯没有好处。于是很长一段时间我放弃了对这些素材的整理，集中精力撰写和出版医学科普《子宫情事》一书。

唐老师再三催促，我却迟迟没有继续整理。我想缓缓再说，也许等到我成就足够大之后，也许等处境改善之后，也许等退休之后……然而我有些担心，目前在网上与我互动的，都是一些同龄人，或者年龄稍为比我大的人。那些小我十几二十几岁的人，已经和我有了代沟，根本不会理解我们当年的困境。如果我退休后才写出来，读者就更少了！

犹豫之中，我看到了老师郎景和院士的书法条幅："书写，是对自己的真实体验和庄重仪式！"我在微信群里问他，书写是指写字还是著文？他说两者皆有，先有文而后有书。我突然有一种豁然开朗的感觉。

于是2017年春天，我加足马力进行整理工作，并且在网上贴出了"新书预告"，希望以此营造声势，或者造成生米煮成熟饭的感觉，倒逼自己完成任务，自己给自己加油。

终于在7月底休年假之前，我将初稿交给了唐老师。休假回来后，唐老师和另外一位老师已经审完了第一稿。我放弃了一些没有来得及写的章节，也增补了一些章节，比如《枫叶女孩》——一篇我认为只要是情感正常的人，都会被感动落泪的文章。

我一直以《医路有你》的书名来作为新书的预告，为此还写了一首诗：这条路／是一个少年对母亲的承诺。这条路，是一个放牛娃无悔的选择。一路之上／有父母，有亲朋，有师友，有同学，有同事，有病人，有陌生人……因为有你／不忘初心。因为有你／继续前行！

尽管书的名字与书的内容较为吻合，我却有些顾虑。这个书名似乎更应该被成功人士专用，比如两院院士、长江学者、国务院特殊津贴专家等，而我都不是，所以书名的确有点儿大。

恰在此时，读到书稿的张宗子老师和我沟通，他说书名不如用北京电视台微纪录片的名字——"致母亲"，副标题为"一个协和医生的故事"。他说这样不仅可以增加读者面，也更切合书的情感主线——我从医以来的所作所为，都是在兑现30年前一个少年向母亲的承诺。

我赞同这个提议。的确，很多人一看到"医路有你"的书名，就觉得是写医生写医院的，和自己的距离较远，就没有继续阅读的兴趣了。而"致母亲"就不一样，它容易引起大多数人的共鸣。因为，每个人都有母亲，无论高贵还是卑贱，无论成功还是失败，甚至无论是好人还是坏人……

在《致母亲》中，每篇文章我都在叙述一件或者几件事之后，感谢一路走来给过我帮助的人。我擅长讲故事，有些事，经历时刻骨铭心，写出来云淡风轻，那是因为经过了30年的时间沉淀的缘故。然而，每次读到母亲去世的那一段，我依然难以自已。

朋友问这本书会畅销吗？我说也许会，因为人性是相通的。我认为《致母亲》会引起同龄人的回忆、老年人的认可，还有那些正在逆境中奋斗的人，也会产生共鸣。他们看了《致母亲》后，还有可能作为励志读物推荐给孩子们。

正是由于这一原因，我将作为礼物的12篇精选科普文章单独装订成册，因为科普册子中的部分内容，可能不太适合少年朋友阅读。

其实，畅销是否，我并不在意，毕竟我只是个业余作者。就像那句俗语：不求闻达，但问心安。我只是想把我对母亲的诉说，分享给欣赏我、认可我的朋友。

感谢在我成长与从医的路上，给予过帮助的所有人！

谭先杰

2017年10月21日

写于在银川作健康科普巡讲后回北京的飞机上

感恩有你,特别奉赠

谭谈子宫

精选科普放送

谭先杰 著

生活·讀書·新知 三联书店

说 明

感谢朋友们对《致母亲：一个协和医生的故事》的认可和支持，特别奉上附册——《谭谈子宫：精选科普放送》。

《致母亲：一个协和医生的故事》是比较励志的，应该会引起同龄人的共鸣。有的父母读了之后，可能会让孩子阅读，而这个册子中的部分内容或者语气可能不太适合孩子，故单独成册。

册子中的内容绝大部分来源于我的章回体女性健康科普《子宫情事》一书，此书入选国家科技部优秀科普作品、"健康中国"十大科普图书和《健康报》十大优秀科普图书。

希望这些知识能让女人更关注自己，让男人更关爱女人。

谭先杰

2017 年 12 月

目 录

01. 含而不露镇中堂：
　　　一起来认识子宫

05. 激情迸发映两厢：
　　　简单聊聊输卵管

09. 弹丸之地太后临：
　　　了解女性的卵巢

13. 王子流落在他乡：
　　　异位妊娠的控诉

20. 山贼虽小脾气大：
　　　人乳头瘤病毒的真情告白

25. 一代窦娥上公堂：
　　　来自宫颈糜烂的自我辩护

28. 有端之祸起萧墙：
　　　一起来认识子宫肌瘤

36. 盘根错节细思量：
　　　当子宫肌瘤遇上妊娠

39. 青瓜之扭最着慌：
  谈一谈卵巢囊肿扭转
46. 遗传性卵巢癌乳腺癌综合征：
  从朱莉切除双侧乳腺说起
50. 西域王子到东土：
  一网打尽宫颈癌疫苗
59. 割掉隔壁老王能否预防翻墙：
  谈谈卵巢癌预防策略

含而不露镇中堂:一起来认识子宫

子宫是这本册子的当然主角、绝对一号。顾名思义,子宫是女性体内一座供子嗣后代居住的宫殿,深藏于女性下腹部盆腔中央。这位含而不露的主角身材怎样?相貌如何?本事多大?让我们一起,轻拨香帘见真容!

在中国远古神话中,盘古开天辟地之前的那片混沌世界,或许就是人类在母体生活的模糊记忆。人在来到这个千奇百怪的花花世界之前,生活在母体内什么样的地方呢?我告诉您,那就是子宫。

子宫是女性的内生殖器官,在女性的生命长河和人类繁衍中扮演着重要角色:它是人类胎儿发育的场所,是女性每月一次生理周期(月

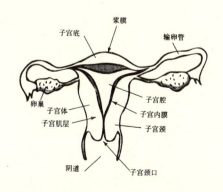

经）的发源地。有此两个本事，足以使其地位显赫，当仁不让成为最具特点的女性身体标志！于是，我们恭敬地称它为"子宫娘娘"。

子宫娘娘仙居何方？文雅点儿说，它位于女性美丽的肚脐下方、微微隆起的小腹深部（盆腔），四周被一圈铜墙铁壁般坚固的骨头（骨盆）贴身保护。骨盆坚固无比，形成一个类似水果篮样的结构，天衣无缝地保护着子宫。而且，胎儿发育成熟以后要离开母体，也要适应于骨盆的形状，几经周折才能降生人世。

子宫的前方是膀胱，也就是储存尿液的地方；子宫的后方是直肠，是大便通过的地方。尽管膀胱、子宫和直肠从前向后依次排列、关系紧密，但它们隶属于不同的"部门"，分别属于泌尿系统、生殖系统和消化系统。人是高等动物，这3个系统是分开的，而稍微低等的一些动物（如鸡、鸭、鹅等），3个系统的出口是合在一起的，称为"泄殖腔"。

其实娘娘的外貌并非闭月羞花，子宫像一个倒置的鸭梨（请注意是北方鸭梨，不是雪花梨），也有人说像立着的白炽灯泡。上面大的部分称为"子宫体"，下面小的部分称为"子宫颈"。子宫颈的一部分暴露在阴道中，直径差不多2~3个手指并排的宽度（3~5厘米），医生借助于特殊器械的帮助可以看到。关于子宫颈，我们暂且不多做介绍，后文将有重头戏讲述发生在这块方寸之地上的大事小情（子宫颈病变和子宫颈癌）。而子宫体则完全位于盆腔内，肉眼无法看到，正常情况下女性自己也摸不到，但医生通过妇科检查可以摸到。

但说到娘娘的身材，绝对是能屈能伸的女中豪杰。在没有怀孕的时候，子宫比女性自己的拳头还要小一两圈（高、宽、厚大约分别为6厘米、5厘米、4厘米）；而在怀孕足月的时候，子宫能膨胀到比篮球还要大几圈，或者说像一个30斤左右的西瓜（直径20厘米左右）。如果子宫长了瘤子（子宫肌瘤），可以虚胖到充满整个腹腔，重量可达数十千克。

其实，子宫并不真的像鸭梨那样是个实心疙瘩，而是一个中间有空腔的器官。中间的空腔称为"子宫腔"，它是胎儿在母体内发育的场所，是每个人都拥有的第一套居室。大自然是公平的，无论当今世界上的人如何贵贱不同，有人豪宅别墅，有人蜗居地下，但在出世之前，居住条件是基本平等的。

这间被称为"子宫腔"的房子内表面衬有一层膜状的组织，称为"子宫内膜"，厚度可达近2厘米。子宫内膜的功能不可小觑，在承担怀孕任务的时候，它是发育成胎儿的那粒金种子（受精卵）茁壮成长的肥沃土壤；在没有怀孕生子任务的青春岁月和激情岁月（育龄期），这层膜每月要脱落一次，并经过阴道排出体外，形成月经。

这间房子的墙壁，也就是构成子宫腔的组织称为"子宫肌层"，由3层排列方向不同的肌肉（子宫平滑肌）组成，排列方式很有规律：内环、外纵、中交叉。正是这样的排列形式，使子宫很坚固，而且具有神奇的伸缩性。子宫壁的外面也有一层膜，称为"浆膜"。这层膜很薄，与覆盖在膀胱和肠管表面的腹膜没有区别。

多数情况下，娘娘慈眉善目、颔首听命。也就是说，在类似于水果篮的盆腔中，子宫呈前倾前屈状态。那么，作为母仪天下的一国之后，子宫娘娘需要哪些贴身宫女或者宝贝物件来稳固它的位置呢？可以说，子宫是被"八抬大轿"簇拥抬起的。

这"八抬大轿"就是子宫周围的4对韧带，由结缔组织和平滑肌组成。子宫圆韧带使子宫保持向前倾斜的位置；阔韧带比较宽阔，从子宫两侧壁分别向两边延伸，到达骨盆壁，它的上缘是游离的，由"水果篮"——盆腔——分为前、后两部分；阔韧带的下部增厚，横于子宫颈两侧和骨盆侧壁之间的部分称为"主韧带"，能起到固定子宫颈位置的作用；还有1对韧带从子宫颈的后上方向两侧绕过直肠到达骶骨前的筋膜，称为"子宫骶骨韧带"，能把子宫颈向后上方牵引，使子宫保持前倾位置。

子宫就是靠这4对韧带和骨盆底的肌肉以及筋膜组织的支撑作用保持其正常位置的。之所以特别提出这些支持结构，是因为随着年龄和分娩等因素的影响，在一些老年女性中，这些韧带以及盆底肌肉和筋膜组织会松弛，导致盆腔的脏器包括子宫、膀胱、阴道前后壁向下脱垂或膨出，有的还管不住尿（尿失禁）。医学哲人说：人直立起来了，脏器却垂下去了。为了矫正这些问题，人们提出了缩肛运动和盆底康复锻炼，甚至通过手术矫正。

在浓墨重彩将子宫娘娘的神奇本事（怀孕）说给您听之前，允许我简单介绍一下子宫的远亲近邻。有的邻居是同辈儿的妯娌，比如输卵管；有的邻居虽然隔得稍远，却是婆媳关系，比如卵巢；而远走他乡，八竿子打不着的乳房，也是子宫娘娘的表亲。这些远亲近邻到底都有哪些神奇之处呢？让我们一一来认识。

激情迸发映两厢：简单聊聊输卵管

输卵管是子宫两侧的一对细长的管状结构。从纯生物学角度而言，男女床笫之间的浪漫故事，仅仅是一场更激动人心的大戏的前戏而已：精子先生与卵子小姐激情幽会并合二为一（受精）的欢乐谷，是在子宫的东厢或西厢的一处地方——输卵管壶腹部。

输卵管上风上水，是子宫的近邻，也是最亲密的妯娌。输卵管从子宫的两侧角部（子宫角）发出，左右伸展，长度与女性削如葱根的中指差不多或更长（8~14厘米）。输卵管是一个中空的器官，近端管腔与子宫腔相通，远端为伞端，与卵巢相接近。输卵管的伞端犹如张开的手指（但更多、更细），活动状态与游动的水母颇为相似。

输卵管神奇的构造，让它具有了两种功能：第一就是充当红娘，能将子宫的顶头上司（卵巢）排出的成熟的卵子小姐（人类原始生命——受精卵中女性贡献的物质）轻柔地拾取并送入输卵管，在那里等待从男性的睾丸出发，经输精管，再经女性阴道、宫颈、子宫腔和输卵管，不远万里而来的精子先生（受精卵中男性贡献的物质）的示爱和进攻。于是，输卵管自然有了第二功能：为卵子小姐和精子先生提供幽会场所。从人类生殖的超然高度，男女之间在床上进行的在俗人眼中轰轰烈烈的娱乐活动，仅仅是精子先生与卵子小姐幽会的前戏而已。

　　精子先生与卵子小姐在输卵管幽会最常选择的地方，在解剖学上有一个专门的词儿：壶腹部。顾名思义，这部分的管腔比较宽大，像水壶的肚子一样，而且也比较长，有5~8厘米。您不得不说，大自然真是自有安排。您想想，精子先生和卵子小姐相亲相爱的激情时刻，是在五星级宾馆的总统套间爽快，还是在幼儿园的小床上舒服呢？

　　可是大自然更有安排。在紧邻输卵管最宽大的壶腹部的近端，也就是靠近子宫的地方，输卵管被分为两段，分别叫作"峡部"和"间质部"，管腔一个比一个窄！这可以理解为精子旅程中的收费站，是给精子先生们的巨大考验。如果上千万甚至上亿的精子，都能蜂拥而至，到卵子小姐身旁，卵子小姐不被淹死也会被吓死。所以，精子们需要经历种种艰难险阻，只有经过长途奔袭之后仍然健壮如牛的优秀

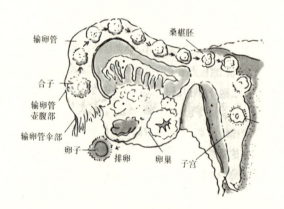

精子，才可能有向卵子小姐示爱的机会。某种程度上，峡部和间质部就起到了关卡作用。

正常情况下，输卵管见证完毕精子先生与卵子小姐在输卵管壶腹部的这场酣畅淋漓的爱情仪式（精子与卵子完成受精）之后，就会赶着这个爱的结晶（受精卵）尽快离开，送它到子宫腔中的子宫内膜中定居发育。如果没有及时"驱逐"受精卵，就会发生大麻烦——异位妊娠。

要将受精卵及时输送到子宫腔而不是使其错误地反方向进入腹腔，输卵管需要有特殊的结构和功能。输卵管由3层构成：外层为浆膜层，与覆盖在子宫和肠管上面的浆膜一样，是腹膜的一部分；中层为平滑肌层，这层肌肉的收缩使输卵管能够像蛇一样蠕动，可以协助拾卵、运送受精卵，并能在一定程度阻止经血逆流和宫腔内感染向腹腔内扩散；内层为黏膜层，被单层柱状上皮覆盖。上皮细胞分为好几种，其中一种称为"纤毛细胞"，这种细胞的纤毛能够摆动，可以协助运送受精卵。

输卵管的管腔很细，容易因为各种感染（包括结核）而发生阻塞。如果输卵管在靠近子宫的管腔部位发生了完全性堵塞，即使有大批的精子冲锋到这里也无济于事，急得团团转之后只好撞墙自尽；而隔墙相望的卵子小姐唯有泪眼相向，爱莫能助。当她终于明白精子先生没有崂山道士穿墙而过的本事时，也会失望地死去。反过来，如果输卵管靠近卵巢的远端管腔发生了完全性堵塞，卵子小姐不能如约到达输卵管，不远万里而来的精子先生们也只好仰天长叹英雄无用武之地。这些都会导致不孕的发生。所幸现代医学技术已经能够绕过这一阻塞,让精子先生和卵子小姐不在这个传统的幽会场所相会,而在现代化的玻璃屋子中(试管、平皿)幽会结合,这就是一般人所说的"试管婴儿"。

弹丸之地太后临：了解女性的卵巢

"卵巢"，顾名思义，就是储存卵子的地方。直到目前，它仍与输卵管一起被称为"附件"，即子宫的附属构件。卵巢比大拇指略微大些，可谓弹丸之地。然而，正是这个不起眼的附件，却会产生女性性激素——主宰红颜一生的枯荣兴衰，位高权重堪比太后。

卵巢是子宫娘娘无可争议的婆婆，尽管中间还隔着输卵管，但子宫的一举一动都必须听命于卵巢：子宫内膜每月一次的周期性剥脱形成月经的过程就是在卵巢分泌的雌激素和孕激素的调节下完成的。与子宫相依为命的胎儿，在妊娠早期（妊娠12周以前），其生长发育也依赖于卵巢分泌的性激素。

"卵巢"，顾名思义，是卵子的老巢——储存和排出卵子的地方。女性卵巢的命名比男性睾丸的命名要高强100倍，后者只是模拟了"乌蒙磅礴走泥丸"最后一个字的形状，而那个"睾"字就实在太拽，让我等没有文化的人一头雾水。而卵巢听起来，就跟鸟巢、雀巢一样接地气和亲民。

除了储存卵子和排出成熟卵子之外，卵巢更是分泌女性激素（雌激素、孕激素、雄激素）的器官，是掌控红颜一生枯荣兴衰的太后级人物,它管辖着子宫、输卵管、宫颈、阴道、外阴的休养生息。

说到这里不得不提及一个词:生育年龄女性,简称"育龄女性"。在这本书中,"育龄女性"一词频繁出现,指的是第一次月经(初潮)开始至最后一次(绝经)之间的女性。理论上,只要行为存在、条件合适,这个阶段的女性都有怀孕、生育的可能。至于育龄的长度到底多长,存在很大个体差异,完全取决于卵巢的功能、寿命,而后者很大程度上是由遗传决定的。一般而言,育龄期为30年左右,但由于营养改善和其他原因,目前女性初潮年龄有所提前,绝经年龄有所推迟,所以育龄期可能会稍微长一些。

女性将两个大拇指并列起来,就差不多是卵巢的大小(长、宽、厚分别约4厘米、3厘米和1厘米)。卵巢重量为5~6克,呈灰白色,绝经后萎缩变小、变硬。与少女的脸相似,初生女婴或者女童的卵巢表面光滑,青春发育开始后,卵巢排出卵子并分泌性激素,排卵后的卵巢破口需要不断修复,于是卵巢表面开始有些皱纹,凹凸不平。

让我们更近地来看看这位太后级人物。如果把卵巢剖开,可以看

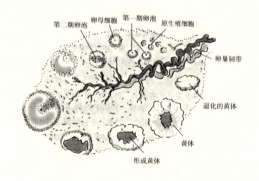

见卵巢由两部分构成，外层为皮质，深部为髓质。皮质是卵巢发号施令的场所，内有数以万计等待发育的卵泡，称为"始基卵泡"；髓质位于卵巢的中心部分，由丰富的血管和淋巴管组成，功能是为卵巢发号施令提供后勤保障。

卵子在女性从母体出生的那一刻，甚至还在母体的时候，数量就已经确定。从一出生开始，卵巢这个储存卵子的"银行"实行的就是只取不存的霸王条款。女性每月都有一批卵子同时发育，但只有1个（偶尔是2个）卵子最终发育成熟并从卵巢中排出（排卵）。尽管女性在生殖活动中是重要角色，承担了生和养的绝大部分任务，但从传宗接代、延续自身基因这一动物最自私、最本源的行为来说，男性在生殖上是占绝对优势的。女性满打满算，一生能排出500个卵子，而怀孕1次需要1年，也就是说，女性一生将自己的基因传给下一代的个体数也就50个左右；而雄性则不同，如果有足够多的女性供他传宗接代，比如拥有三宫六院七十二嫔妃的皇上，他将基因传给下一代的个体数可以成千上万！幸好这世界还有道德和法律，否则满大街走的，就都是地球上那几个最强大的男人的后代了。

但大自然是公平的，尽管传递自身基因的条件无比优厚，但历朝历代皇帝中总有费尽九牛二虎之力也留不下一丝半脉的，这涉及男性原因的不育问题，《子宫情事》（下卷）会有介绍。在此略提两句与女性不孕有关的事。如果因为种种原因卵巢不能每月排卵，自然就不会怀孕、生育，这是女性不孕的重要原因。或者，雌激素和孕激素分泌不足，不能在妊娠的早期为胚胎提供足够支持，即使受孕也容易流产。

虽然卵巢在决定女性性别特征和生育能力方面位高权重,但它的上面还有好几辈婆婆。卵巢、甲状腺、肾上腺在辈分上其实是一样的,都是先帝遗孀,只是从人类生殖的角度,卵巢被幸运地册封为正宫太后,甲状腺和肾上腺被定为偏宫而已。姐妹几位拥有一个共同的婆婆,那就是太皇太后——脑垂体。然而,垂体仍然不是辈分最高的人物,它的上面还有活着的婆婆,太祖皇太后——下丘脑。

实际上,人体系统和器官之间的辈分关系远远不止"四世同堂"。理顺宫廷辈分关系实在复杂,还是科学求真更为简单。承袭女性生殖功能的这一脉为下丘脑—垂体—卵巢轴,具有复杂的上情下达和下情上传的支配和反馈关系。

王子流落在他乡：异位妊娠的控诉

正常情况下，卵子与精子在输卵管结合形成受精卵后就会到子宫定居。如果受精卵停留在原地或到达宫腔外的其他地方，则称为异位妊娠（俗称宫外孕）。宫外孕是引起女性死亡的凶险急症之一，且听这位既可怜又可恨的落魄王子的悲催表白吧。

春节、国庆长假、圣诞节、情人节等特殊节假日之后的一两个月，是各地医院妇产科最繁忙的时候。大自然有时会开些让人哭笑不得的玩笑：迫切希望怀孕的男女按照医生的建议隔天一次夜间劳作却总怀不上孕，而那些不想怀孕、只想表达一下感情的男女，就那么几天甚至一次就意外怀上了。于是，在这些给天下有情人创造时机的黄金假期结束之后的一段时间，因意外怀孕而进行的人工流产就会陡然增加。而且，另一种会使妇产科医生忙得四脚朝天的急诊也相应增多，那就是异位妊娠。

为了便于理解，我们请让它自我表白一下吧。

我叫"异位妊娠"，是妇产科为数不多的夺命急症之一，尤其是在医疗条件不发达的地区。说说我名字的来历吧。所谓"异位妊娠"，就是指男女结合之后的结晶——受精卵在子宫腔以外的地方着床并生根发芽的妊娠,有时人们更喜欢称呼我的小名——宫外孕。作为落魄的人,我能请求你们称呼我为"青蛙王子"吗?因为我的血管里流淌的依然是你们的血,也是精子和卵子结合的产物。不幸的是长错了地方,但这真不是我的错。

其实我并不是稀客。大约每50次妊娠中,就有一次可能是异位妊娠,这就是为什么长假之后我的出镜机会暴增的原因。假期时间长了,激情迸发的次数多了,有的时候你们又总是强调肌肤相亲和零距离接触,连那层比纸还薄的雨衣(安全套)都不愿意穿,于是爱情结晶自然就增多了。按照概率你们就可以猜到我的队伍自然也壮大不少。可以说,异位妊娠是每个有生育能力的女性都可能遭遇的朋友。

人们通常根据我和我的难兄难弟、难姐难妹们在子宫腔以外安家落户部位的不同,给我们取不同的名字:老大嘛,当然就是输卵管妊娠了,因为它占异位妊娠市场份额的95%,其他兄弟姐妹还有卵巢妊娠、腹腔妊娠、宫颈妊娠、剖宫产疤痕部位妊娠等。兄弟姐妹的排名虽不分先后,但近年由于种种原因,很多女性不愿从阴道分娩而选择那一刀痛快的剖宫产,于是排名最后的那位兄弟——剖宫产疤痕部位妊娠的登台次数逐渐增多,我拦都拦不住。

为了表白的方便,请允许我暂且以老大(输卵管妊娠)自居,你不同意也不要举手。先告诉你们一件一般人我都不告诉的事儿:在输卵管妊娠中,近五分之四发生在壶腹部。如果你们还有印象,我曾经说到卵子小姐与精子先生激情幽会的欢乐谷就是这个被称为"壶腹部"

的宽大地方。通常而言，精子和卵子结合形成受精卵，稍微分裂发育一段时间后，输卵管的蠕动作用就会催促新诞生的生命去已经准备妥当的子宫腔中安家落户，这就是令我羡慕嫉妒恨的兄弟姐妹——正常的宫内妊娠。

但是人心难测，世事难料，在某些不正常的情况下，我就意外地成为青蛙王子而被滞留原地，或者仅仅被象征性转运了一下，到了输卵管壶腹部近端的峡部或间质部就停了下来。甚至有时候它们连运送方向都搞反了，到达了输卵管的远端——伞端。我在间质部生根发芽的情况并不是很多，却很凶险，一旦破裂，出血会很多、很猛，容易引起休克。

我说过我要血泪控诉，因为我青蛙王子命运如此悲惨，被滞留原地而不能被护送到子宫腔，全是你们的错！哪些情况会导致受精卵停留于输卵管而不能如期转运宫腔呢？

首先，要控诉的就是输卵管炎症，这是引起输卵管妊娠的主要原因。各种微生物感染引起的输卵管炎症，可以使输卵管管腔变窄、纤

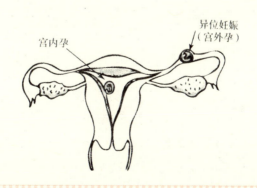

毛功能受损或蠕动功能减弱，导致受精卵运行受阻而停留于该处。输卵管炎症有的是通过男女之间的性活动传播，比如淋病、梅毒、衣原体感染等；有的是因女性生殖道的一些感染上行，比如在月经期有性生活、月经期游泳、在消毒条件不好的非法诊所进行人工流产；还有的则是一种被称为"结核"的特殊感染。

其次，要控诉的是输卵管妊娠史或手术史。输卵管妊娠无论经过哪一种保守治疗，再次妊娠为输卵管妊娠的概率都达10%。如果女性有输卵管绝育或其他手术史，输卵管妊娠的发生率则达10%~20%。

再次，我也要抱怨一下苍天。输卵管先天发育不良或功能异常，或者子宫肌瘤或卵巢肿瘤影响了输卵管的通畅。

最后，各种辅助生殖技术（如试管婴儿）的开展、宫内节育器或紧急避孕失败后，输卵管妊娠的登场概率也会增加。

说完这些你们终于明白，正是由于你们的不小心或者是上天的不容，害得我独在异乡为异客，我的命运交响曲从此改为《悲怆》！不信你们就看一看异位妊娠的结局吧。

就受精卵的着床条件而言，输卵管与子宫相比贫瘠了很多。输卵管的管腔狭小，管壁薄而且缺乏肌层，伸缩性远远不如子宫。所以，我留在输卵管的境况很可怜，胚胎结局堪忧，会以以下几种方式告别舞台：

有时候我很洒脱，只挥挥手而不带走一片云彩。但有时候，我会带着新仇旧恨，狠狠地报复一把，甚至让你们和我同归于尽！但是随着医学技术的发展，我能让你们和我同归于尽的机会少之又少，渐趋为零了。

  我的第一种告别方式比较温柔——输卵管妊娠流产：多见于输卵管壶腹部妊娠，多发生在妊娠8~12周。尽管受精卵在输卵管苟活了下来，但由于居住条件太差（蜕膜形成不完全），营养供应不足，胚胎最后脱离管壁落入管腔，刺激输卵管逆蠕动，经伞端排出到腹腔，形成完全流产。这种情况出血一般不多。如果胚胎从管壁剥离不完整，看似我想走，其实又想留，藕断而丝连，残存部分就会继续侵蚀输卵管壁，出血就会比较多，形成血肿，甚至需要手术。

  我的第二种告别方式比较生猛——输卵管妊娠破裂：多见于输卵管峡部妊娠，一般发生于妊娠6周左右。由于胚胎生命力顽强，在输卵管相对富饶的峡部奋力植根，穿出黏膜，侵蚀肌层及更外面的浆膜，于是形成输卵管妊娠破裂。由于该处的输卵管肌层血管丰富，短期内就可能发生大量腹腔内出血，使患者出现休克。破裂多为自发性，但也发生于剧烈活动或性生活之后。患者腹痛剧烈，输卵管间质部妊娠所在部位肌层较厚、血运丰富，破裂发生较晚，在妊娠12~16周才发生。一旦破裂和子宫破裂相似，往往在短时间内出现休克，十分凶险。

  我的第三种告别方式比较内向——无论是破裂还是流产，如果胚胎死亡，血肿不能消散，过一段时间后就变硬并与周围粘连，称为"陈旧性宫外孕"。

  我的最后一种告别方式比较另类——排入到腹腔中再次种植、存活、生长，形成腹腔妊娠。

  那么，什么时候医生会怀疑到我的存在呢？传说中的医学前辈说，典型的疾病只存在于教科书中，多数病人的症状都不典型。这太正确了，因为输卵管妊娠的症状与到了子宫腔却没有成功发育的流产很相似，常常难以区分。输卵管妊娠的典型症状是停经后腹痛及阴道出血。

患者多有 6~8 周或更长时间的停经史。腹痛是输卵管妊娠的主要症状，占 95%。在输卵管妊娠流产或输卵管破裂之前，疼痛为一侧下腹部隐痛或酸胀感；当发生流产或破裂后，会突然感到一侧下腹部剧烈疼痛，撕裂般疼痛，有时伴有恶心和呕吐。

由于血液的刺激，患者可能有肛门坠胀感。如果出血多，会刺激膈肌，还会引起肩部的疼痛。60%~80% 的患者会有阴道出血，但一般不会超过月经量。如果有严重的腹腔内出血，患者可出现晕厥或休克。

医生一旦怀疑到异位妊娠的存在，会有哪些侦察手段？

（1）人绒毛促性腺激素 HCG 测定：这是诊断正常妊娠和异位妊娠最基本的检查。异位妊娠的 HCG 水平比宫内妊娠要低，而且增长速度缓慢。正常妊娠 HCG 的倍增时间在 72 小时之内，如果倍增时间超过 7 天，就需要考虑是异位妊娠了。

（2）超声检查：超声检查是诊断异位妊娠不可缺少的手段，有助于明确我存在的部位和大小，为治疗提供依据。说句掏心窝子的话，经过阴道做超声较好，一是探测更准确，尤其是对于比杨玉环同学还丰满 10 倍的女性；二是不用憋尿，不需要长时间等待。但如果是宫内孕还是异位妊娠尚不能确定，而且如果是宫内孕又希望继续妊娠者，还是喝水憋尿做腹部超声更稳妥一些，免得打草惊蛇，把我那宫内孕兄弟给扰动了。

（3）腹腔镜检查：目前已经成为诊断的金标准，而且可以根据情况进行治疗。

（4）后穹隆穿刺：这是一种传统但很简单实用的方法。人体在半坐卧位时，子宫与直肠之间的窝是腹腔内最低的位置，如果腹腔内有出血，就会积存在这里。又由于某些特殊机制，流到腹腔中的血液不会凝固，通过阴道的后穹隆进行穿刺，如果抽出不凝血，则说明腹腔内有出血。

（5）诊断性刮宫：主要用于不能确定是否有宫内孕流产或者胚胎发育不良，而且夫妇明确表示不希望保胎者；又或者超声检查不能确定妊娠部位的患者。如果刮宫见到了绒毛，则基本可以排除异位妊娠的诊断。然而凡事都没有绝对，宫内孕兄弟和我这个异位妊娠同时存在的情况也是有的，但比万一还少，是三万分之一。如果有机会，我会讲一个惊天动地的故事。

山贼虽小脾气大：人乳头瘤病毒的真情告白

高危型人乳头瘤病毒（HPV）感染是引起宫颈癌的必要条件，两者有明确的因果关系，该发现获得2008年诺贝尔医学奖。但HPV自己说，与其他病毒（引起肝癌的乙型肝炎病毒HBV，引起艾滋病的人免疫缺陷病毒HIV）相比，它就是个小山贼而已。

近年的研究发现，人乳头瘤病毒（HPV）与宫颈癌有明确的因果关系，德国科学家祖尔·豪森的这项发现获得了2008年诺贝尔生理学或医学奖。因此，通过对HPV感染状态及其引起的宫颈癌前病变的检测，以及更提前一步的疫苗接种，可以预防、早期发现、治疗甚至消灭宫颈癌。

到目前为止，已经发现了100多种不同类型的人乳头瘤病毒，其中有54种可以感染生殖道黏膜。依据人乳头瘤病毒与癌瘤的关系，感染肛门和生殖器的人乳头瘤病毒可归类为低度危险、中度危险和高度危险型。低危型人乳头瘤病毒常常出现在良性病变中，如HPV6、HPV11；中危型人乳头瘤病毒存在于中重度不典型增生病灶中；高危型人乳头瘤病毒则通常在重度不典型增生和癌灶中，如HPV16、HPV18可在大多数宫颈癌，一些肛管癌、阴茎癌和阴道癌中检测到。

需要明确，HPV感染只是发生宫颈癌的必要条件。换句话说，一般而言，如果不感染HPV，就不会发生宫颈癌（当然凡事都有例外）。但HPV感染并不是宫颈癌发生的充分条件，也就是说，并不是感染了HPV就会发生宫颈癌。这很好理解，因为任何感染性疾病的发生都是病原体与人体防御系统博弈的结果。

实际上，女性感染HPV是一种很常见的事件，据估计大约40%的女性在一生中会遭遇感染HPV的机会，但80%或者更多的女性会在半年内自动清除病毒，只有在那些免疫功能有问题或者频繁大量接触HPV的女性中，才会形成持续的HPV感染，后者中一小部分会发展为宫颈癌前病变，如果没有被发现和治疗，一部分会发展成为宫颈癌。

以前认为，初次性生活年龄小、性交过频、多个性伴、感染性传播性疾病、多次分娩、单纯疱疹病毒感染、吸烟、酗酒、吸毒等都是引起宫颈癌的原因。但自从明确人乳头瘤病毒是引起宫颈癌的必要条件后，人们发现这些因素都不是直接原因，而只是间接原因或起协同作用。这些因素或者增加了人乳头瘤病毒感染的风险，或者降低了人体对抗HPV的免疫功能，从而增加了宫颈癌的发病危险。

为了更好地了解HPV，也请人乳头瘤病毒（HPV）自己来表白一下。

我是HPV，中文名叫"人乳头瘤病毒"，是近几年的一个腕级人物，尽管还没有搞成"HPV门"，但已经全球风雨了。

致母亲　　22

首先，我的家族成员很多，有100多个，但实际上给宫颈造成麻烦的多半是HPV16和HPV18两个而已，尤其是HPV16。

我非常自豪，因为我成就了一名叫豪森的德国老伯，他居然发现我（HPV）与宫颈癌之间存在明确因果关系，并由此获得2008年诺贝尔生理学或医学奖。

我有点儿自卑，因为我其实只是个山贼而已，与其他大腕（乙型肝炎病毒HBV和丙型肝炎病毒HCV，均能引起肝癌；人类免疫缺陷病毒HIV，引起艾滋病）相比，我只在宫颈上闹点事儿，而且只要您稍有警惕（每两年一次宫颈癌筛查），我就难成大事。

至于我是如何缠上您的，很多时候是天知地知您知我知，但有时是真的不知道。通常是通过性行为，但接触不干净的卫生洁具和用品后也可能沾染上我。

其实，并不是一沾上我就会得宫颈癌！只有长期地、持续地、高负荷地与我亲密接触，才会引起宫颈的癌前病变和宫颈癌。

据说，40%的女性在一生中的某个时期都会与我有过接触，但我通常作为访客出现，停留上七八个月后多半自动离开。但如果您的状态不好（免疫能力下降）、环境适宜（多个性伴、不洁性生活），我就会定居。

如果妇科医生发现我缠上了您，您当然会紧张和不快。但是，从另一个角度来说，这也是一件比较幸运的事情（绝非站着说话不腰疼）。因为，我被暴露后，我的家族的后续破坏工作多半做不成了。

那么，什么时候要怀疑到我，并对我展开调查呢？以前是先通过宫颈薄层液基细胞学检查（即TCT）发现苗头，然后对我进行调整，后来是TCT和HPV检测同时检测，现在认为直接检查HPV价值更大。如果TCT提示有意义不明的非典型鳞状细胞（称为"ASCUS"）或者更高程度的病变，那就要进行HPV检测了。如果证实我不在现场（即HPV阴性），您大可以放心了，半年之后复查TCT即可；如果证实我确实在现场（即HPV阳性），您就需要进一步检查，做阴道镜和活检了。如果TCT发现为更高级别的病变，我就基本应该自首了，检查只是留底备案而已。

至于如何对我进行调查，有几条途径：一是宫颈薄层液基细胞学（TCT）报告单上会提示；二是HPV分型，如报告HPV16、HPV18阳性等；三是杂交捕获的人乳头瘤病毒检查（HC2），除了报阳性之外，还报具体数值（是半定量，和HPV的量有一定相关性，但不绝对平行）。目前认为，HPV分型是最好的检测方法。

如果准备怀孕的女性沾染上我，我建议您还是先把我的大部队打发走了之后再怀孕（HPV值明显降低）。潜伏下来的少量人员一般不会影响妊娠结局。

即使我已经给您带来了伤害（如各种类型的宫颈癌前病变），您仍然是可以搞定我的。狂轰滥炸式地攻击（各种针对宫颈病变的物理治疗和锥切）能消灭我的大部分部队，即所谓"治病即治毒"，留下的残兵一般很难组织有效进攻。而且，您自身的免疫能力有可能最终将我请出。

基本可以负责任地说，目前还没有口服药物能对付我。在宫颈局部使用干扰素可能有一定效果。西方国家已经开发了新式武器,即治疗性 HPV 疫苗和预防性 HPV 疫苗(主要针对 HPV16 和 HPV18)。据他们官方发布的消息,效果还是不错的。

  总之,我并非可怕至极,但您的确需要关注我,否则,真的会闹出点儿动静的!

一代窦娥上公堂：来自宫颈糜烂的自我辩护

"宫颈糜烂"是一个曾经让无数良家女子脸红心跳的名词。但现在认为，宫颈糜烂可能是一种并不存在的疾病，是一种被误读，更是被不良医生利用的名称，是一桩堪比窦娥还冤的公案。那么，实情究竟如何，且听宫颈糜烂的自我辩护吧。

"宫颈糜烂"是一个在妇科门诊经常听到的名词，病人曾经说有一个"高端专科医院的医生"这样告诉过她："你的宫颈啊，已经被虫子吃掉大半了，糜烂得不行，再不治疗就会得宫颈癌！先用我们的阴道系列治疗液清洁，然后给你做臭氧除菌、纳米修复，让它光滑如玉。"另一方面，网上的一些医生一直都在对宫颈糜烂进行声讨，认为宫颈糜烂是一种完全不存在的疾病，不需要做任何治疗。一时间，宫颈糜烂到底是不是病、会不会发展成为宫颈癌、该不该治疗引起了广泛讨论。

其实宫颈糜烂有三种情况。第一种是目前医学上大多数人认为的宫颈柱状上皮移位，这是一种生理现象，是宫颈在不同雌激素水平作用下的表现。第二种是各种物理、化学、生物因素引起的宫颈糜烂。这两种宫颈糜烂都不会发展成为宫颈癌。第三种是由于特殊的微生物即人乳头瘤病毒感染同时合并的宫颈糜烂,是宫颈癌前病变的表现。所以,对于宫颈糜烂,不能一概而论简单地认为是重病而吓唬病人,但也不能完全认为其不是病而不重视。即使是前两种宫颈糜烂,如果有白带异常和接触性出血,也需要治疗。而对于第三种类型的宫颈糜烂,更是需要重视,需要进行宫颈癌筛查,并做相应处理。

同样为了理解方便,还是让宫颈糜烂自己来做呈堂证供吧。

人们称我为"宫颈糜烂",让我很不舒服。因为"糜烂"二字总让人产生作风不正之类的联想。实际上,尽管宫颈糜烂与性生活之间的关系的确说不清道不明,但是糜烂的严重程度却与是否有多个性伴并没有直接联系。换句话说,一个性伴可以使宫颈很糜烂,而有多个性伴者其宫颈未必糜烂。

以前我是过街老鼠,人人喊打。全世界的人都认为宫颈糜烂是宫颈炎症这一黑恶家族中的骨干成员,其他成员还包括急性宫颈炎(宫颈充血水肿、白带多、异味等),慢性宫颈炎(白带多、异味),宫颈纳氏囊肿,宫颈息肉,等等。甚至还认为,如果不对宫颈糜烂进行治疗,就会发展成为子宫颈癌。

目前,我的日子稍微好过一些。新的观点认为,宫颈糜烂并非真正的病,它很可能是女性宫颈的生理改变,权威专家们甚至建议废弃"宫颈糜烂"这一疾病名称。但是,不用说您本人,很多医生目前也还不能接受这一观点。

另外,对于宫颈糜烂会发展为宫颈癌的观点,目前也进行了修正。

实际上，引起宫颈糜烂的原因有多种（病毒的、细菌的、激素的、物理或化学的因素），而宫颈癌则是感染了人乳头瘤病毒（HPV）这种特殊病毒的结果。换句话说，宫颈癌或者癌前病变可以表现为宫颈糜烂，但只有由HPV感染导致的糜烂才会发展成为宫颈癌。

我承认，人们重视宫颈糜烂是正确的。主要原因在于，宫颈糜烂与宫颈癌前病变或者与宫颈癌在肉眼检查上很难区分。因此，对于宫颈糜烂，在进行治疗前都需要先做宫颈防癌检查，排除宫颈癌前病变和宫颈癌。

当然，如果这种甚至不再称为病的宫颈糜烂引起了令人难受或难堪的症状，如白带多、白带带血、性交后出血，合并感染引起白带异味或者引起不孕，等等，还是应该治疗的。

目前宫颈糜烂的治疗方法主要包括药物和物理治疗（冷冻、电凝、激光、微波等）。对于轻度的糜烂，药物有一定效果；对于中度到重度的宫颈糜烂，通常需要物理治疗。再次强调，治疗前需要做宫颈防癌检查。

至于那些名字动听、价格数千元甚至上万元的治疗宫颈糜烂的高科技方法，除非您十分有钱，否则缓缓也罢！

简言之，你们需要重视我的存在，但也没必要太拿我说事儿！陈述完毕，over！

有端之祸起萧墙：一起来认识子宫肌瘤

子宫肌瘤是生长在子宫壁肌层的良性肿瘤，是女性最常见的良性肿瘤，大约每5个女性中至少会有1位与子宫肌瘤结缘。让我们一起来认识一下祸起萧墙（子宫壁）的子宫肌瘤。

子宫肌瘤是生长在子宫上的一种良性肿瘤，多发生于30~50岁的妇女（当然偶尔也会发生于更年轻的女性），又被称为"子宫纤维瘤""子宫纤维肌瘤"或"子宫平滑肌瘤"，通常简称子宫肌瘤。有资料显示，在35岁以上妇女中，每4~5人中至少有1人患有子宫肌瘤，只不过有些人症状不明显，没有被诊断出来而已。

子宫肌瘤的发生原因还不完全清楚，但一般认为与女性体内的雌激素水平升高或者紊乱有关。目前认为，高水平雌激素的持续刺激是发生子宫肌瘤的主要原因。这一观点有很多证据支持：青春期前的女孩，由于体内雌激素水平不高，很少发生子宫肌瘤；女性绝经以后，雌激素显著减少，原先存在的子宫肌瘤会停止生长甚至萎缩；妇女因种种原因切除卵巢以后，肌瘤也会缩小，但是切除卵巢的妇女如果使用雌激素，已经萎缩的子宫肌瘤可以恢复到原来大小，甚至有可能长出新的肌瘤。

子宫肌瘤会遗传吗？现在认为，很多疾病都有遗传性或者有遗传易感性。同卵双生的孪生姐妹（由一个受精卵在发育过程中分裂形成两个胚胎）中，一人患有子宫肌瘤时，另一人患子宫肌瘤的比例很高。另外，母亲患子宫肌瘤者，女儿患瘤概率也会增高。因此可以说子宫肌瘤有一定遗传倾向，尽管遗传规律尚不清楚。

子宫肌瘤可以只长一个（单发性子宫肌瘤），也可以长十几个、几十个甚至上百个（多发性子宫肌瘤）。但是，无论肌瘤是大是小，也无论是单发还是多发，最初都来源于子宫肌壁，只是慢慢地会向不同方向推进生长从而会有不同的名称。

我们不妨把子宫想象成一间房子，子宫腔相当于房间，而肌层则相当于墙体。墙体的内表面有一层膜，称为子宫内膜（也称黏膜），在卵巢激素的精密调控下生长、脱落，从而形成月经。墙体的外表面也有一层膜，称为浆膜。

如果肌瘤的大部分或全部在墙体（肌层）中，称为肌壁间肌瘤，是最多见的一种子宫肌瘤。如果子宫肌瘤向外墙面（浆膜面）发展，大部分突出于子宫表面，甚至只剩一层浆膜覆盖时，称为浆膜下肌瘤。如果子宫肌瘤向内墙面（子宫内膜）方向发展，大部分突出于宫腔，甚至只剩一层黏膜覆盖时，称为黏膜下肌瘤。不同部位肌瘤的临床表现有很大差异。

大多数子宫肌瘤都长在上端的子宫体上，但也有一些肌瘤生长在下端的子宫颈部位，称为宫颈肌瘤；另外，来源于子宫肌层内的肌瘤也有可能向子宫两侧的阔韧带内生长，从而形成阔韧带肌瘤。这两种肌瘤的位置特殊,与输尿管的关系密切,手术时容易出现副损伤,医生会特别谨慎。

子宫肌瘤能预防吗?很遗憾目前还不能,但如果人们对子宫肌瘤的常见症状有所了解,则可能早期发现,并在适当的时候进行治疗,从而减少对健康的危害。那么,子宫肌瘤都有哪些症状呢?

"位置很重要",子宫肌瘤有无症状以及症状的轻重与它的生长部位和大小有关,尤其是生长部位。位于子宫外表面的浆膜下子宫肌瘤,腹腔有很大的发展空间,瘤子即使长得很大有时也没有症状;而位于子宫内表面的黏膜下子宫肌瘤,由于它会影响子宫内膜的功能,即使很小也可出现不规则阴道出血。一般而言,子宫肌瘤可以有以下症状,但具体到每位患者,则是表现为其中一种或几种症状。

1. 阴道出血。阴道出血是子宫肌瘤最常见的症状。位于子宫外表面的浆膜下子宫肌瘤多无阴道出血。肌壁间肌瘤较大时,可影响子

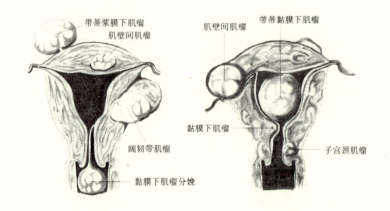

宫的收缩，或使子宫内膜面积增大而使月经过多或经期延长。位于宫腔内的黏膜下肌瘤，则常常有不规则阴道出血、月经淋漓不尽等症状。当然，引起阴道出血的原因很多，需要提醒的是，如果出现这一症状，不要自认为是由于劳累或是闹更年期而不重视。

2．盆腔包块。很多时候是在偶然的情况下（如洗澡或性生活）或在妇科检查时发现的。当肌瘤过大或者患者体型偏瘦时，可在下腹部摸到较硬的实性包块，尤其是早晨排尿前更容易摸到。有些肥胖的人不一定能摸到瘤子，但会发现腰围增大，有些中老年人会误认为是发福。而对于生育年龄期的妇女，如果发现盆腔包块，最需要考虑的并不是子宫肌瘤，首先要弄清楚是否怀孕了。

3．压迫症状。子宫肌瘤可以压迫邻近的器官而产生症状，由于生长部位及大小的不同，产生的症状也有差异。肌瘤向前可压迫膀胱，引起尿频、尿急，甚至排不出尿（称为尿潴留）；如肌瘤生长在子宫后壁，可向后压迫直肠引起腹泻或便秘；发生在子宫两侧的阔韧带中的肌瘤可压迫输尿管、髂内外静脉和神经，从而发生输尿管梗阻、肾盂积水、下肢水肿或疼痛。

4．不育。位于子宫壁的小肌瘤或者浆膜下肌瘤一般不会影响怀孕。但有的肌瘤会改变子宫腔形态，或者阻碍受精卵着床；或者长在子宫角处，压迫输卵管进入子宫的开口，妨碍精子进入输卵管，从而造成不育。

5．腹痛。子宫肌瘤一般很少引起腹痛。如果肌瘤过大压迫盆腔神经，或肌瘤因急性缺血而发生红色变性，或带蒂的浆膜下子宫肌瘤发生扭转时,可引起剧烈腹痛。

6. 白带增多。白带增多多见于位于子宫腔的黏膜下肌瘤。当肌瘤脱出子宫颈口或阴道口时,其表面会溃疡坏死,会导致白带增多,如果合并感染,可有脓性白带出现。肌壁间肌瘤如果体积较大,可使宫腔面积增大,子宫内膜分泌增加,再加上盆腔充血,也可引起白带增多。

7. 循环系统症状。长期月经过多,可造成继发性贫血,贫血严重者可有贫血性心脏病。

实际上,对于定期体检的妇女,子宫肌瘤很容易被超声检查发现。如果女性朋友出现上述症状,就需要到医院检查。那么,子宫肌瘤都有哪些治疗方法呢?这需要根据患者的年龄、肌瘤部位、生育要求等综合考虑。

这应该是医生的事儿,但鉴于子宫肌瘤的常见性和腹腔镜开展的广泛性,我们特别讨论一下腹腔镜子宫肌瘤剔除。

腹腔镜手术是一种目前广泛流行的微创手术方法,它是通过在腹部做3~4个小切口,每个切口长约0.5~1厘米,借助特殊的摄像系统(相当于能够进入腹腔深处的眼睛)和一套特殊器械(相当于能够通过小孔进入腹腔的手指)来完成手术。腹腔镜手术的优点是术后恢复快,腹部几乎不留瘢痕,术后腹腔粘连轻微。

通过腹腔镜剔除子宫肌瘤是妇科常见的手术之一。那么,哪些子宫肌瘤适合腹腔镜剔除,而哪些相对来讲不适合呢?对于腹腔镜操作高手或者"腹腔镜狂人"来说,几乎没有什么肌瘤不能通过腹腔镜来剔除，但这种人毕竟不多！大多数患者面对的仍是一些普通的妇科医生，因此在和医生讨论通过腹腔镜剔除子宫肌瘤的时候需要考虑以下情况。

1. 肌瘤是一个（单发肌瘤）还是多个（多发肌瘤）？

相对来说，单发肌瘤比较适合腹腔镜剔除；而多发肌瘤，特别是子宫肌瘤个数多，而且每个都不小的时候，用腹腔镜剔除就比较困难。难度不在于剔除瘤子有多困难，而在于剔除后要通过腹腔镜缝合子宫表面的伤口比较困难，会导致较多出血，甚至发生休克。

2. 是肌壁间肌瘤、浆膜下肌瘤还是黏膜下肌瘤？

前面打过比方，将子宫比作一间独立的屋子，如果肌瘤的大部分或全部位于屋子的里墙，称为黏膜下肌瘤；如果肌瘤的大部分位于屋子的外墙，则称为浆膜下肌瘤；如果肌瘤位于墙中间，就称为肌壁间肌瘤。通过腹腔镜，能够看到子宫的外表面。因此，浆膜下肌瘤用腹腔镜剔除最为容易，其次是一定大小的肌壁间肌瘤（太小了藏在墙中间看不到）。小的黏膜下肌瘤通过腹腔镜剔除最为困难，但是可以用另外一种微创技术，即宫腔镜进行剔除。

3. 肌瘤是位于子宫的顶部（学名为宫底）、前壁、下段还是后壁？

对于位于宫底和前壁（相当于屋顶和前面）的肌瘤，腹腔镜手术要容易一些。而对于下段和后壁的肌瘤（相当于地基和后墙），腹腔镜剔除瘤子没有困难，但是缝合比较困难。

4. 术后患者是否需要生育？

如果需要生育，对较大的或者多发的子宫肌瘤行腹腔镜剔除需要十分谨慎。首先，腹腔镜手术对缝合的技术要求是最高的，总体而言，它缝合的牢固性不如开腹手术。而子宫肌瘤剔除术后如果妊娠，随着子宫不断增大，缝合处出现子宫破裂的危险性较大。

当然，随着腹腔镜缝合技术的推广和提高，更由于新的缝合材料的出现，与以前相比，腹腔镜缝合技术难度在下降，缝合可靠性大为增加。新的缝线是一种带有倒刺的线，只能从一个方向抽紧，抽紧后即使放开，缝线也不会松掉，而且不用在腹腔镜下打结。所以，目前对于腹腔镜子宫肌瘤剔除的指征已经比原先放宽了很多，尤其是对于没有再生育要求的妇女，除非是肌瘤很多，只要医生的腹腔镜技术比较熟练，都可以尝试腹腔镜剔除，甚至对于以前认为不能通过腹腔镜剔除的特殊位置的肌瘤（如阔韧带肌瘤和宫颈肌瘤），通过采取某些针对性的措施后，也可利用腹腔镜视野清晰的优势，通过腹腔镜剔除。

但是，对于子宫肌瘤剔除术后怀孕的妇女，一般都需要剖宫产，到时候还需要在腹部切一个10厘米以上的口子，腹腔镜手术后腹部不留瘢痕的成果将被破坏殆尽。因此，对术后需要生育的、子宫肌瘤为多个的妇女，肌瘤并非为浆膜下而是位置很深的肌瘤，如果当地的腹腔镜技术不是很好，或者没有新型的缝合材料，开腹剔除也许更为安全，追求腹部暂时没有瘢痕并不值得。

5.开腹和腹腔镜,哪种方式剔除肌瘤更干净?

不能一概而论,但总体来说,腹腔镜的一个弱点就是手术中医生缺乏直接的触觉(因为医生握着的是半米长的手术器械的一端,相当于盲杖)。在开腹手术中,医生可以通过手的触摸来发现藏于子宫肌壁间的小肌瘤,而在腹腔镜手术中要发现这种小的肌瘤很困难。这也是多发子宫肌瘤用腹腔镜剔除相对困难的原因之一。

由此可以看出,剔除子宫肌瘤到底是用微创腹腔镜手术还是开腹手术,需要考虑很多因素。只有选择合适的方式,才能达到最好的效果,需要医生和患者共同斟酌。

盘根错节细思量：当子宫肌瘤遇上妊娠

子宫肌瘤与怀孕生子的关系盘根错节，肌瘤对于妊娠有什么影响？妊娠对于肌瘤有什么影响？什么样的肌瘤需要手术后才能怀孕？

随着医学的发展，得了子宫肌瘤就切除子宫，从而彻底丧失生育功能的悲剧越来越少。但是，由于子宫肌瘤是一种雌激素依赖性肿瘤，与生育年龄妇女相伴而行，因此它与怀孕生子之间的关系非常复杂，纠缠不清。

妊娠早期，肌瘤的存在不利于受精卵的着床和生长发育，流产的发生率是正常无肌瘤妇女的2~3倍。大的肌壁间肌瘤或黏膜下肌瘤，可妨碍胎儿在宫腔内活动而造成胎位不正。肌瘤还可影响子宫的正常收缩，使产程延长，嵌顿在盆腔内的大型肌瘤甚至可能阻塞产道，造成难产。肌瘤还可影响产后子宫收缩，引起产后出血。

另外，妊娠后子宫平滑肌细胞会增大，肌瘤也因而会增大，在妊娠的头4个月最为显著。迅速增大的肌瘤容易发生供血不足，出现退行性变，其中以红色样变最为多见。患者可能会出现发热、腹痛、呕吐、局部压痛，严重者甚至会流产及早产。

由此可见，子宫肌瘤与怀孕生子的关系真是剪不断，理还乱。但是，我们可以试着从以下几个方面进行梳理。

　　本来准备怀孕，检查却发现了子宫肌瘤，该怎么办？通常而言，如果不考虑与怀孕生子的关系，只有那些位置特殊，出现月经量多、月经淋漓不尽、贫血等症状，或者直径超过5厘米的肌瘤才需要手术。而对于准备怀孕的妇女，治疗指征就要适当宽一些。

　　对位于子宫腔内的黏膜下肌瘤，由于有可能妨碍未来的胚胎着床，从而导致流产，因此无论有无症状（通常有月经过多或者月经淋漓不尽的症状），都建议在怀孕前先行处理。目前认为，黏膜下肌瘤最好通过宫腔镜进行手术。宫腔镜也属于微创手术，它是经过阴道和宫颈管放入一种特殊的摄录镜头，并通过专用器械进行手术。

　　那么，怀孕前发现多大的子宫肌瘤必须手术呢？目前没有明确标准。一些医疗单位（如北京协和医院）认为，如果是直径不超过4厘米的肌壁间肌瘤或浆膜下肌瘤，患者可以考虑怀孕。但需要告知患者，怀孕期间肌瘤可能迅速长大，因缺血而导致红色变性，或者子宫位置变化时，浆膜下肌瘤会发生扭转，从而引发流产或早产。

　　如果肌瘤位于子宫的下端（即子宫颈或者其他部位），虽然直径小于4厘米，但患者有不孕历史或多次自然流产且找不到其他明确原因时，也可以先行剔除，然后怀孕。

　　假设在怀孕前进行子宫肌瘤剔除术，术后要避孕多久才能怀孕呢？这是一个术前不能确切回答的问题，需要根据术中情况判断。一般而言，如果肌瘤位于肌壁间或浆膜下，数目不多，剔除过程中没有明显损害子宫壁的完整性，没有进入宫腔，术后避孕6个月就可以怀孕；如果肌瘤数目多，在子宫上开了很多切口，剔除过程特别困难，或者进入了宫腔，则建议避孕一年甚至两年。当然，对于有细长蒂部与子宫相连的浆膜下肌瘤，如果手术顺利，几乎没有损害子宫壁的完整性，术后避孕 3 个月就可以怀孕了。

青瓜之扭最着慌：谈一谈卵巢囊肿扭转

卵巢囊肿扭转是卵巢肿瘤的一种并发症。有的卵巢肿瘤长得如同带蒂的瓜果，蒂里面有血管通过。这个蒂是由卵巢韧带、输卵管及其系膜构成的，一旦有外力作用，蒂部就会发生扭转。

通常而言，能够发生扭转的肿瘤多半是良性的。这是因为只有蒂比较长、瘤子大小比较合适（拳头大），瘤子又没有粘连，有一定活动余地的时候才发生扭转。恶性肿瘤一般不符合这些条件。

比较容易发生扭转的是成熟性囊性畸胎瘤（又称皮样囊肿）、纤维瘤和黏液性囊腺瘤，这些肿瘤一般蒂比较长，且重心常偏于一侧。当突然站起、弯腰或发生肠蠕动时，瘤体就可以发生转动。怀孕的子宫使瘤子升入腹腔，有了更大的活动余地，故妊娠期最容易发生扭转。

发生扭转之后，瘤内的血液循环受阻，因此引起急性下腹剧痛，有的扭一圈，有的可扭好几圈。扭转轻的，有的可能自然恢复，但以后还可能再次扭转。扭转重的，肿瘤血液不通，因充血而涨成紫色，如不能及时解除，囊内出现血管破裂，可使肿瘤坏死，继而感染或是破裂，造成严重后果。

卵巢囊肿扭转属于妇科急腹症，需要紧急手术治疗。通常应该在

24小时之内手术，否则扭转时间过长卵巢就可能缺血坏死，即使剔除囊肿后手术复位了卵巢，卵巢也会丧失功能。而且，由于已经缺血坏死，不切除还有其他危险，比如发生感染、形成血栓等。

建议已经确诊为卵巢囊肿但体积不够大，没有立即手术的指征，或者需要较长时间等待床位，或者自己近期不愿手术的患者，最好随身携带病历或者复印件，或者至少对自己的病情比较清楚，一旦出现急性腹痛，就近到医院后能清楚告知主治医生自己的病情。

鉴于卵巢成熟囊性畸胎瘤的常见性，在此特别谈谈。

1. 什么是畸胎瘤？

先咬文嚼字一下。所谓"畸"，是长得不好看，奇形怪状；所谓"胎"，是其中含有与胚胎相似的成分。瘤子的来源的确是存在于女性卵巢或男性睾丸中的生殖细胞，但需要澄清的是，畸胎瘤并非妇女怀了怪胎以后演变成的瘤子，与结不结婚、有没有性生活没有关系。

原始生殖细胞发育成熟成为卵子，与精子结合受精后，就会向胚胎分化。受精卵一分二、二分四、四分八……聚集成团形成胚胎后，分化成外胚叶、中胚叶和内胚叶三大类组织，然后各自分化为相应的器官，最终成熟为胎儿。

在没有受精的情况下，人体的原始生殖细胞也可能发生异常分化，同样会分化成外胚叶、中胚叶和内胚叶三种组织，但最终不能分化成完整的器官，从而形成瘤子，这就是畸胎瘤。瘤子中会有毛发、油脂、皮肤、牙齿、骨片等外胚叶成分，也可有中胚叶或内胚叶组织，例如肌肉、胃肠、甲状腺组织。

2. 畸胎瘤会找上哪些人？

从性别上，畸胎瘤多见于女性，男性也可能发生畸胎瘤，但很罕见。从部位上，卵巢是最常见的发生部位。但身体的中线部位，如纵隔、脊柱前方、盆腔等部位，也可能发生畸胎瘤，当然很罕见。从年龄上，畸胎瘤既可发生于幼女，也可见于老年妇女，但绝大多数发生在 20~30 岁的女性。

3. 畸胎瘤有良恶之别吗？

当然！97% 左右的畸胎瘤为良性畸胎瘤。发生于卵巢者的良性畸胎瘤多为囊性，又称皮样囊肿。肿瘤的外形是圆形或椭圆形，外面有一层光滑的包膜。囊腔里最多见的是毛发团和油脂。油脂在人的体温下是流质（也有稠得像奶酪样的物质的），瘤子切下来不久便在室温下凝结为半固体。瘤子里还常有牙齿和骨片，牙齿可多到几十个！瘤子内也可以有实性的部分，称为头节。肿瘤内的组织分化很成熟，所以瘤子是良性的。如果分化不成熟，就是恶性的。

4. 畸胎瘤有哪些奇葩之处？

在有些畸胎瘤中，分化成熟的覆盖有毛发的头节与胎儿的头皮很像，看起来真让人头皮发麻。有的骨片分化成不规则的骨片，而有的则分化成为和小孩的牙齿几乎完全一样。骨片样的物质透光性差，如果在超声检查或者 X 光检查中发现高密度的影像,属于好事,说明瘤子多半是良性的。但大约只有一半的良性畸胎瘤才有这种让人欣慰的检查结果。

5. 恶性畸胎瘤是怎么回事?

如果肿瘤内的组织分化不好,甚至有未分化的胚性癌细胞,就是未成熟畸胎瘤了。它属于恶性的生殖细胞肿瘤,不成熟的组织中最多见是神经组织,不成熟组织或细胞所占比例的多少以及细胞的分化程度,决定了肿瘤的恶性程度。目前已经认识到,未成熟畸胎瘤的恶性程度有向良性转化的规律,如果反复手术、化疗及支持治疗,使患者存活时间超过 1 年,肿瘤即有可能逆转为成熟型,而变为良性肿瘤。

6. 能否再多说说卵巢成熟性囊性畸胎瘤?

可以。它是女性生殖系统最常见的良性肿瘤之一,几乎占女性生殖系统良性肿瘤的一半,而且,它也是在怀孕妇女中最常发现的良性肿瘤,尤其是怀孕之前没有体检的女性。

小的卵巢成熟囊性畸胎瘤并不惹是生非,就是做超声检查发现卵巢上长了一个小瘤子,或者自己得知卵巢有瘤子后感觉下腹部不舒服而已。如果瘤子较大,同时患者的身材又苗条,有时在沐浴的时候也会摸到。卵巢成熟囊性畸胎瘤本性很善,但也容易惹出大事儿,囊肿扭转,导致腹痛、恶心,属于需要紧急处理的妇科急症。

7. 畸胎瘤扭转是咋回事？

因为畸胎瘤多为中等体积（拳头大小，5~10厘米），而内容物密度不等，重心通常偏向一侧，沉甸甸的，在运动、性生活等体位改变的时候也会跟着运动，有时运动过头就会发生扭转。可以扭半圈，也可以扭好几圈。

囊肿扭转的后果很严重，相当于卵巢自杀！因为扭转之后供应卵巢和畸胎瘤的血液就阻断了，不信把瓜架子上的青瓜从蒂部扭上几圈，看它还活不活得成。

囊肿扭转后会发生剧烈的腹痛和恶心。如果处理不及时，卵巢会坏死，而且瘤子的张力增加后可能发生破裂，瘤子中的内容物（主要是油脂）会破入腹腔，引起化学性腹膜炎，除了很疼痛之外，还可能导致日后的腹腔粘连。

8. 什么时候需要手术？

一旦卵巢成熟囊性畸胎瘤的诊断成立，多半需要手术治疗，只是时间问题而已。至于具体多大直径才值得手术，目前还没有定论。一般而言，如果瘤子的直径不超过5厘米，可以暂时不手术，定期复查。但如果患者近期内有生育的需求，门槛就要降低一些，直径超过4厘米就值得手术了。

9. 畸胎瘤需要切除卵巢吗？

答案曾经是肯定的，但现在不是。以前只要卵巢上长了瘤子，都一切了之，后来多亏了一个叫邦尼（Bonney）的妇科学家，他推广了卵巢囊肿剔除术。如果患者的年龄不大，可以把瘤子剥除，保留正常的卵巢组织，手术以后仍可有正常的月经，也可以正常生育。由于25%左右的皮样囊肿是双侧性的，手术时医生会仔细检查另一侧卵巢，必要的时候会剖开来看有没有小的皮样囊肿。

10. 通过什么途径手术最佳？

是传统的开腹手术还是微创的腹腔镜手术，以前还有争议，但最近已经尘埃落定。以前认为畸胎瘤是腹腔镜手术的禁忌，主要担心手术中肿瘤破裂后污染盆腔，但近年认为，手术中注意一些细节后，腹腔镜是最佳的手术方式。

11. 畸胎瘤是否会影响卵巢功能？

多数的卵巢肿瘤，包括恶性肿瘤，都不太影响卵巢的功能。这也从侧面提醒，并不是月经正常就说明女性生殖系统没有问题，仍然需要定期检查。畸胎瘤通常不影响卵巢功能，所以患者能正常受孕，而且有时是带着瘤子怀孕，到检查妊娠时才查出瘤子来。如果瘤子较大，一般需要在妊娠14~16周时做手术，因为这个时候手术引起流产的风险最小。

畸胎瘤常发生于年轻妇女，而这个人群又是怀孕分娩的主力军，所以，包括畸胎瘤在内的卵巢良性肿瘤都会与怀孕分娩有着剪不断、理还乱的关系。

12. 畸胎瘤会恶变吗？

会，但概率很小，年轻患者更不用过于担心。皮样囊肿的恶变率为 1%~3%，恶变的平均年龄是 51 岁。

遗传性卵巢癌乳腺癌综合征：
从朱莉切除双侧乳腺说起

2013年5月，美国著名影星安吉丽娜·朱莉在《纽约时报》撰文公开了她因为乳腺癌风险高而切除双侧乳腺的事。一媒体朋友请我科普一下该事件背后的医学知识，我最初有些犹豫。在西方国家的有些医院，乳腺疾病和乳腺肿瘤属于妇产科，但目前在国内，乳腺疾病和肿瘤属于乳腺外科，妇科医生多不涉及，我谈这个问题似乎有些跨界。后来看到文章中提到了遗传性乳腺癌和卵巢癌的问题，朱莉说她第一步是做了相对复杂的乳腺手术，言下之意还会有下一步行动。下一步行动应该为切除卵巢和输卵管了，于是我决定简单谈谈。

作为著名影星，安吉丽娜·朱莉用极端隐秘的个人隐私来唤醒广大妇女对这种疾病的警觉，行为堪称伟大。但从医学上，她为什么做出预防性切除双侧乳房这一大胆又迫不得已的决定？

在文章中朱莉提到，由于她有卵巢癌家族史（她母亲于2007年因卵巢癌去世），医生给她进行了基因检测，结果显示BRCA1阳性，据此判断她患乳腺癌的风险为87%。那么，BRCA1是一种什么样的物质呢？

1990年，研究者发现了一种直接与遗传性乳腺癌有关的基因，命名为乳腺癌1号基因，由于说的是乳腺癌（Breast Cancer），于是英文简称BRCA1，它位于人体细胞核的第17号染色体上。1994年，研究者们在第13号染色体上又发现另外一种与乳腺癌有关的基因，称为BRCA2。在此之后，很多情况下人们把两种基因统称BRCA1/2一起讨论。实际上，BRCA1/2是两种具有抑制恶性肿瘤发生的优良基因（称为"抑癌基因"），在调节人体细胞的复制、遗传物质DNA损伤修复、细胞的正常生长方面有重要作用。

如果BRCA1/2基因的结构发生了某些改变（称为"突变"），那么它所具有的抑制肿瘤发生的功能就会受影响。目前已发现的BRCA1/2的突变有数百种之多，除了与遗传性乳腺癌和卵巢癌有关，与人体的其他很多癌症都有关系。有人总结了BRCA1和BRCA2基因突变相关的癌症的终身风险，显示有BRCA1基因突变者，患乳腺癌和卵巢癌的风险分别是50%~85%和15%~45%，有BRCA2基因突变者，患乳腺癌和卵巢癌的风险分别是50%~85%和10%~20%。与普通妇女相比，的确是很高的患癌几率。

并不是所有突变携带者都会发展成癌症，只是携带有这种突变的人有很高的癌症易感性。美国的一份资料显示，在3亿多名美国人中25万~50万名携带有该突变，在德系犹太人、冰岛人、法裔加拿大人中比例高，而亚裔中比例较低。这也是为什么北欧、美国等国家乳腺癌的发生率高于亚洲国家的原因。而且查阅资料发现，安吉丽娜·朱莉的母亲，正是法裔加拿大人。

随着现代分子生物学技术的发展，已经可以通过取血来进行BRCA1基因突变的检测，并据此做出相关的咨询指导，安吉丽娜·朱莉做出切除双侧乳腺的决定就是基于这种技术。

如果检测到BRCA1基因突变阳性，是否就必须进行预防性乳腺切除？这实在是一个不好回答的问题。我们知道，任何疾病的发生都有概率问题，具体到个人，医生很难预测到底会不会发病，所以需要患者做出选择。茱莉在文中提到，医生告诉她，由于检测到这个基因的某种或者某些类型的突变，她患乳腺癌和卵巢癌的风险高达87%，加上她有母亲因卵巢癌去世的痛苦经历，于是，37岁的她采取了断然措施，预防性切除双侧乳房。当然同时进行了乳房重建，从外形上没有任何改变。

可以推测这是一个昂贵的手术。也如网友所说公众可以承受检测费用却未必都有能力接受这种手术的原因。朱莉的手术是分期进行的。第一步是保留乳头。为了保留乳头，需要为乳头重建血管，而不能再利用原先来源乳腺的血管，因为后者在第二期手术中要被切除。等确保乳头被成功保留后，再进行了第二期手术，就是除了乳头和乳房表面皮肤之外的所有乳腺组织完全切除，然后进行充填和乳房重建，也就是隆胸手术。

手术很完美，结局很理想。不仅需要乳腺外科医生进行切除，更需要整形外科医生进行重建，这就是朱莉在文中所说的手术复杂的原因。目前国内对乳腺癌患者术后乳房重建工作已经越来越重视，多数患者术后能得到满意的乳房重建。

根据朱莉的文章可以推测，她下一步的手术，也许是不久之后或40岁之后，切除双侧卵巢和输卵管。为什么呢？可以通过从推送的最后一篇科普文章《割掉隔壁老王能否预防翻墙》中找到答案。

无论如何，安吉丽娜·朱莉向社会公开了她的诊治经历，是希望引起大家对一类特殊类型的乳腺癌和卵巢癌的重视，对一种与癌症有关的基因BRCA1/2的注意。让我们对安吉丽娜·朱莉的勇敢表示敬意，我们永远记得的，是她在《原罪》和《古墓丽影》等影片中和抗癌公益活动中展现的美丽。

西域王子到东土：一网打尽宫颈癌疫苗

宫颈癌疫苗已经进入中国市场。它针对的是哪些类型的病毒，哪些人应该使用，需要注射几针，效果如何？

2004年11月，葛兰素史克（GSK）的HPV疫苗研究小组发表了其对抗HPV感染的疫苗的3年研究结果。他们在《柳叶刀》（The Lancet）杂志发表文章报告说，该疫苗抗HPV16和HPV18的有效率达100%，并号召研究者们进行长期随诊来证实疫苗能够预防宫颈癌的发生，他们说，越来越多的证据显示该疫苗是高度有效的，而且安全性高，耐受性好。这种疫苗后来被称为Cervarix（希瑞适），遗憾的是（对于葛兰素而言）或者有趣的是，该疫苗并不是世界上第一个获准上市的HPV疫苗。

半年之后，在2005年5月于温哥华举行的22届国际乳头瘤大会上，默克（Merck）制药公司的团队报告称，他们开发抗HPV16、HPV18、HPV6、HPV11的四家疫苗，预防这几种病毒感染的有效性达90%以上。2006年，美国食品与药品管理局（FDA）批准了4价疫苗的上市，商品名为Gardasil（加德西）。

世界上总有一些看热闹不嫌事大的科学家，他们对4价疫苗和2价疫苗进行了正面的"头对头（head-to-head）"比较，结果发现，2价疫苗在针对HPV16和HPV18的抗体水平高于4价疫苗，而且还能部分预防HPV31和HPV33感染。

2007年欧洲批准了英国GSK公司的2价疫苗希瑞适进入市场，2009年美国也批准了希瑞适进入美国市场。2016年7月，中国食品与药品管理局（CFDA），也批准了"Cervarix希瑞适"进入中国市场。2017年6月，中国食品与药品管理局批准了"Gardasil加德西"进入中国市场。

1. 啥是HPV？

HPV是"人乳头瘤病毒"英文名字的缩写（很是洋气吧）。

HPV家族中有140多号成员，其中和恶性肿瘤关系暧昧的，被称为高危型HPV（由HPV16和HPV18型领衔）。

德国科学家楚尔·豪森，第一次将HPV和宫颈癌的因果关系昭告了天下，因此获得了2008年诺贝尔生理学或医学奖！

2. 啪啪感染HPV，用菊花或嘴巴行不行？

既然你问了，我就秉持科学的态度回答。

别小瞧HPV16和HPV18，它们不单和70%以上宫颈癌有关，还和80%的肛门癌、60%的阴道癌、40%的外阴癌有关。

后庭路已堵死，上路就安全？放弃吧，骚年！研究者发现口咽部位的癌症和部分乳房癌也可能与高危型 HPV 感染有关。

好莱坞著名的花花公子迈克尔·道格拉斯同学就曾自爆他的喉癌就是替女人"咬"感染 HPV 病毒所致！

3. 感染了 HPV 就一定会得癌吗？

HPV 非常常见，和感冒差不多。有性生活的妇女一生中感染过一种 HPV 的可能性高达 40%—80%。换句话说，只要您敢去查，它就敢是阳性！

您也别害怕，超过 80% 的 HPV 感染 8 个月内会自然清除只有少数持续高危型 HPV 感染两年以上才有可能致癌。

而高危型 HPV 的致癌过程是漫长的，HPV 感染→持续感染→癌前病变→癌症通常要经历 10 年左右的时光，在此期间可能自愈，也可以通过治疗而终结进程。只有顽强的 HPV 和粗心的主人，才会造就这一切。

4. 接种 HPV 疫苗有造成病毒感染的危险吗？

大家有此疑问应该是知道，很多疫苗是经过人工处理的弱毒性病毒。相当于缴械了病毒的武器和装备，再将其推入战场。

一来可以引起免疫系统的注意轻松将其绞杀。二来免疫系统会长期关注该病毒。

但 HPV 疫苗是预防性疫苗，是利用病毒上的一种特别的蛋白质外壳，来引发免疫力。所以疫苗本身不是病毒，是蛋白，自然没有病毒的功能，更不会造成病毒感染。

5. 目前有几类HPV疫苗？

世界各国正在研究的HPV疫苗有N多种，但目前最流行的只有3名成员，分别是：2价、4价和9价疫苗，"价"代表了疫苗可预防的病毒种类。

2价疫苗

可以预防由HPV16和HPV18型病变引起的宫颈癌。这可以说是雪中送炭，因为，超过70%的宫颈癌都是由这两种病毒引起的！2016年7月，率先幸运获准进入中国市场的就是这位同学。

4价疫苗

可以预防6、11、16、18型HPV。4价疫苗只是锦上添花而已，因为HPV6和HPV11并不属于宫颈癌高危型HPV病毒，它们可以引起尖锐湿疣。4价疫苗在2017年6月也进入了中国市场。

9价疫苗

针对6、11、16、18、31、33、45、52、58九种亚型HPV，据称能预防90%的宫颈癌！可惜，十全九美，九价疫苗还没有获准进入中国市场。

6. 什么年龄接种 HPV 疫苗最好？

一般认为，HPV 疫苗最佳开始接种年龄是 11—12 岁。美国人推荐是 9—26 岁。全球范围内一般认为可以在 9—45 岁之间。目前获准在中国上市的 2 价疫苗推荐为 9—25 岁的女性接种。

其实这么可以说，如果需要，如果有钱，理论上任何年龄都可接种。但是，特别提请注意，目前还是严格按说明书中提示的年轻接种为宜。这涉及风险和责任问题，地球人都懂。

7. 有性生活后还可以接种吗？

在疫苗研发阶段，为了纯洁"革（研）命（究）队伍"，要求没有过性行为，才可接种疫苗。目前认为，即使有过性生活，照样可以接种疫苗。

8. 为什么以前接种 HPV 疫苗总要提有无性生活？

因为女性有性生活后，被 HPV 感染的机会急剧增加。如果给这些女性接种疫苗，对分析结果的研究者而言，"不太好算"，而对国家而言，则"不太合算"。

但请特别注意，只是不太合算，而并非没有医学价值。如果是自己出钱接种，可以不考虑这种经济效益。也就是说，即使有了性行为，也可以接种疫苗。

9. 疫苗通常需要打几针才能有效？

HPV 疫苗通常分 3 次注射给药，共 6 个月。分别是第 0、1、6 月给药（希瑞适）；或者第 0、2、6 个月给药（加德西）。

为了减少卫生花费，西方国家的研究认为两次注射也可达到预防宫颈癌的效果。我国上市的 2 价疫苗说明书仍是采用 3 剂免疫接种程序。

10. HPV 疫苗的副作用大吗？

正所谓人无完人，任何疫苗或药品都存在可能的副作用。

HPV 疫苗出现副作用的案例极少，症状也较轻微，如注射部位出现红疹、肿胀及疼痛。比较严重的副作用包括：发烧、恶心、晕眩，肌肉无力及麻痹；但与所有疫苗一样，绝对是利大于弊。

11. 怀孕期间和哺乳期间能否接种 HPV 疫苗？

因为目前还没有足够的人体数据支持，所以暂时不推荐孕妇和哺乳妇女接种疫苗。其实 HPV 的危害并没有想象的那么大，等个一年半载，等胎儿出生和断奶后再接种 HPV 疫苗，也不迟。

12. 接种 HPV 疫苗后怀孕了怎么办？

目前没有发现疫苗对胎儿有不利影响。所以，如果在疫苗接种的 6 个月内或者更短的时间意外怀孕，可以严密观察继续怀孕。但是，如果后面的一针或两针没有打完，也不建议继续打，等怀孕这档事结束再打也不迟。

13. 本来准备注射疫苗但来月经了怎么办？

这个问题是以前人们专门赴港澳台、韩国日本甚至澳大利亚注射疫苗的时候问到的问题，因为有时候机票、宾馆、医生都约好了、旅游计划也定好了，但大姨妈来了，到底打不打疫苗！放心，目前的资料显示月经期接种疫苗没有任何影响。即使大姨妈到访，也没必要爽约。

14. 男人和男孩是否可以接种 HPV 疫苗？

"男人为万恶之源"，在 HPV 的传播中有重要作用。因此，理论上对男童进行 HPV 疫苗接种，可以减少 HPV 的传播。

同样考虑到投入收益比，大部分国家及世界卫生组织 WHO 的官方文件，尚未推荐男性接种疫苗。但澳洲很有钱，男孩也免费注射。

目前没有明确证据显示，男性接种 HPV 疫苗对女性宫颈癌的预防有多大作用，倒是可以预防生殖器疣（一种由 HPV 引发的性病），而这种病不会死人，但可以让乱性的家伙们有所顾忌，否则，他们就只享受欢乐，不承担痛苦了。

15. 接种 HPV 疫苗前需要进行 HPV 检测吗？

考虑到 HPV 可以反复感染，通常认为接种前无需检测体内有无 HPV 感染。但如果感染过 HPV 或者由此造成了宫颈病变，则另当别论，还是治疗转阴后再接种更好。

16. 感染过 HPV 或得过宫颈病变，但治愈了可以接种疫苗吗？

韩国研究显示，HPV 感染或由此引发的宫颈病变治愈后，进行 HPV 疫苗接种可以减少疾病的复发率。尤其是目前的疫苗能预防的几类 HPV 病毒你并没有感染过，接种还是有好处的。

17. 接种疫苗后还需要接受筛查吗？

答案是肯定的！

无论接种 2 价疫苗、4 价疫苗还是 9 价疫苗，接种疫苗后仍然需要定期筛查。

原因很简单，现有疫苗，包括 9 价疫苗并不能预防所有的高危型 HPV。可能还有一小波高危型 HPV 目前没有得到鉴定，当然更没有针对性疫苗。

18. 接种疫苗后能管多少年？

注射 HPV 疫苗后免疫保护能维持多少年，目前还不完全清楚。原因是 HPV 疫苗使用还不到 10 年，效果还有待观察。前一段时间认为，维持 5 年没有问题。目前认为，维持 10 年也没有问题。数学模型显示，维持 50 年没有问题。是的，"爱你一万年"，前提是你得活那么久！

19. 注射 HPV 疫苗需要多少钱？

终于进入关键问题了。HPV2 价疫苗 2016 年获得国家食药监总局的上市许可，2017年7月底正式在中国上市。4价疫苗也在2017年6月获准进入中国市场。

目前香港3针接种需要3000港币左右，不算太贵。而3年前，价格是现在的3倍左右。可以预计，价格还会进一步下降。

什么时候有了国产的HPV疫苗，免费接种才能推广。"自力更生""自主创新"不是口号。革命尚未成功，同志仍需努力！

割掉隔壁老王能否预防翻墙：
谈谈卵巢癌预防策略

一桩因经纪人插足的影视演员离婚事件让全国吃瓜群众为之癫狂，也让"隔壁老王"一词儿家喻户晓。对事件本身不做评述，只是借此谈谈女性的生殖器官的癌症中，也上演着"隔壁老王"的故事。

讲"隔壁老王"之前，先说说冰清玉洁的"事主"——卵巢。卵巢是女性的性腺，属于内生殖器官，位于盆腔深处，大小和两个大拇哥叠起来差不多，前辈说更像一枚大枣。尽管卵巢是"弹丸之地"，却能量超大：分泌女性性激素（主要是雌激素、孕激素及适量雄激素）和产生卵子，负责维持女性形态特征和青春靓丽，担负人类繁衍重任。

到一定生理年龄后，卵巢功能必然逐渐衰退直至完全丧失，女性随之从更年期进入老年期，无论怎样保养都难以阻挡，这就是生命规律，即使是各种"冰冰"，也逃脱不过。而且，随着年龄的增长，卵巢发生恶性肿瘤的几率也增加了，从健康角度，卵巢已经沦为"是非之地"。

卵巢癌是目前治疗最棘手的妇科恶性肿瘤，原因在于卵巢的位置很深，发现时70%已是晚期。但与心脑血管疾病等常见病相比，卵巢癌属于罕见疾病，所以目前不提倡卵巢癌筛查，不经济也不可行。但是，随着卵巢癌病因学方面的新发现，从某些角度来预防卵巢癌却是有可能的。

卵巢癌的种类之多，堪称人体之最！红枣般大小的卵巢，发生的恶性肿瘤林林总总有40多种。简单地说，可分为上皮癌、恶性生殖细胞肿瘤、性索间质肿瘤、转移性卵巢癌等。其中卵巢上皮癌是最常见的类型，占70%以上，而卵巢上皮癌又分为浆液性癌、黏液性癌、子宫内膜样癌、透明细胞癌等，其中70%的卵巢上皮癌为浆液性癌。

2004年之后，人们将浆液性卵巢癌分类为低级别浆液性癌（Ⅰ型卵巢浆液性癌）和高级别浆液性癌（Ⅱ型卵巢癌），两者有很多地方截然不同。总体而言，Ⅰ型卵巢癌稍微好些，Ⅱ型卵巢癌恶劣些。

与细菌、寄生虫感染等不一样，癌症是来源于自身细胞的恶变，这一点毫无争议！恶性生殖细胞肿瘤和性索间质肿瘤分别来源于卵巢的生殖细胞和性索间质没有问题，但对于卵巢上皮癌，问题就来了。

顾名思义，卵巢上皮癌的来源应该是卵巢表面上皮。遗憾的是，卵巢表面并非上皮。卵巢属于腹膜后位器官，表面覆盖了一层膜，这层膜与覆盖在肠管、膀胱等表面的膜都属于腹膜间皮。在病理学上，间皮和上皮的形态不同。如此一来，卵巢上皮癌来源就成问题了！

卵巢上皮癌究竟来源于哪里呢？

经过大量研究后，科学家们提出了卵巢上皮癌来源的"二元论"：占卵巢癌绝大多数的高级别浆液性癌（Ⅱ型卵巢上皮癌）的罪魁祸首是隔壁邻居输卵管，尤其是伞端的上皮，而不是来源于卵巢本身！动物世界中的鸠占鹊巢，人类生活中的"隔壁老王"！

不仅如此，传统的"二元论"认为低级别浆液性癌（Ⅰ型卵巢癌）是由于卵巢"表面细胞"的凹陷形成"包涵体"，而后恶变成癌。但最新的研究认为，内陷的"细胞"也可能是来源于输卵管上皮，仍然是"隔壁老王"！当然，这一观点还需要更多证据。

还有研究认为，部分卵巢浆液癌来源于子宫内膜的浆液性癌，通过输卵管向卵巢转移而来，而卵巢透明细胞癌和卵巢子宫内膜样癌来源于子宫内膜异位症的恶变，而后者的原因是子宫内膜通过输卵管返流进入腹腔，在腹腔器官表面生根、生长、生病。

好幸(悲)福(惨)的卵巢啊,惹得隔壁的输卵管如此惦(摧)记(残)，还能不能好好做邻居了？！

幸运的是，这一危险关系的揭示也给科学家们提供了一种预防卵巢癌的新思路——既然输卵管在卵巢癌的发生中，要么是当了"隔壁老王"，要么是做了"隔壁王婆"，那么，如果把老王或者王婆给"办"了，把输卵管切除或者结扎了，能不能降低卵巢癌的发生率呢？

答案是肯定的！

一项来自丹麦的研究发现，双侧输卵管切除可以使卵巢癌风险降低42%，单侧输卵管切除,卵巢癌风险降低10%；另一项研究分析显示，输卵管结扎可降低卵巢癌的发病风险，其中风险降低程度为子宫内膜样癌＞透明细胞癌＞黏液腺癌＞浆液性癌。这一复杂表述的简单意思是，输卵管结扎能降低从子宫来源的卵巢上皮癌，但阻止不了来源于输卵管伞端的癌。一项来自瑞典的证据强度更大的研究显示，输卵管切除、子宫切除、输卵管结扎都能降低卵巢癌的发生风险。

基于上述研究结果,美国妇产科医师学院(ACOG)委员会建议:对于接受全子宫切除的女性,如果有卵巢癌风险,但又希望保留卵巢者,需要告知和讨论切除输卵管的问题。

对于希望绝育的女性,双侧输卵管切除是一种有效的绝育方法。预防性输卵管切除术为患者提供了一种预防卵巢癌的方法。但这些,都需要告知患者,权衡利弊后做出决定。

这应该是携带了遗传性卵巢癌乳腺癌基因的著名影星安吉丽娜·朱莉为什么在2013年预防性切除了双侧乳腺两年后,又切除双侧卵巢和输卵管的原因。

是不是切除或者结扎了输卵管就可以百分百预防卵巢癌呢?当然不是!卵巢也有它自己的问题。而且,并非所有坏事都是输卵管干的,惦记卵巢的"隔壁老王",可能不止一个。